Mysterious Disappearances

Nujima

INHALT

Was bisher geschah ...

In einem gewissen Stadtzentrum innerhalb des Gebiets Tokyo und Umgebung gerät die Buchhändlerin und verhinderte Autorin Sumireko Ogawa aufgrund des Verjüngungsmysteriums »Tsukiyomis Wasser der Jugend« in eine brenzlige Situation, aus der sie ihr Kollege Ren Adashino rausboxt. So kommt es, dass Sumireko in das seltsame Schicksal von Ren und seiner jüngeren Schwester Oto verwickelt wird.

Gerade erst haben die drei den spektakulären Kampf gegen »das kleine Mädchen in Rot« überstanden und Shizukus Leben gerettet, als auch schon ein geheimnisvolles Katzenmädchen in Rens Umfeld seine teuflischen Klauen ausstreckt!

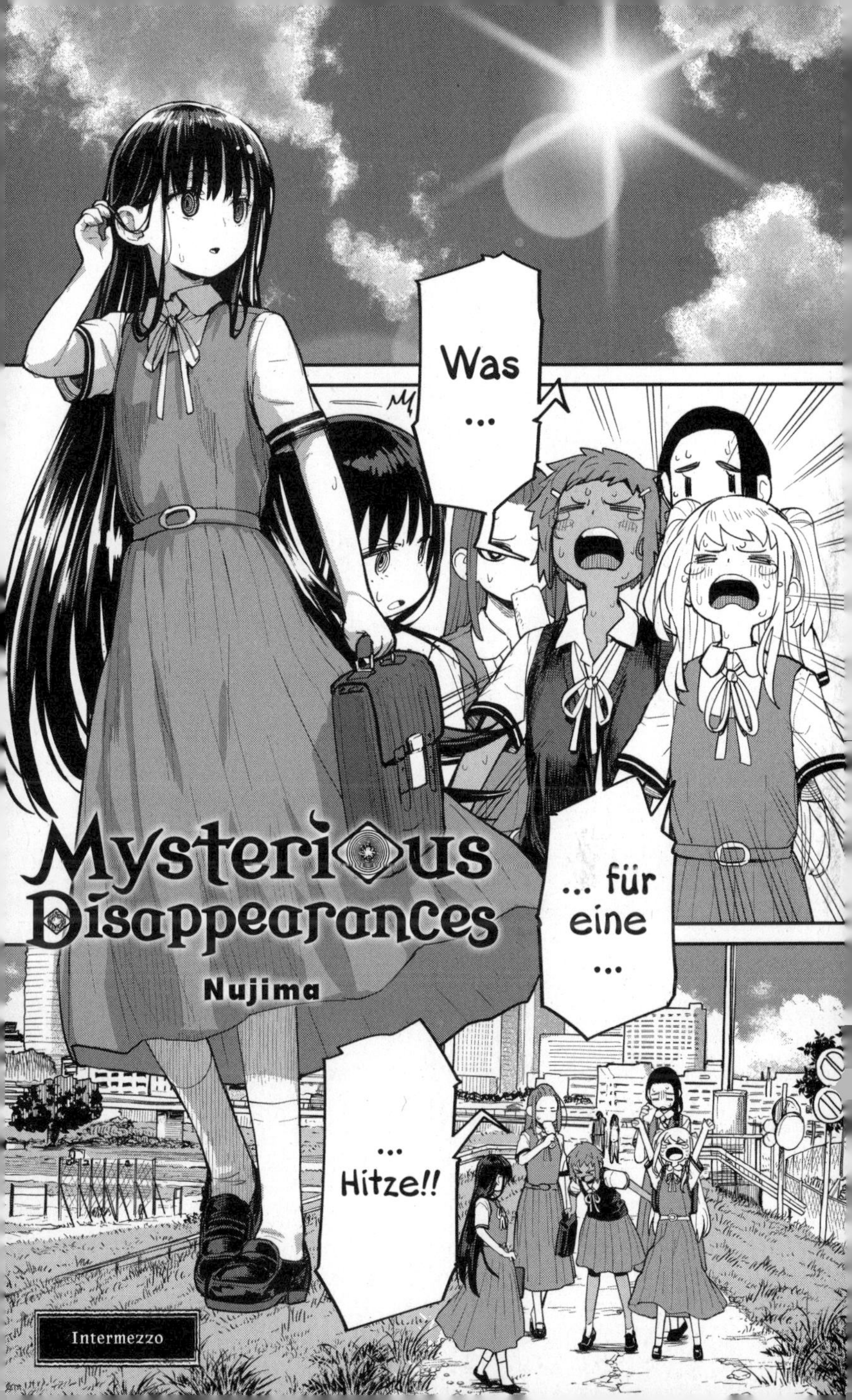
Mysterious Disappearances
Nujima
Intermezzo
Was ...
... für eine ...
... Hitze!!

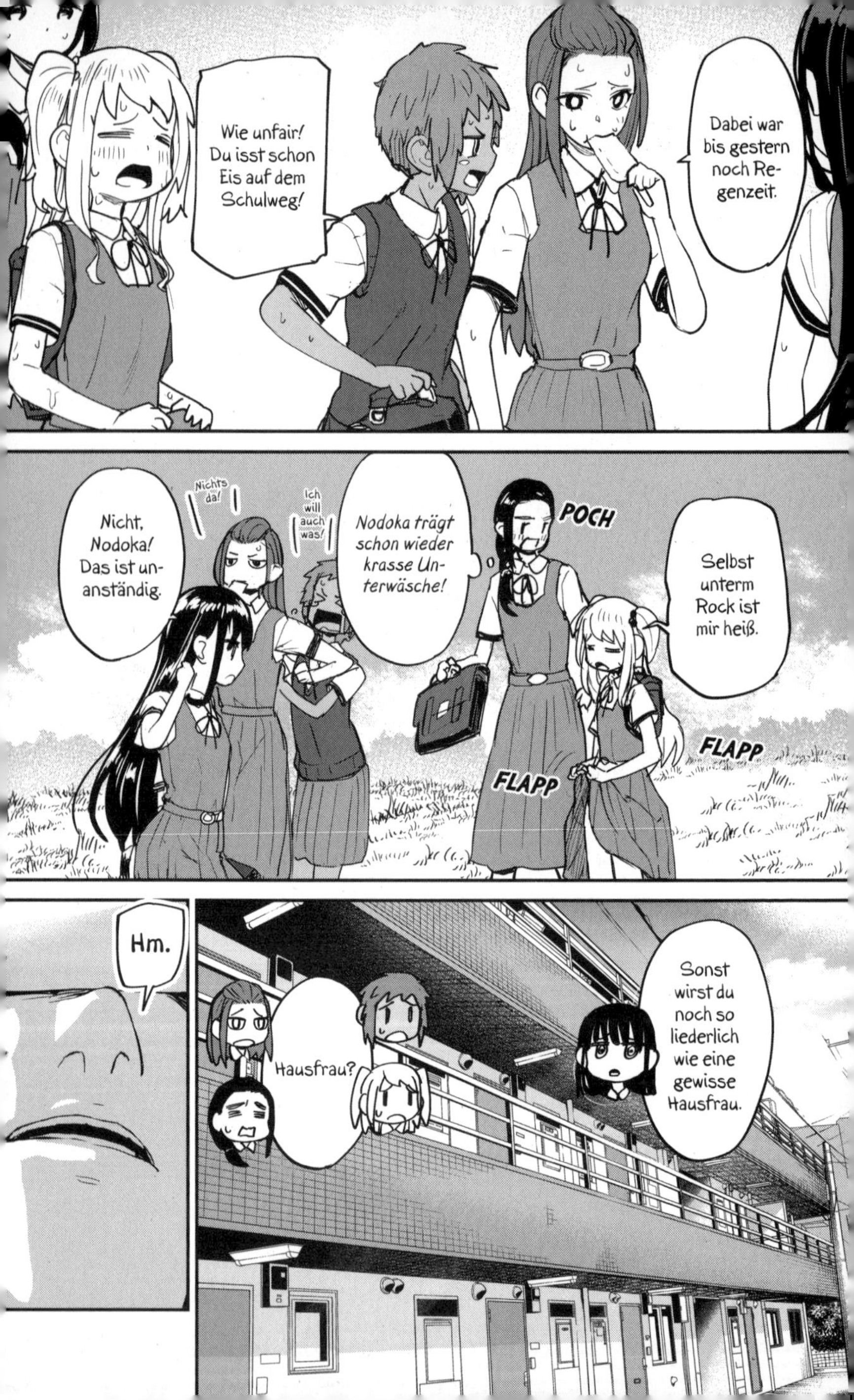

Dabei war bis gestern noch Regenzeit.

Wie unfair! Du isst schon Eis auf dem Schulweg!

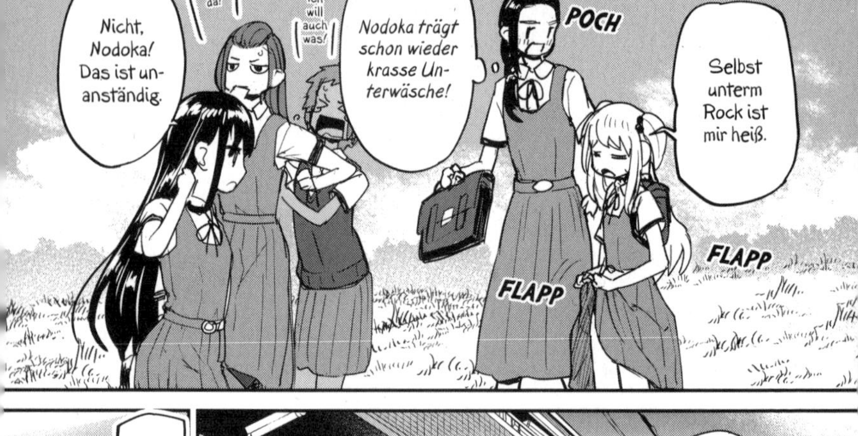

Sonst wirst du noch so liederlich wie eine gewisse Hausfrau.

Hausfrau?

Hm.

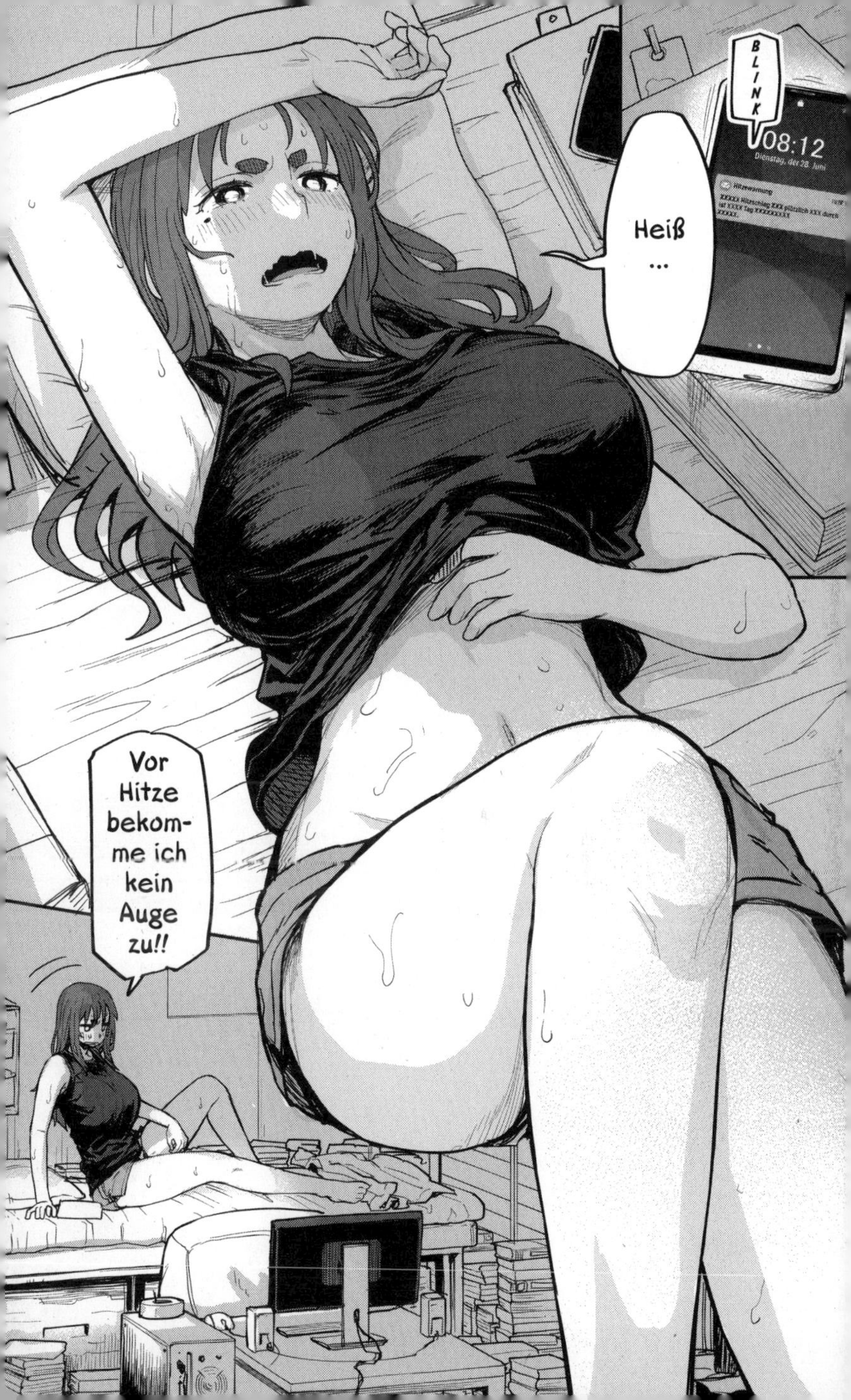
BLINK
08:12
Dienstag, der 28. Juni
Hitzewarnung
Heiß ...
Vor Hitze bekomme ich kein Auge zu!!

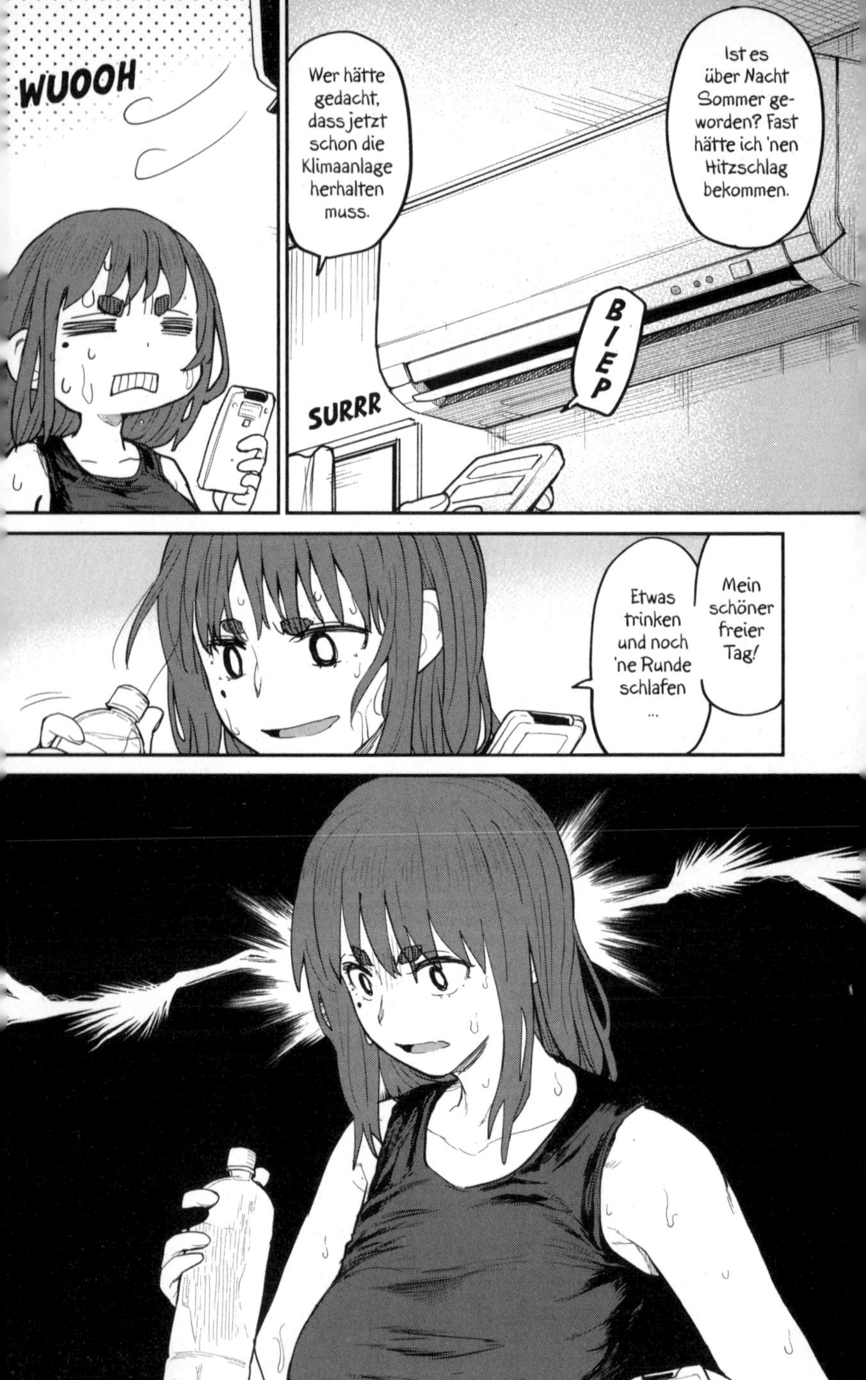
Ist es über Nacht Sommer geworden? Fast hätte ich 'nen Hitzschlag bekommen.
BIEP
SURRR
Wer hätte gedacht, dass jetzt schon die Klimaanlage herhalten muss.
WUOOH
Mein schöner freier Tag!
Etwas trinken und noch 'ne Runde schlafen …

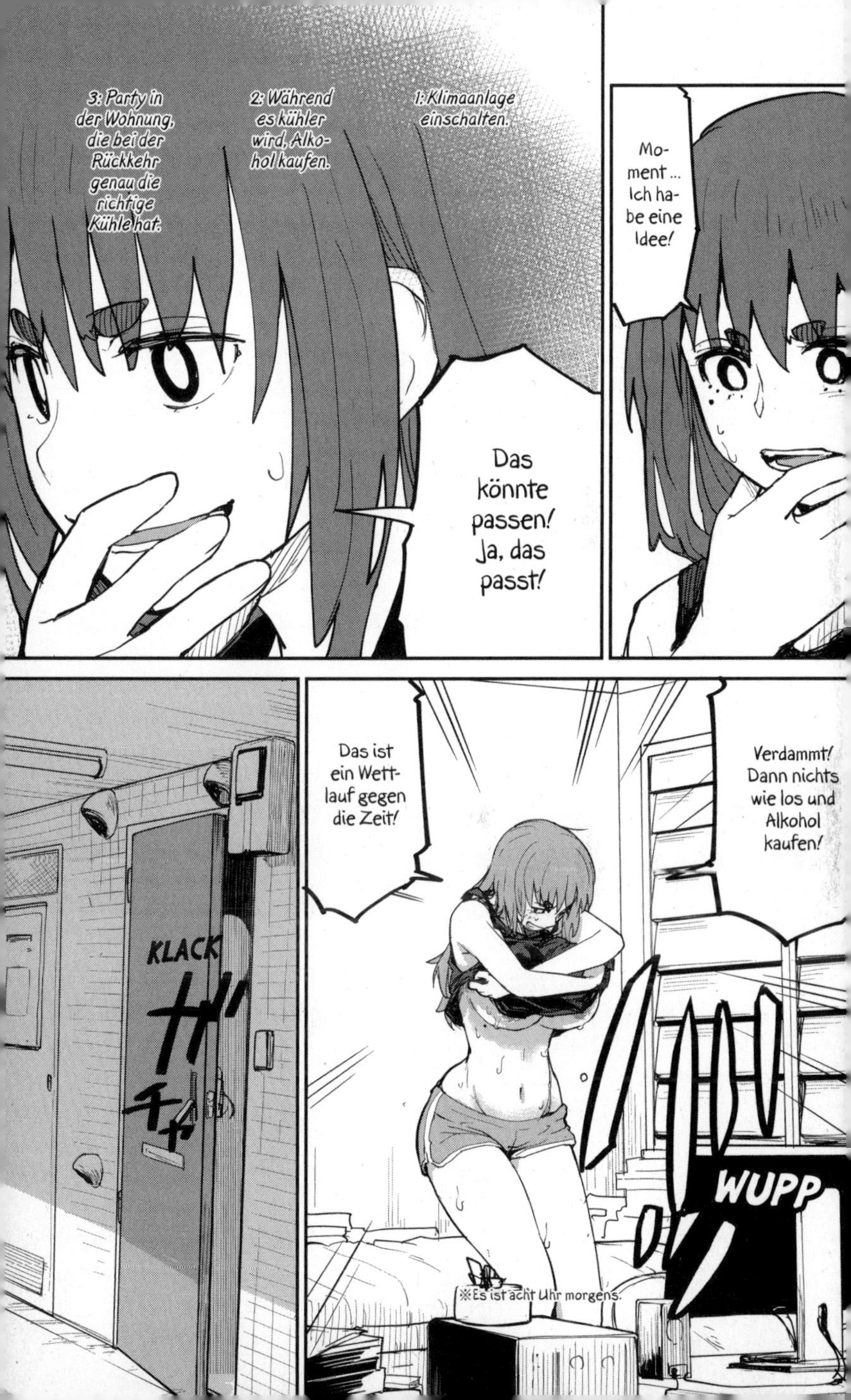

Moment ... Ich habe eine Idee!

1: Klimaanlage einschalten.

2: Während es kühler wird, Alkohol kaufen.

3: Party in der Wohnung, die bei der Rückkehr genau die richtige Kühle hat.

Das könnte passen! Ja, das passt!

Verdammt! Dann nichts wie los und Alkohol kaufen!

Das ist ein Wettlauf gegen die Zeit!

WUPP

※Es ist acht Uhr morgens.

KLACK

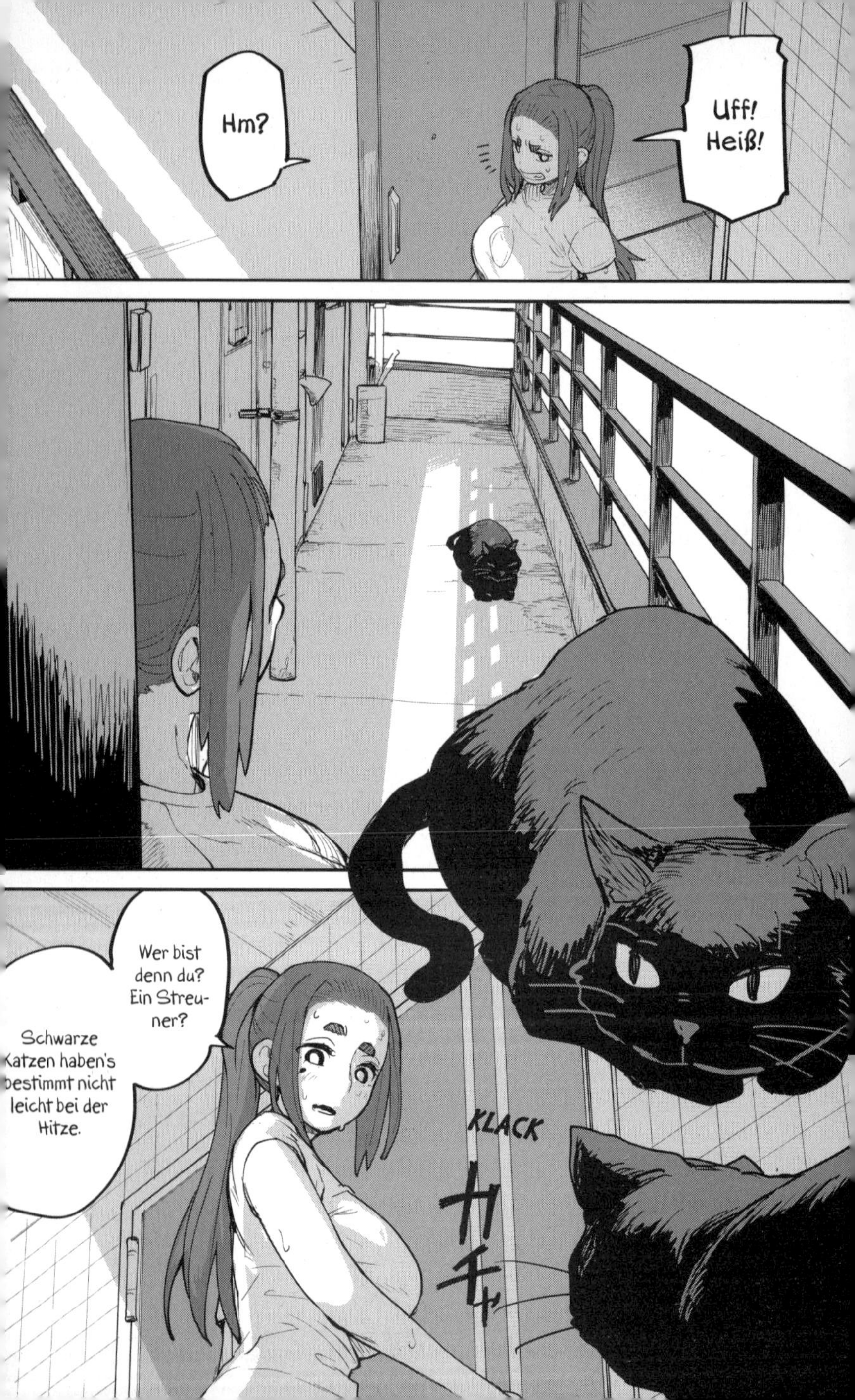
Uff! Heiß!
Hm?
Wer bist denn du? Ein Streuner?
Schwarze Katzen haben's bestimmt nicht leicht bei der Hitze.
KLACK

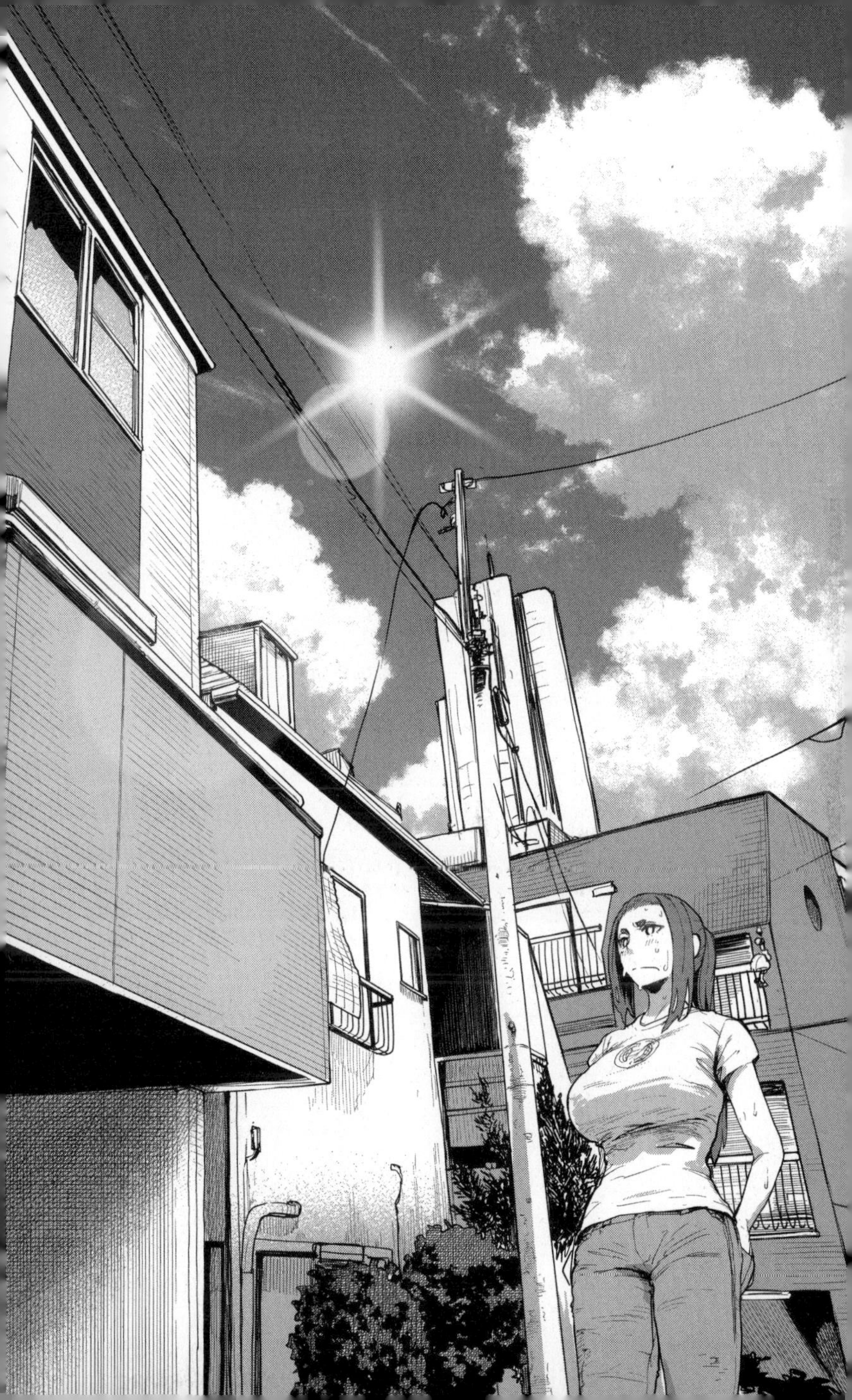

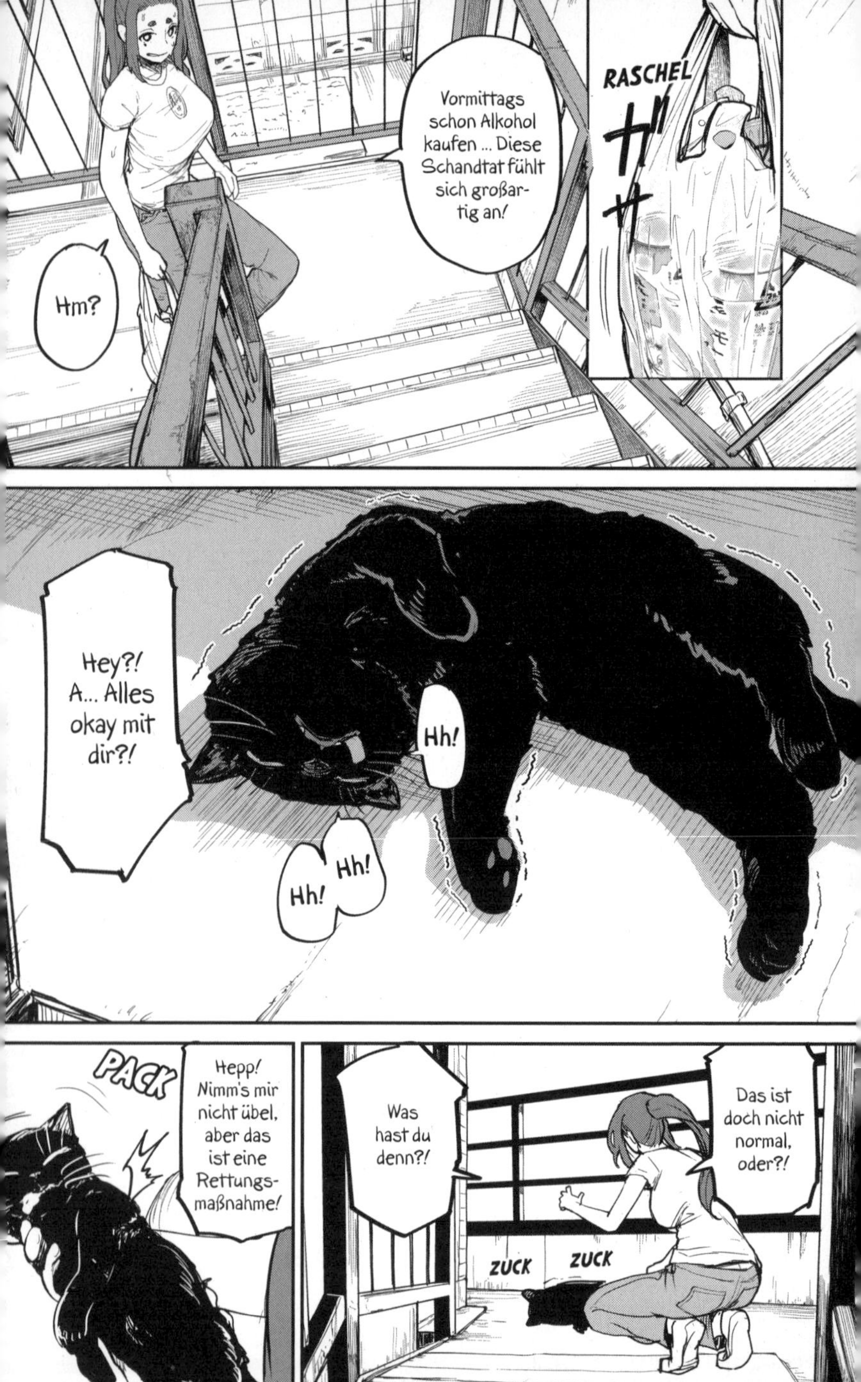

Vormittags schon Alkohol kaufen ... Diese Schandtat fühlt sich großartig an!
RASCHEL
Hm?
Hh!
Hey?! A... Alles okay mit dir?!
Hh!
Hh!
Das ist doch nicht normal, oder?!
ZUCK
ZUCK
Was hast du denn?!
Hepp! Nimm's mir nicht übel, aber das ist eine Rettungs-maßnahme!
PACK

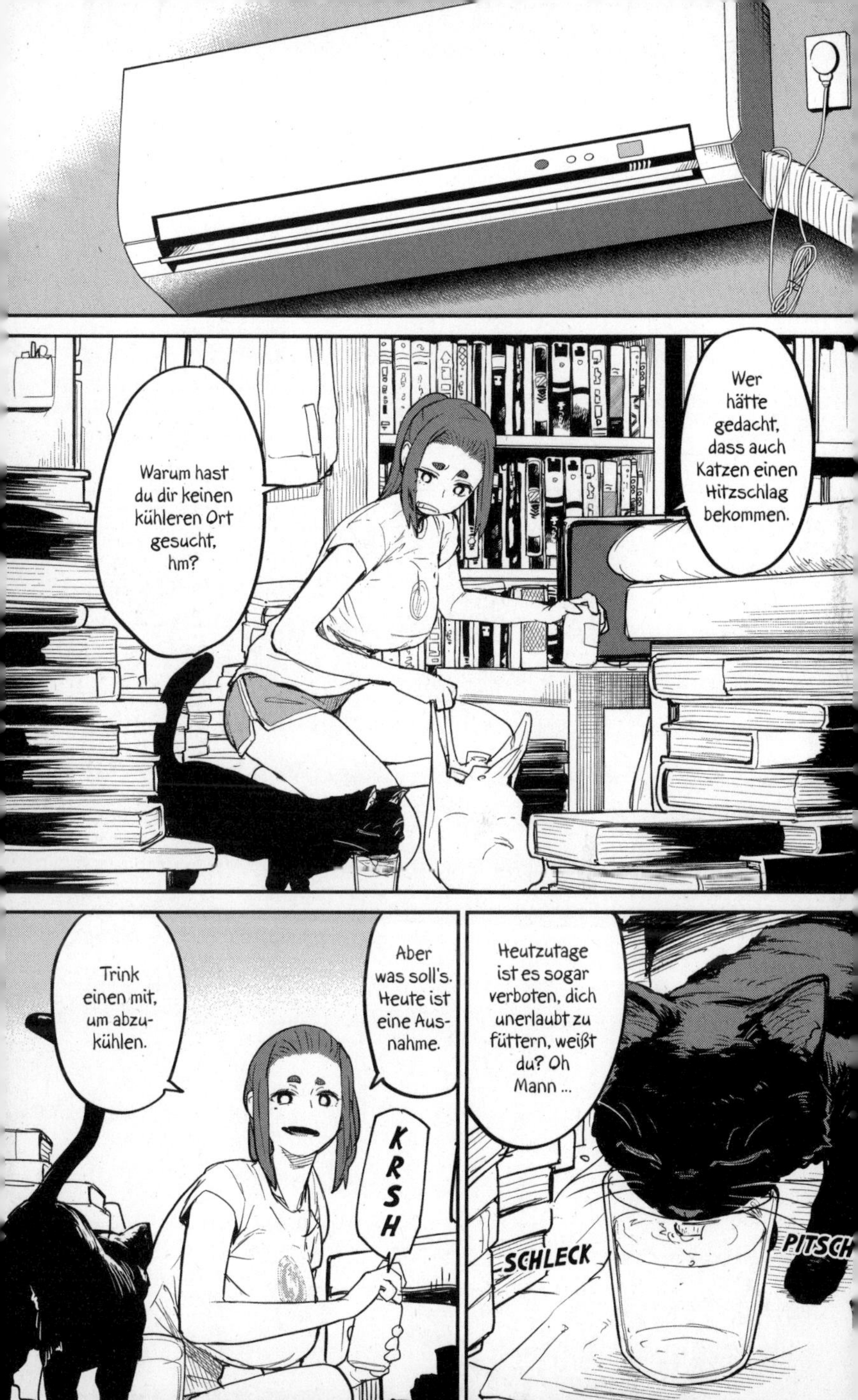
Wer hätte gedacht, dass auch Katzen einen Hitzschlag bekommen.
Warum hast du dir keinen kühleren Ort gesucht, hm?
Heutzutage ist es sogar verboten, dich unerlaubt zu füttern, weißt du? Oh Mann ...
PITSCH
SCHLECK
Aber was soll's. Heute ist eine Aus-nahme.
KRSH
Trink einen mit, um abzu-kühlen.

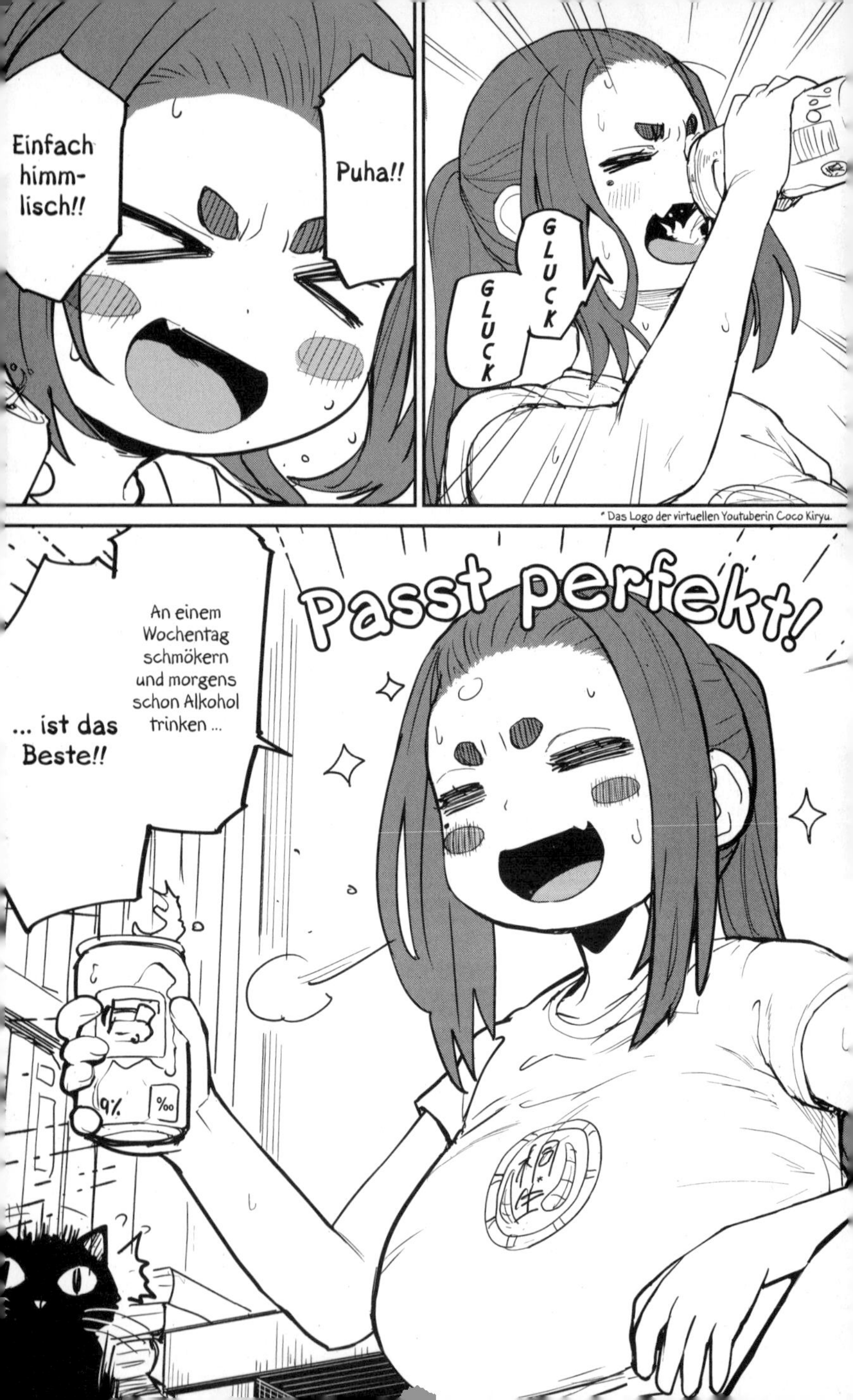

* Das Logo der virtuellen Youtuberin Coco Kiryu.

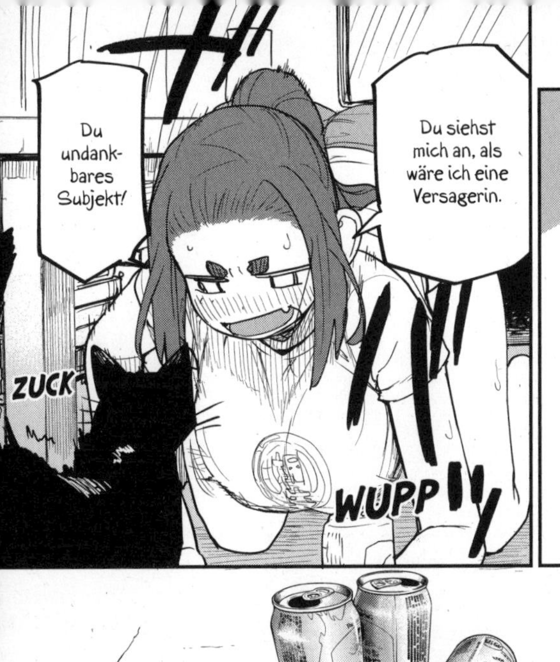
Du siehst mich an, als wäre ich eine Versagerin.
Du undankbares Subjekt!
ZUCK
WUPP

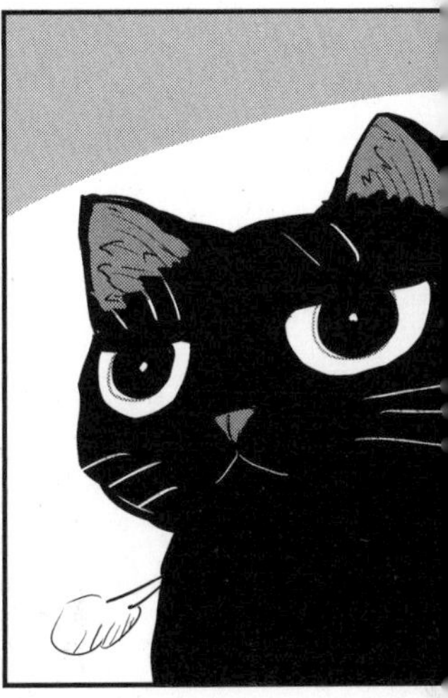

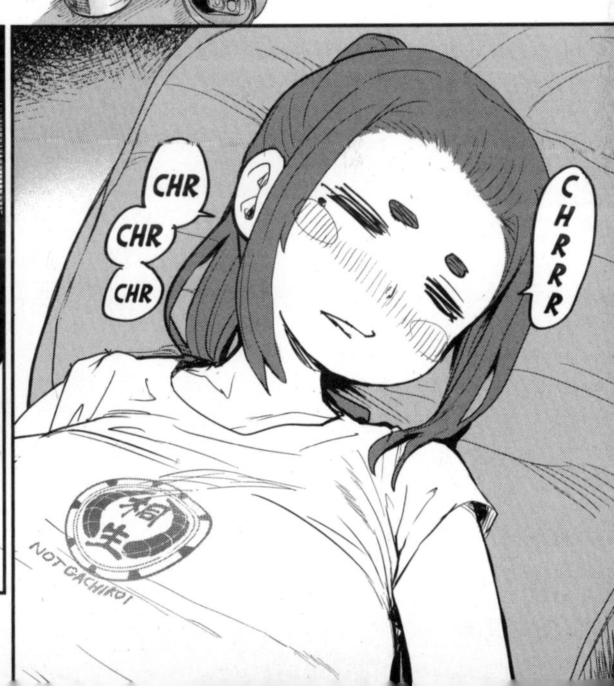
CHRRR
CHR
CHR
CHR

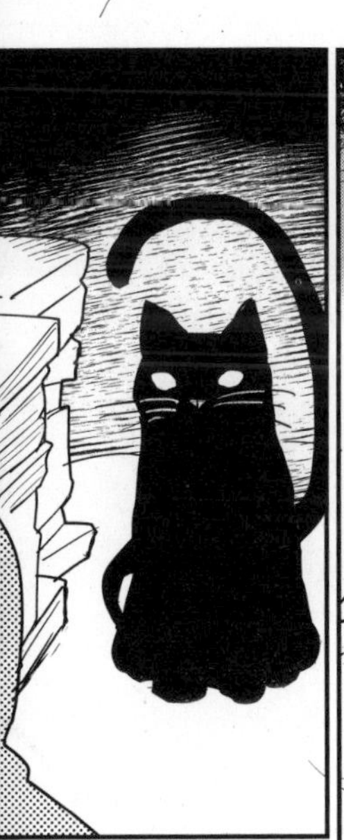

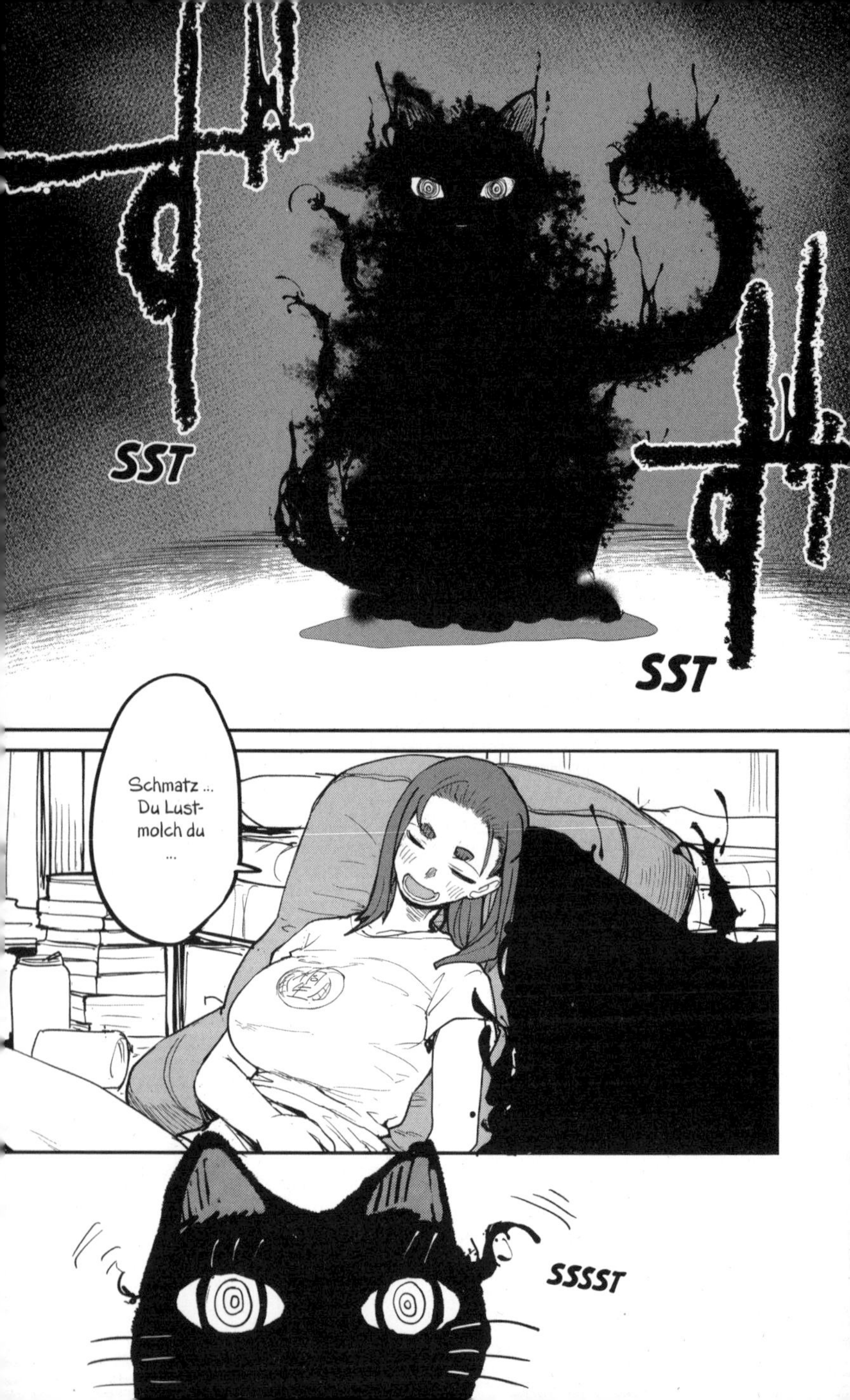
SST
SST
Schmatz ... Du Lust-molch du ...
SSSST

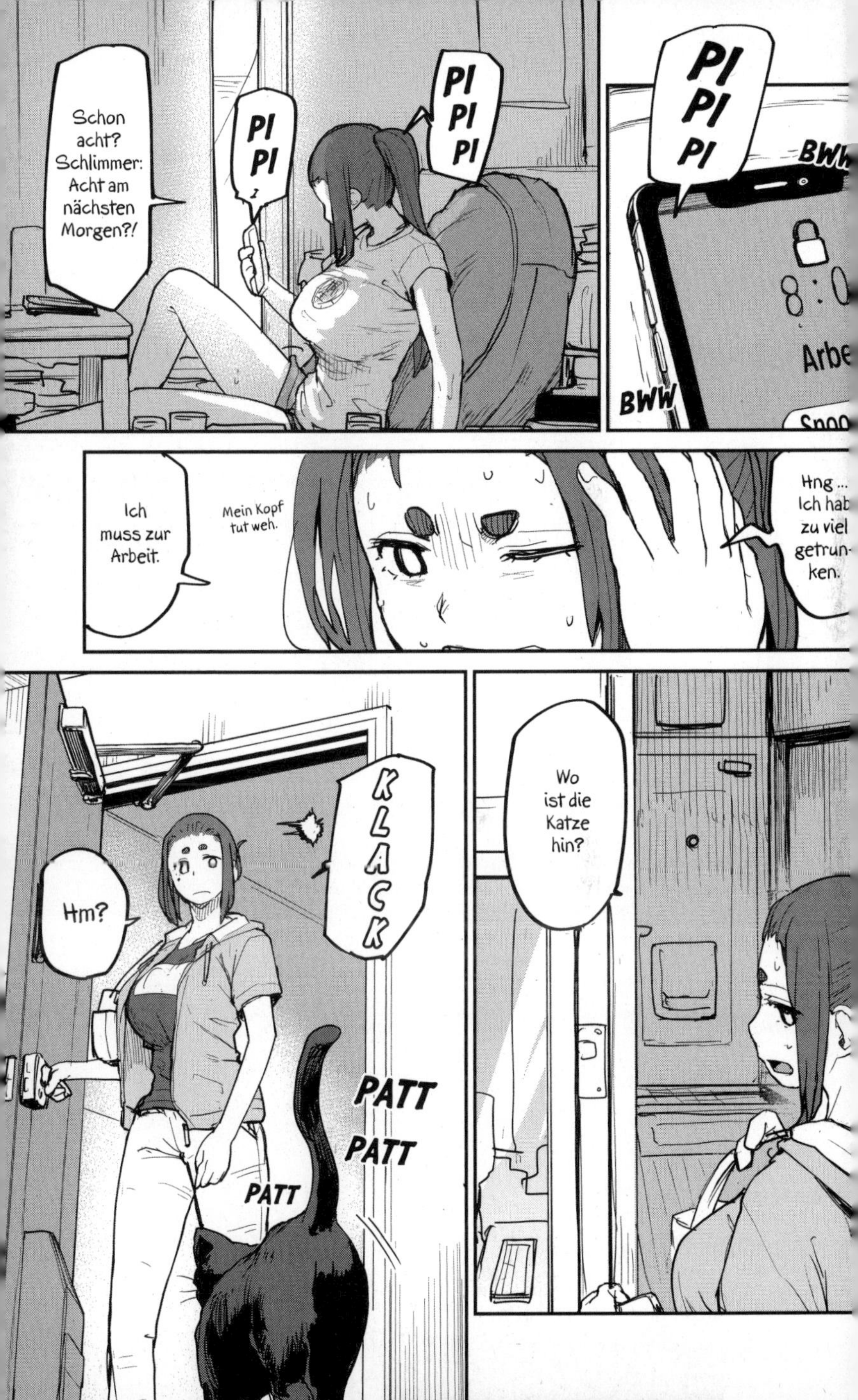
PI PI PI
BWW
BWW
PI PI PI
PI PI
Schon acht? Schlimmer: Acht am nächsten Morgen?!
Hng ... Ich hab zu viel getrun-ken.
Mein Kopf tut weh.
Ich muss zur Arbeit.
Wo ist die Katze hin?
KLACK
Hm?
PATT
PATT
PATT

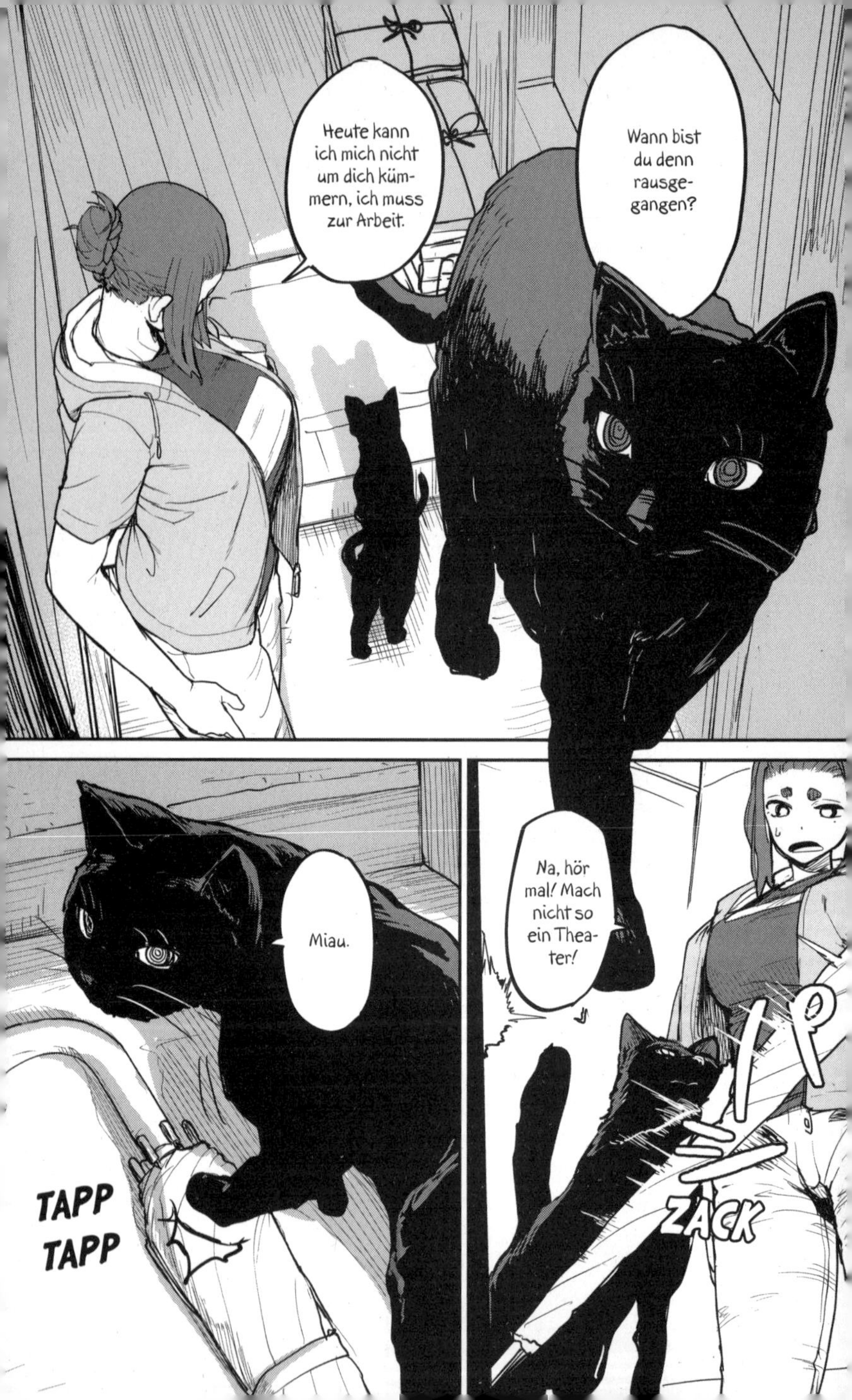
Wann bist du denn rausgegangen?
Heute kann ich mich nicht um dich kümmern, ich muss zur Arbeit.
Na, hör mal! Mach nicht so ein Theater!
ZACK
Miau.
TAPP TAPP

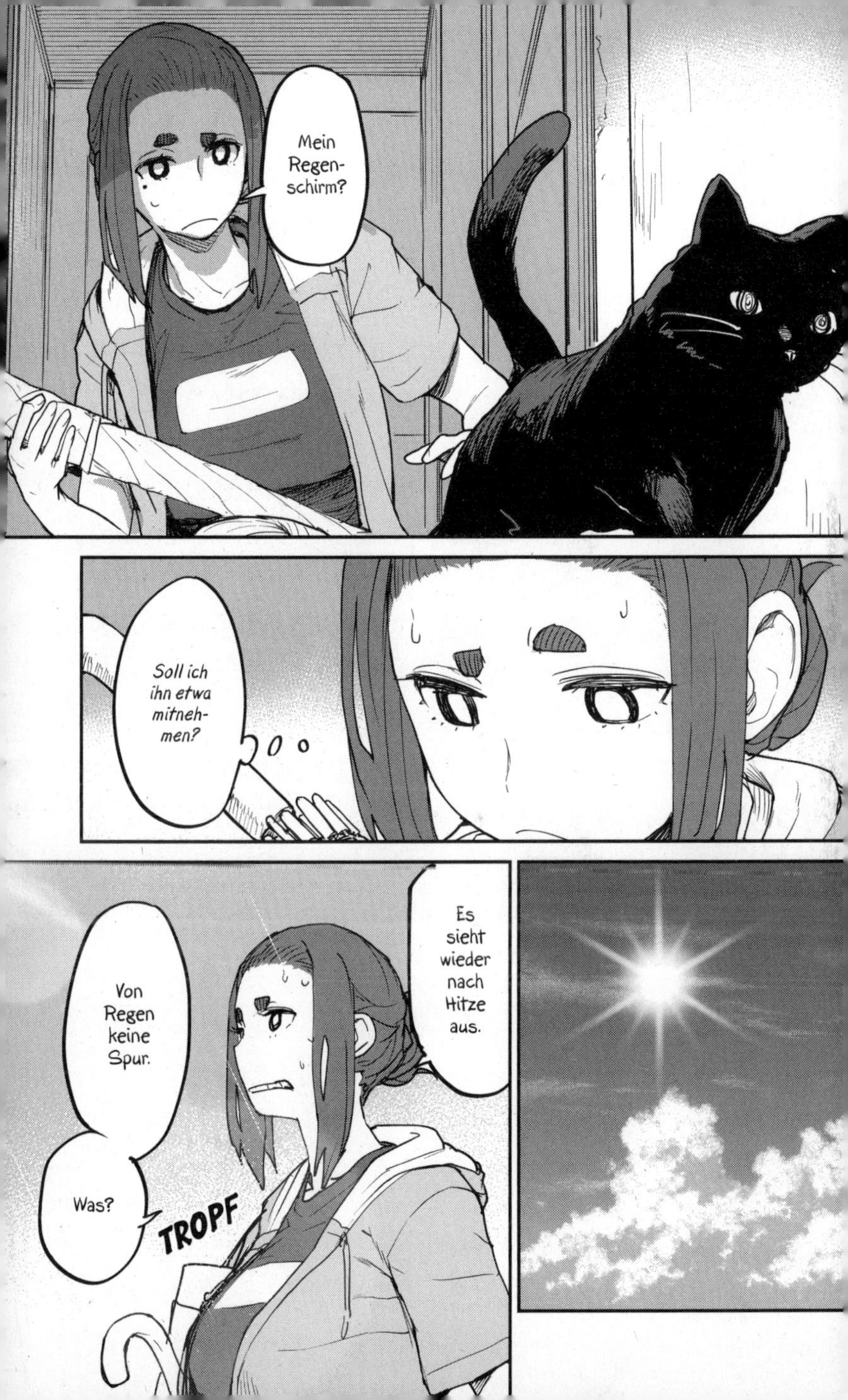

Mein Regenschirm?

Soll ich ihn etwa mitnehmen?

Es sieht wieder nach Hitze aus.

Von Regen keine Spur.

Was?

TROPF

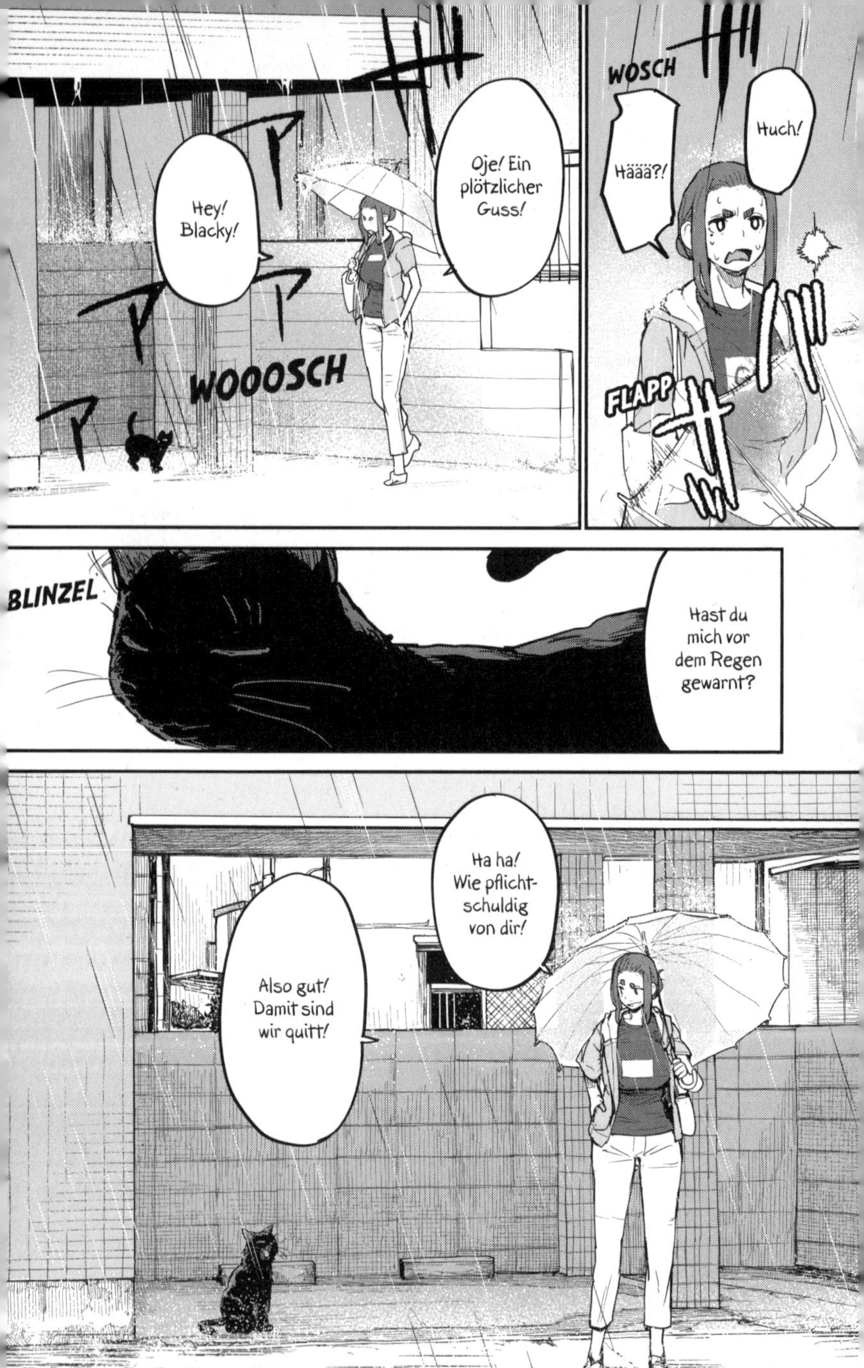
WOSCH
Huch!
Häää?!
FLAPP
Oje! Ein plötzlicher Guss!
Hey! Blacky!
WOOOSCH
BLINZEL
Hast du mich vor dem Regen gewarnt?
Ha ha! Wie pflicht-schuldig von dir!
Also gut! Damit sind wir quitt!

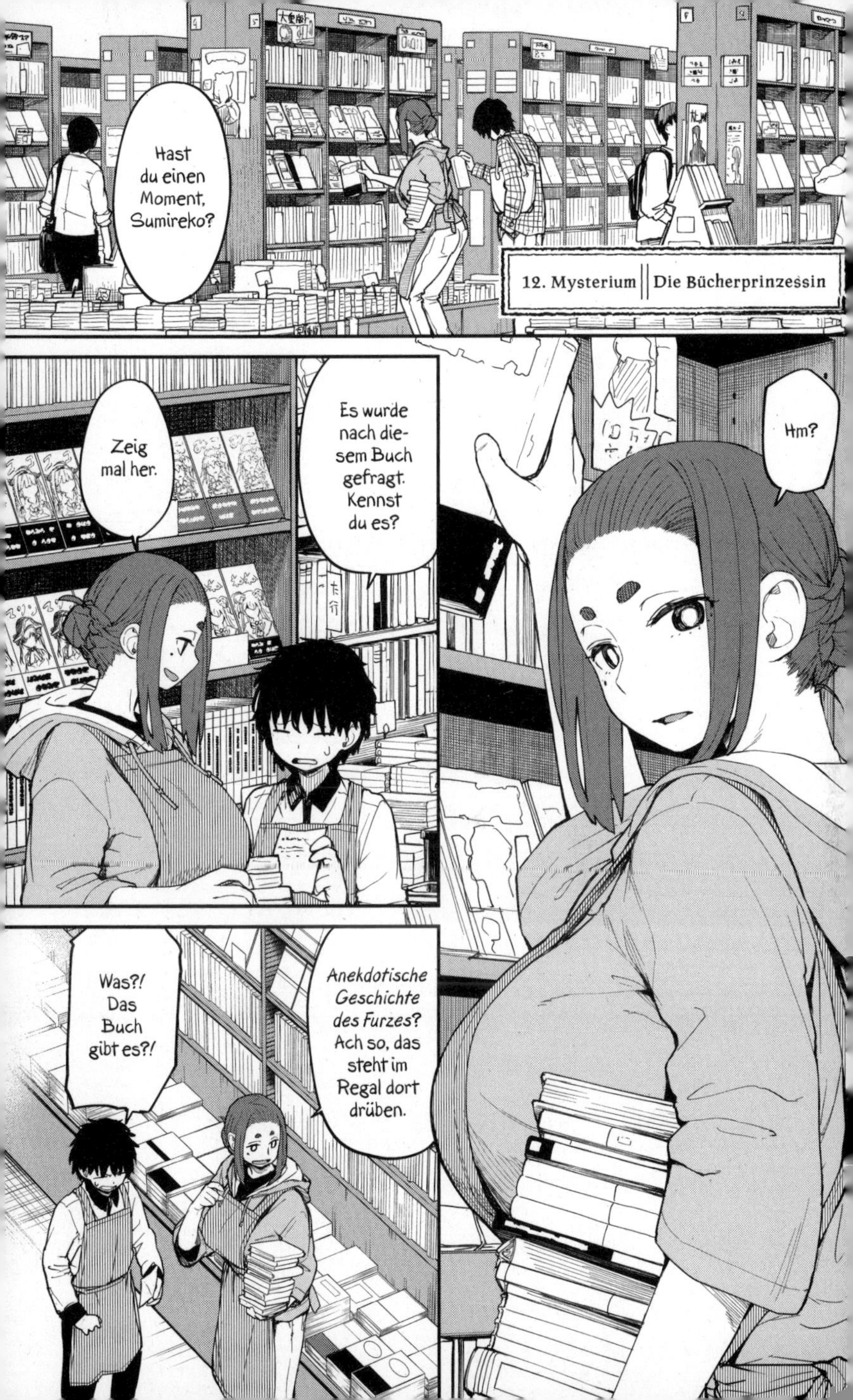
12. Mysterium || Die Bücherprinzessin
Hast du einen Moment, Sumireko?
Hm?
Es wurde nach diesem Buch gefragt. Kennst du es?
Zeig mal her.
Anekdotische Geschichte des Furzes? Ach so, das steht im Regal dort drüben.
Was?! Das Buch gibt es?!

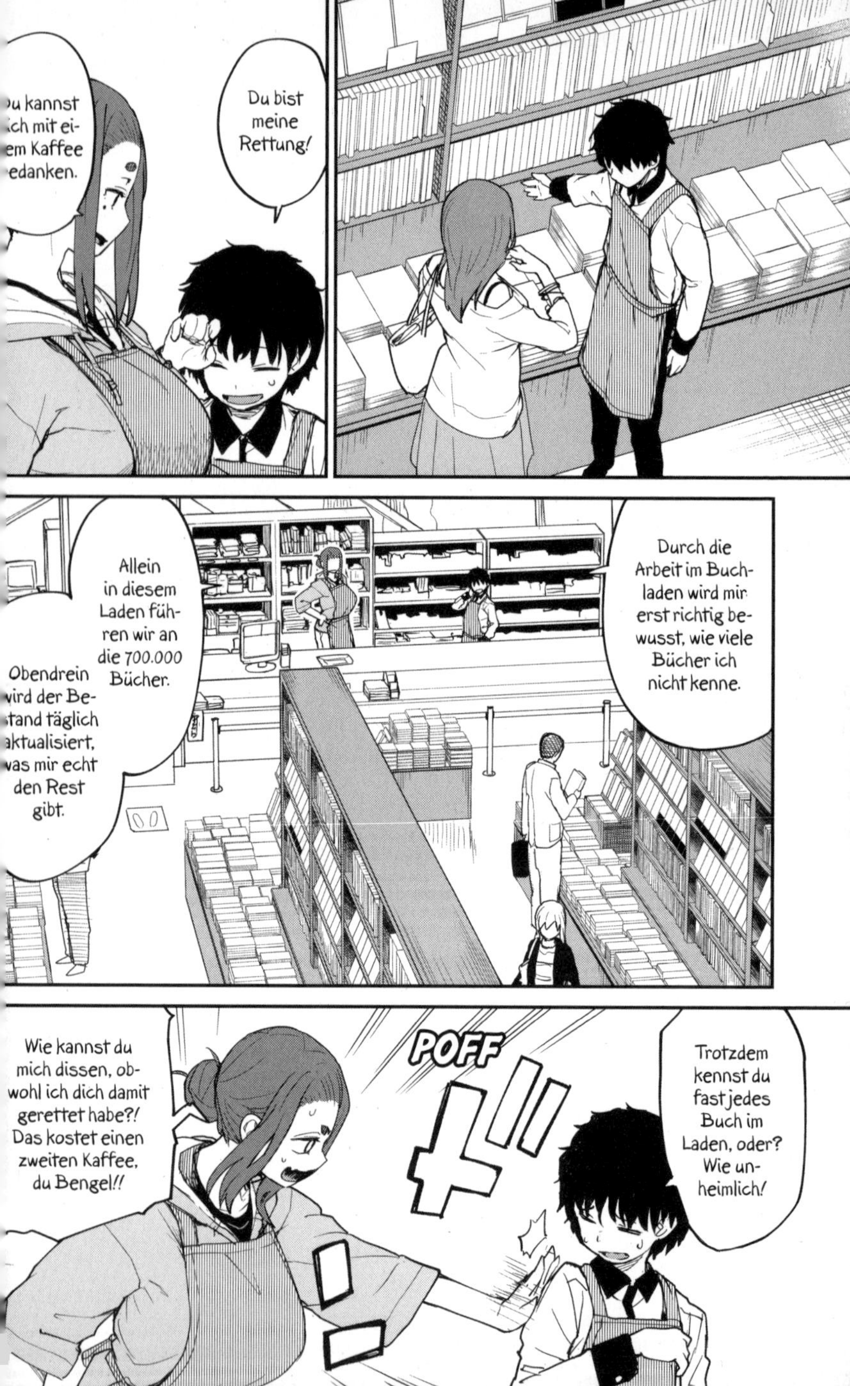

Du bist meine Rettung!
u kannst ich mit ei- em Kaffee edanken.
Durch die Arbeit im Buchladen wird mir erst richtig bewusst, wie viele Bücher ich nicht kenne.
Allein in diesem Laden führen wir an die 700.000 Bücher.
Obendrein vird der Bestand täglich ktualisiert, vas mir echt den Rest gibt.
Trotzdem kennst du fast jedes Buch im Laden, oder? Wie unheimlich!
POFF
Wie kannst du mich dissen, obwohl ich dich damit gerettet habe?! Das kostet einen zweiten Kaffee, du Bengel!!

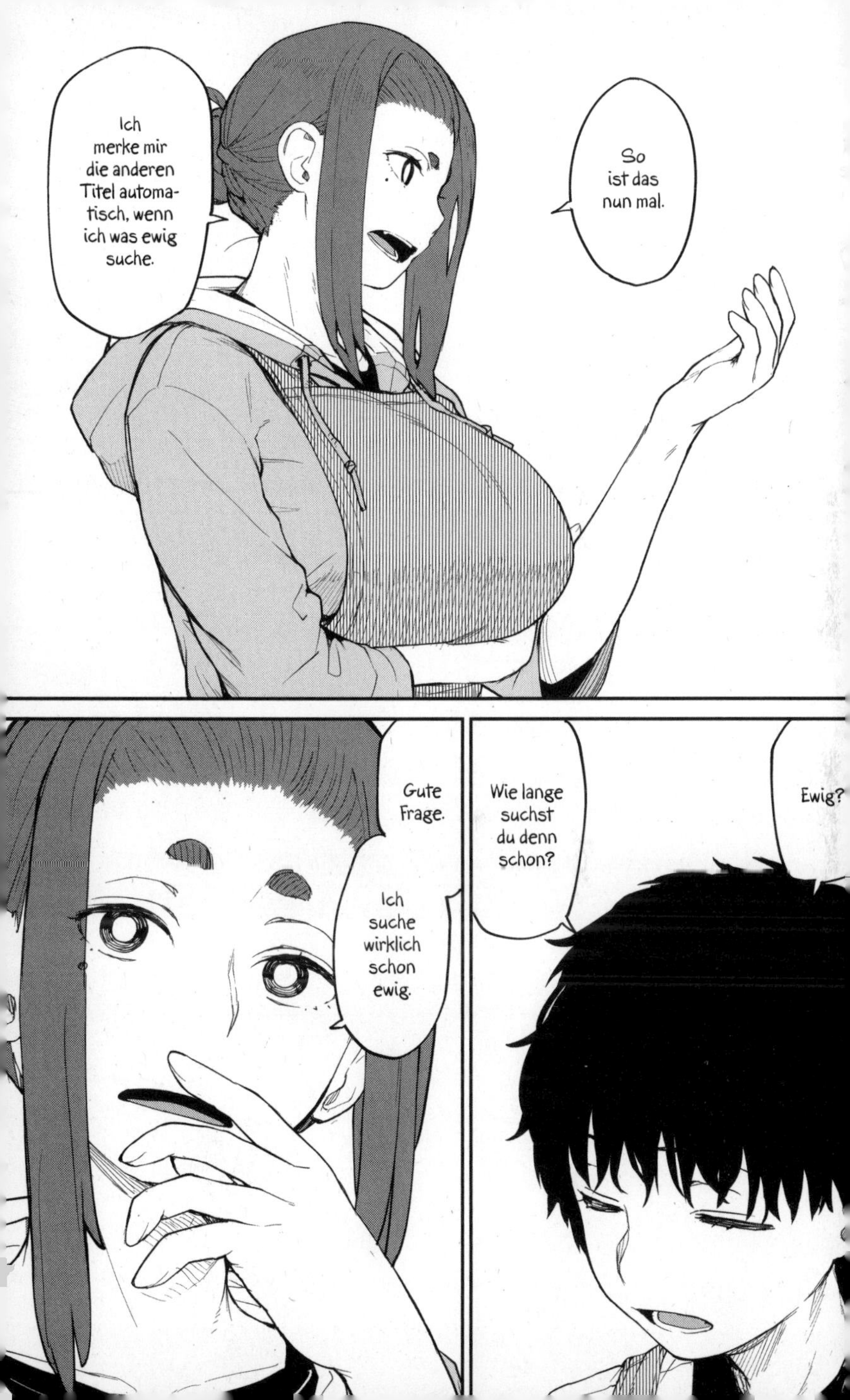

So ist das nun mal.
Ich merke mir die anderen Titel automatisch, wenn ich was ewig suche.

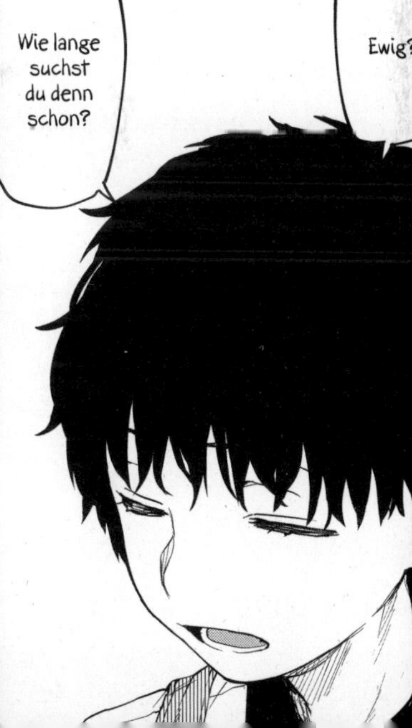

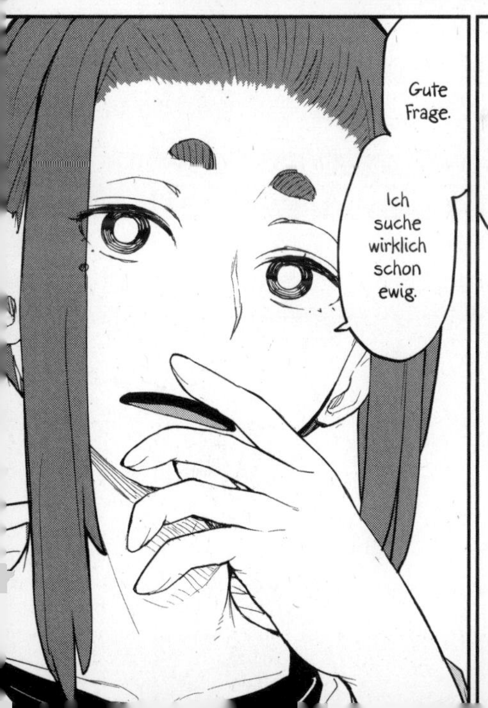

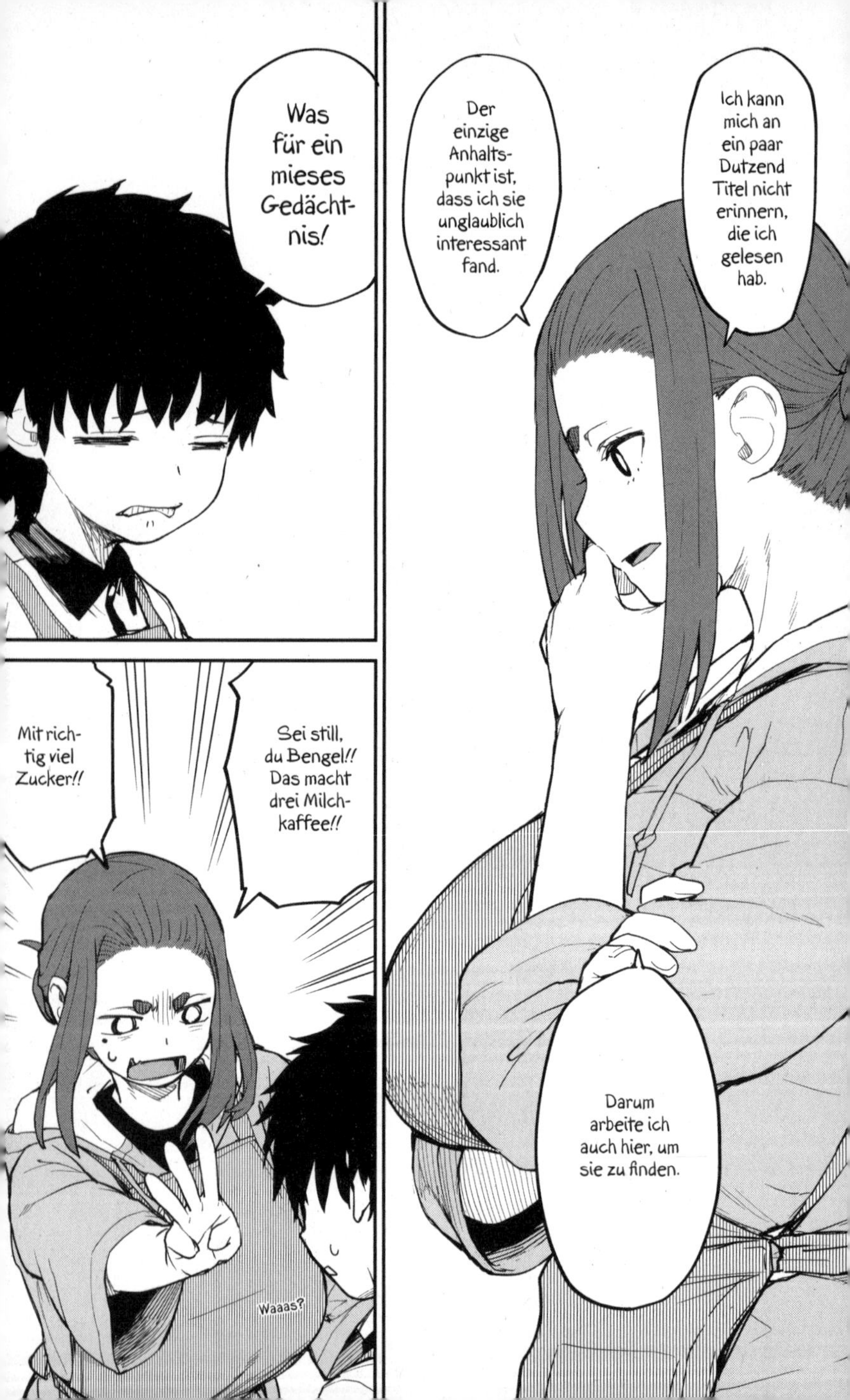

Ich kann mich an ein paar Dutzend Titel nicht erinnern, die ich gelesen hab.
Der einzige Anhaltspunkt ist, dass ich sie unglaublich interessant fand.
Darum arbeite ich auch hier, um sie zu finden.
Was für ein mieses Gedächtnis!
Sei still, du Bengel!! Das macht drei Milchkaffee!!
Mit richtig viel Zucker!!
Waaas?

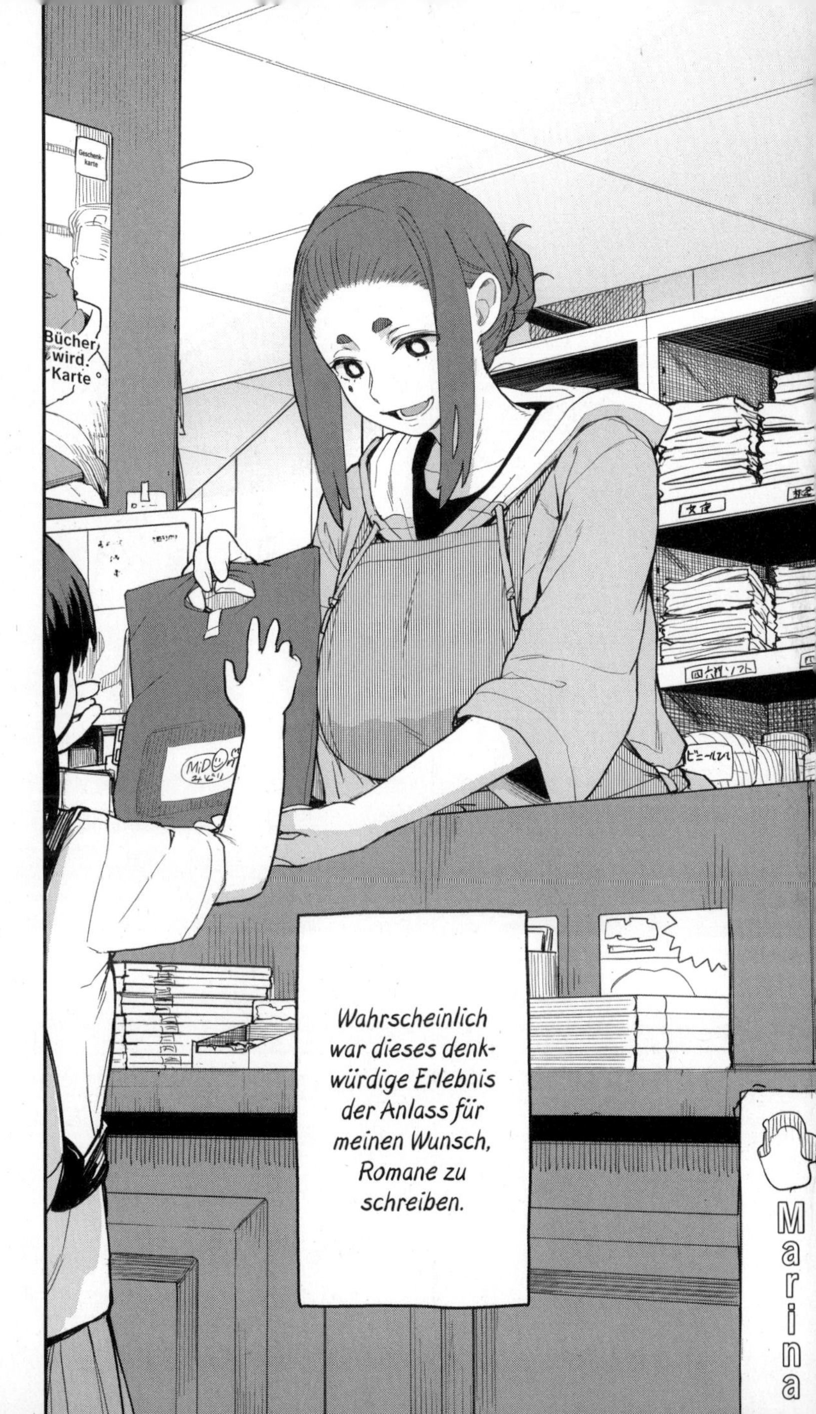
Geschenk-
karte
Bücher
wird.
Karte
Wahrscheinlich war dieses denkwürdige Erlebnis der Anlass für meinen Wunsch, Romane zu schreiben.
Marina

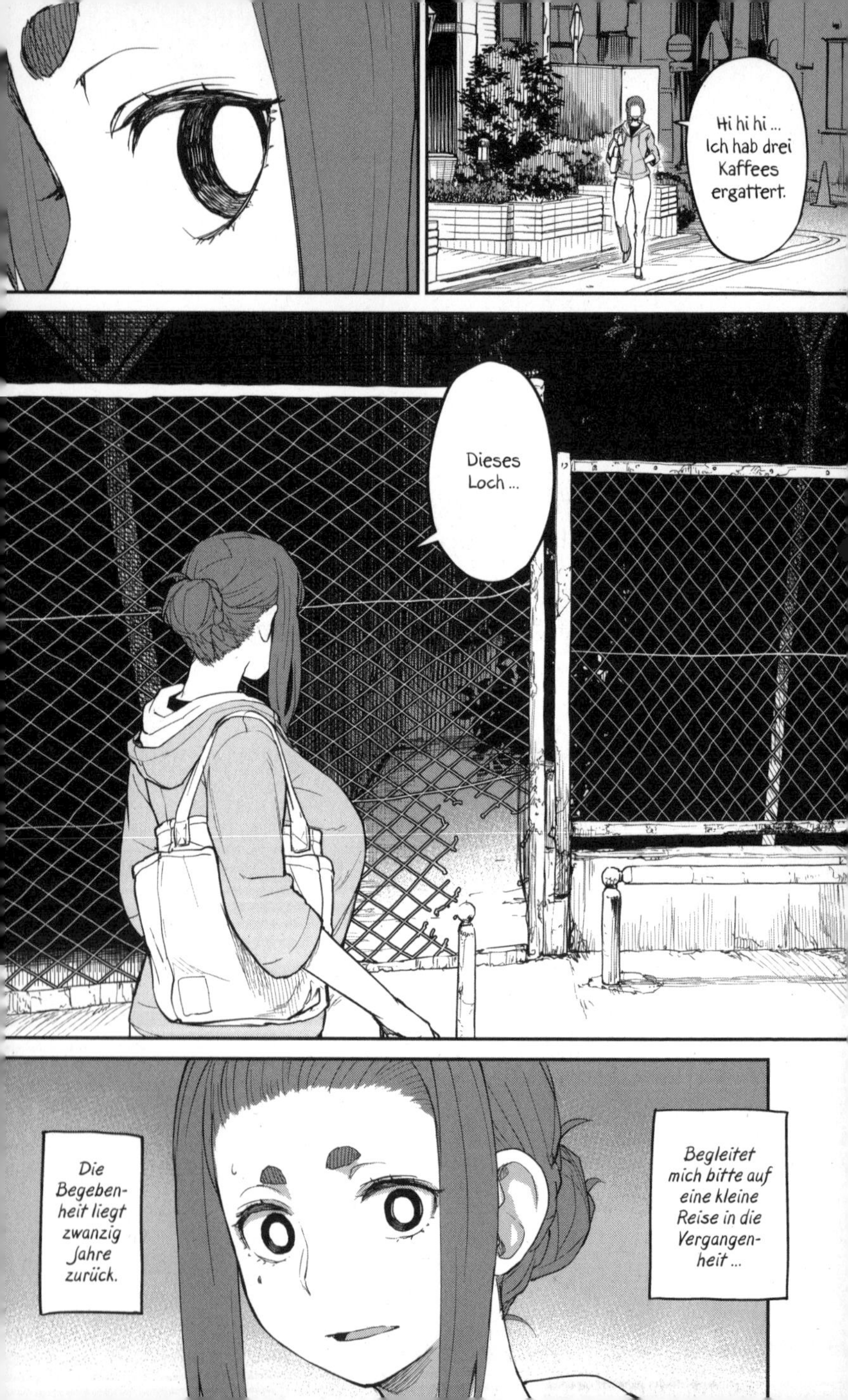
Hi hi hi ... Ich hab drei Kaffees ergattert.
Dieses Loch ...
Begleitet mich bitte auf eine kleine Reise in die Vergangenheit ...
Die Begebenheit liegt zwanzig Jahre zurück.

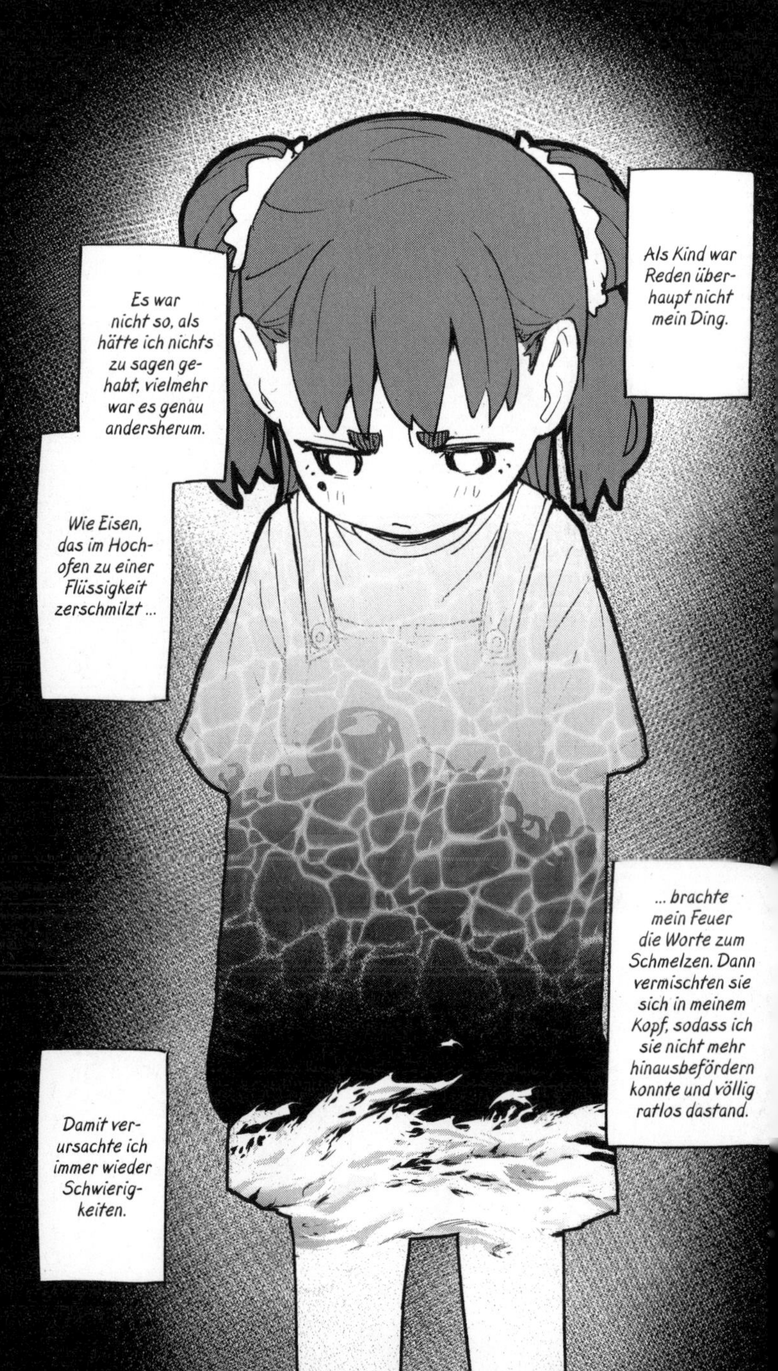
Als Kind war Reden überhaupt nicht mein Ding.
Es war nicht so, als hätte ich nichts zu sagen gehabt, vielmehr war es genau andersherum.
Wie Eisen, das im Hochofen zu einer Flüssigkeit zerschmilzt ...
... brachte mein Feuer die Worte zum Schmelzen. Dann vermischten sie sich in meinem Kopf, sodass ich sie nicht mehr hinausbefördern konnte und völlig ratlos dastand.
Damit verursachte ich immer wieder Schwierigkeiten.

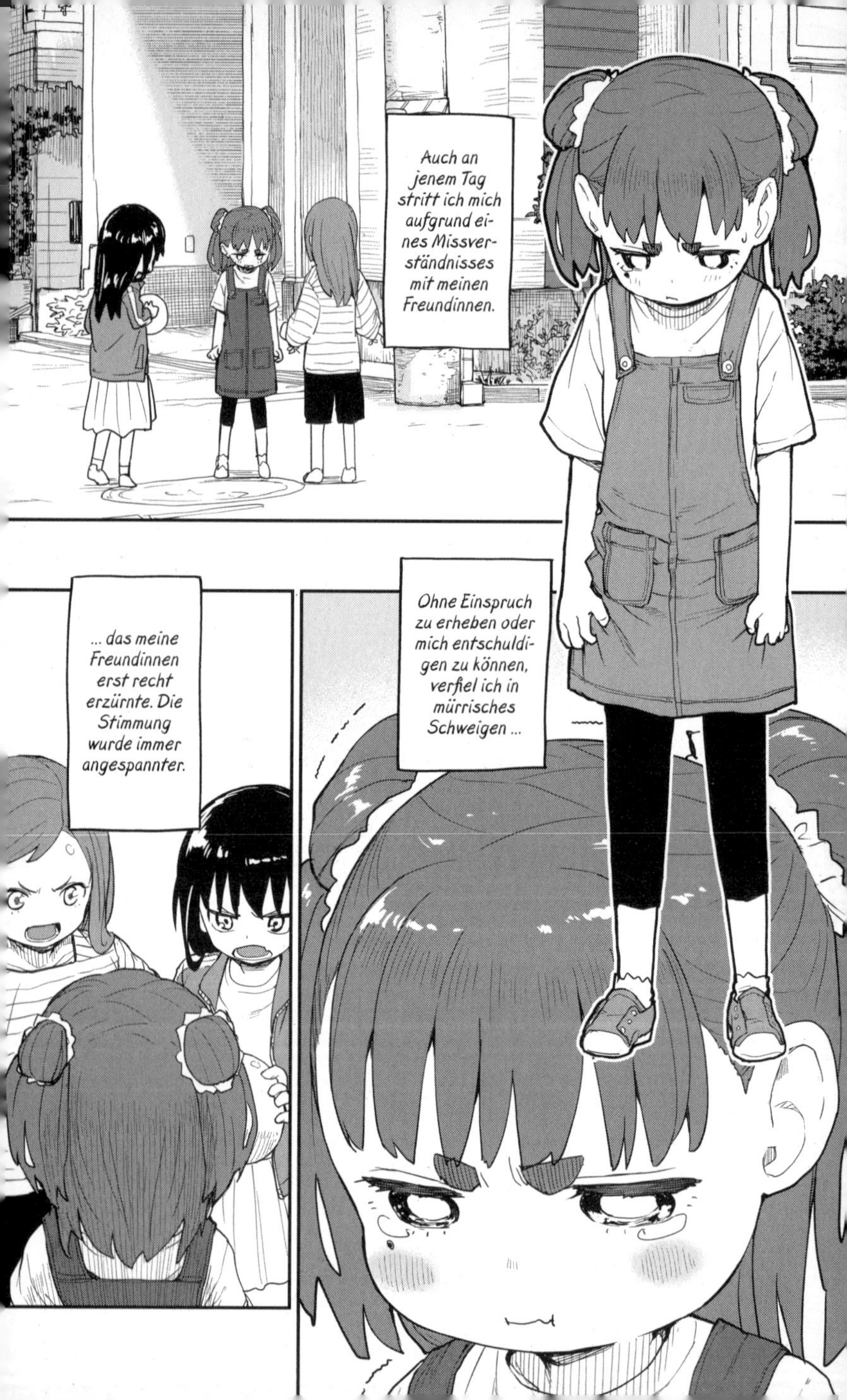
Auch an jenem Tag stritt ich mich aufgrund eines Missverständnisses mit meinen Freundinnen.
Ohne Einspruch zu erheben oder mich entschuldigen zu können, verfiel ich in mürrisches Schweigen ...
... das meine Freundinnen erst recht erzürnte. Die Stimmung wurde immer angespannter.

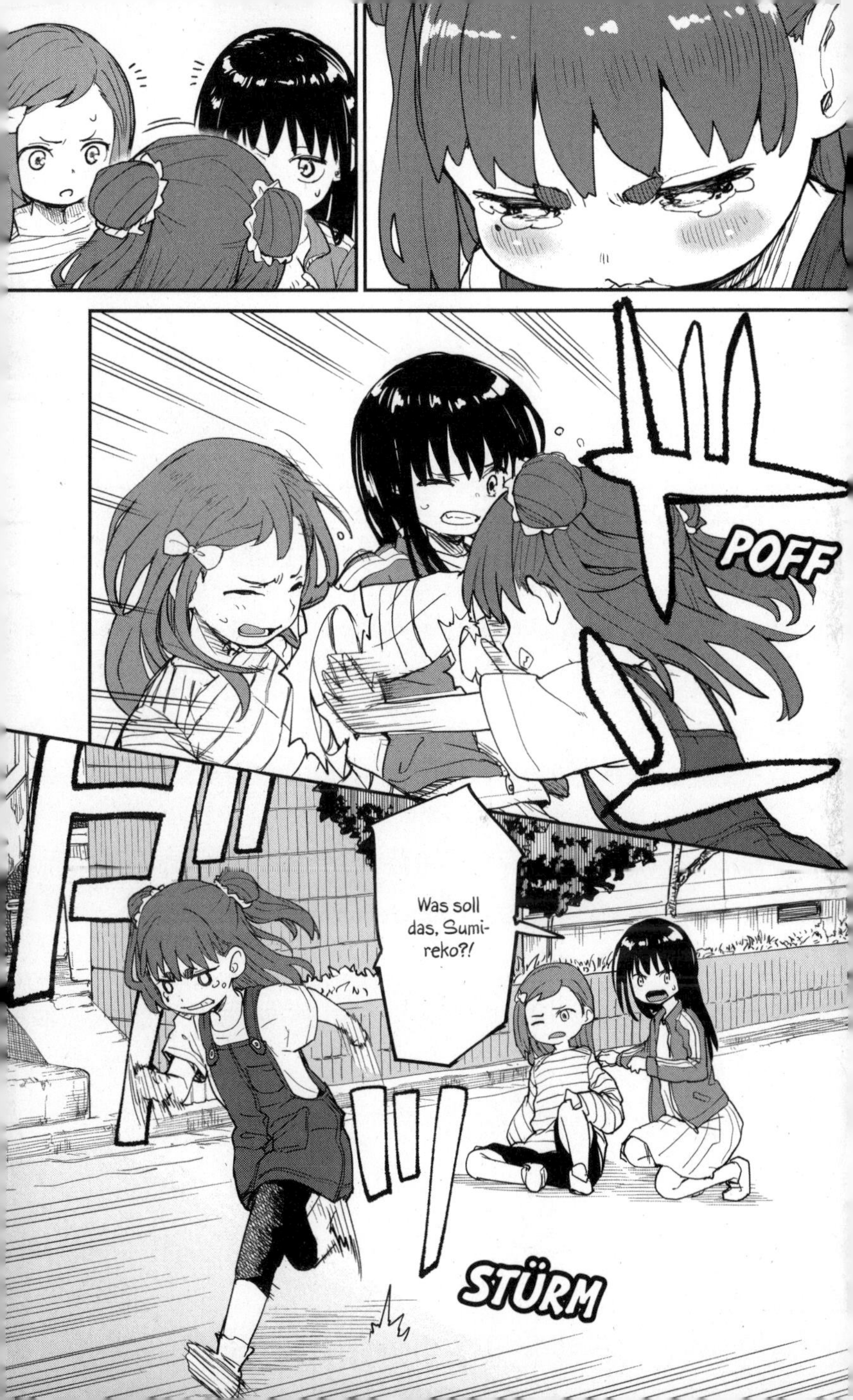
POFF
Was soll das, Sumi-reko?!
STÜRM

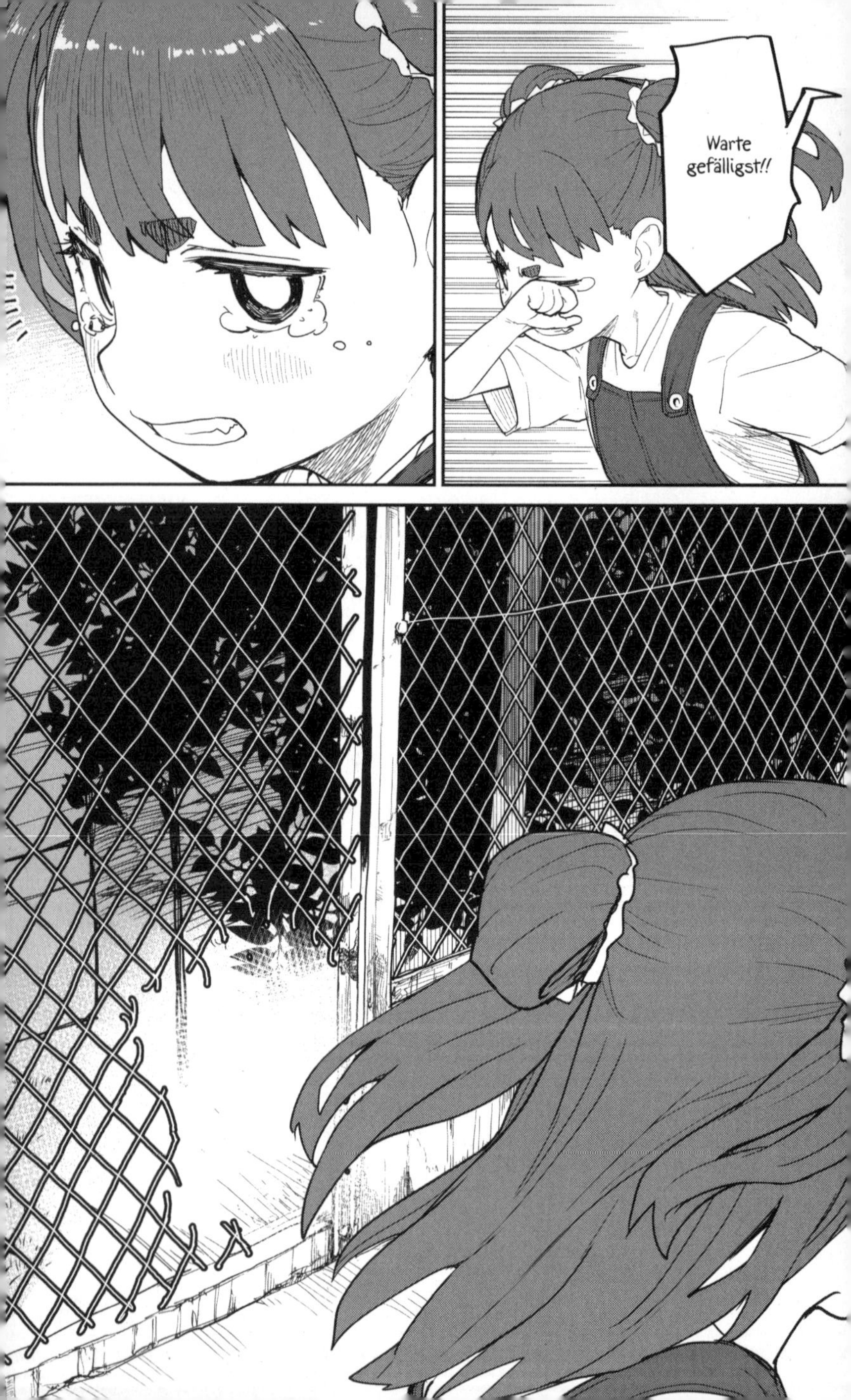
Warte gefälligst!!

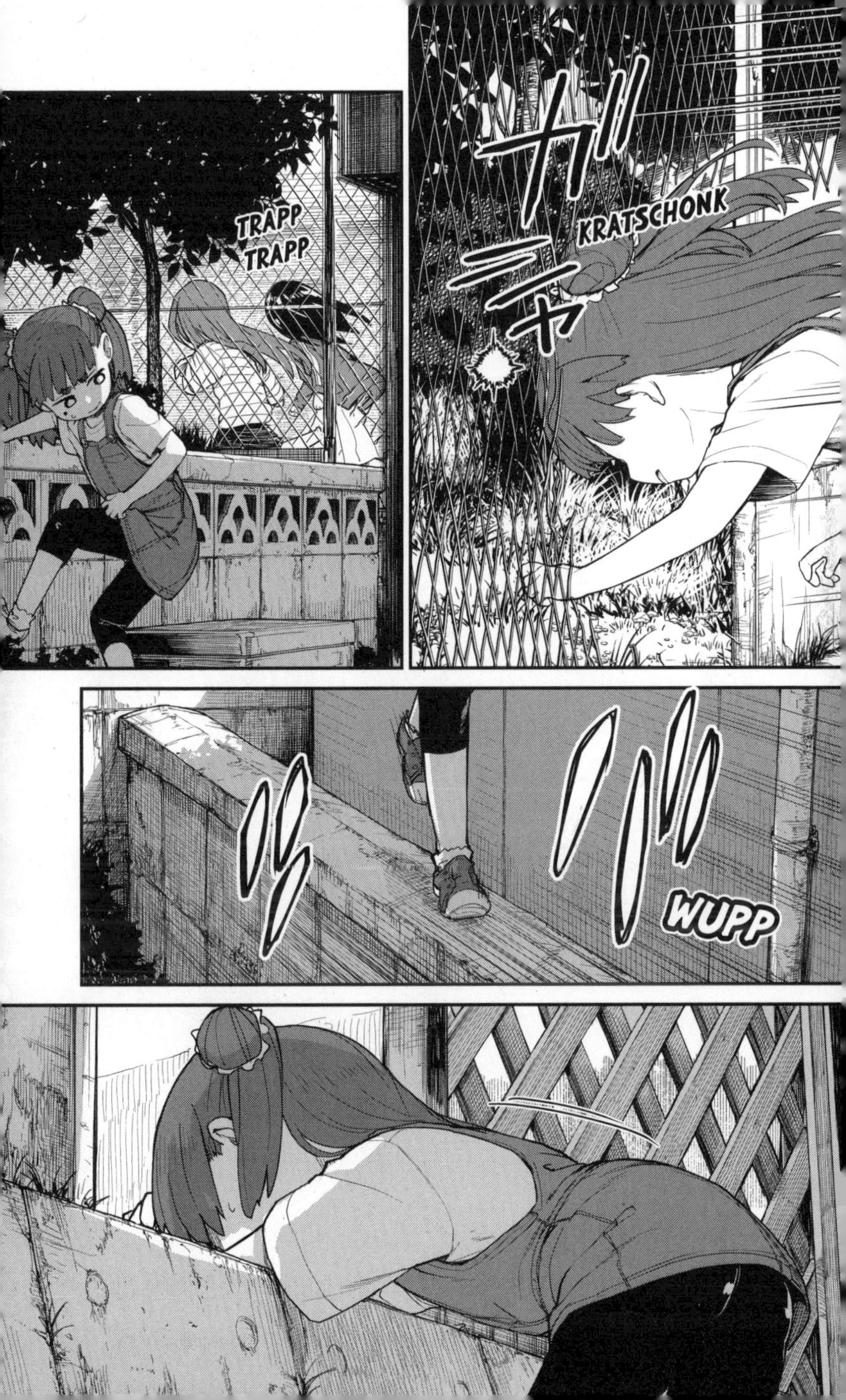

KRATSCHONK

TRAPP
TRAPP

WUPP

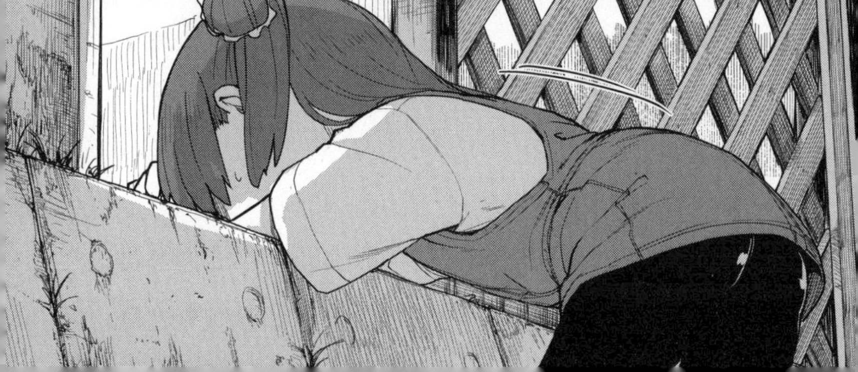

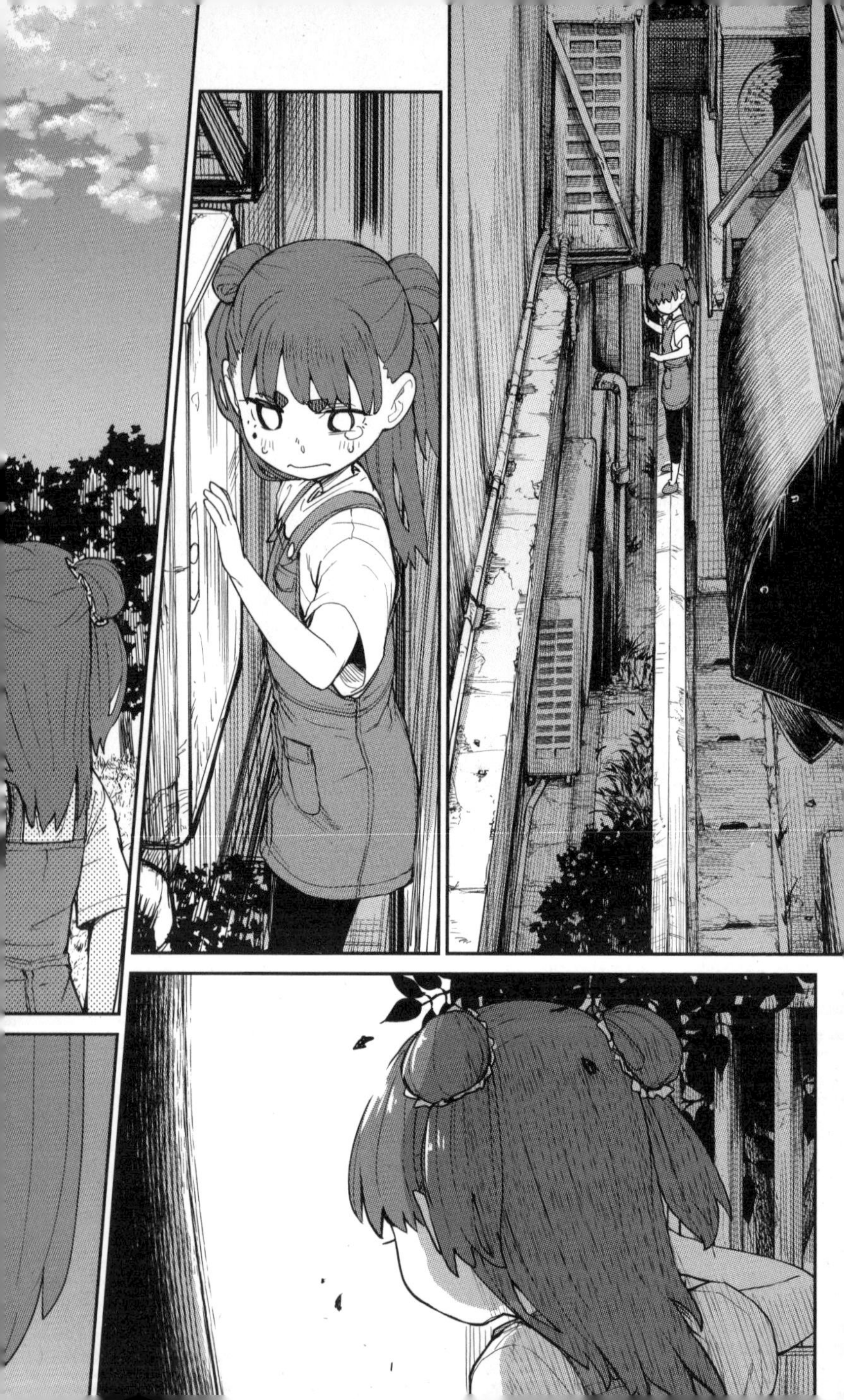

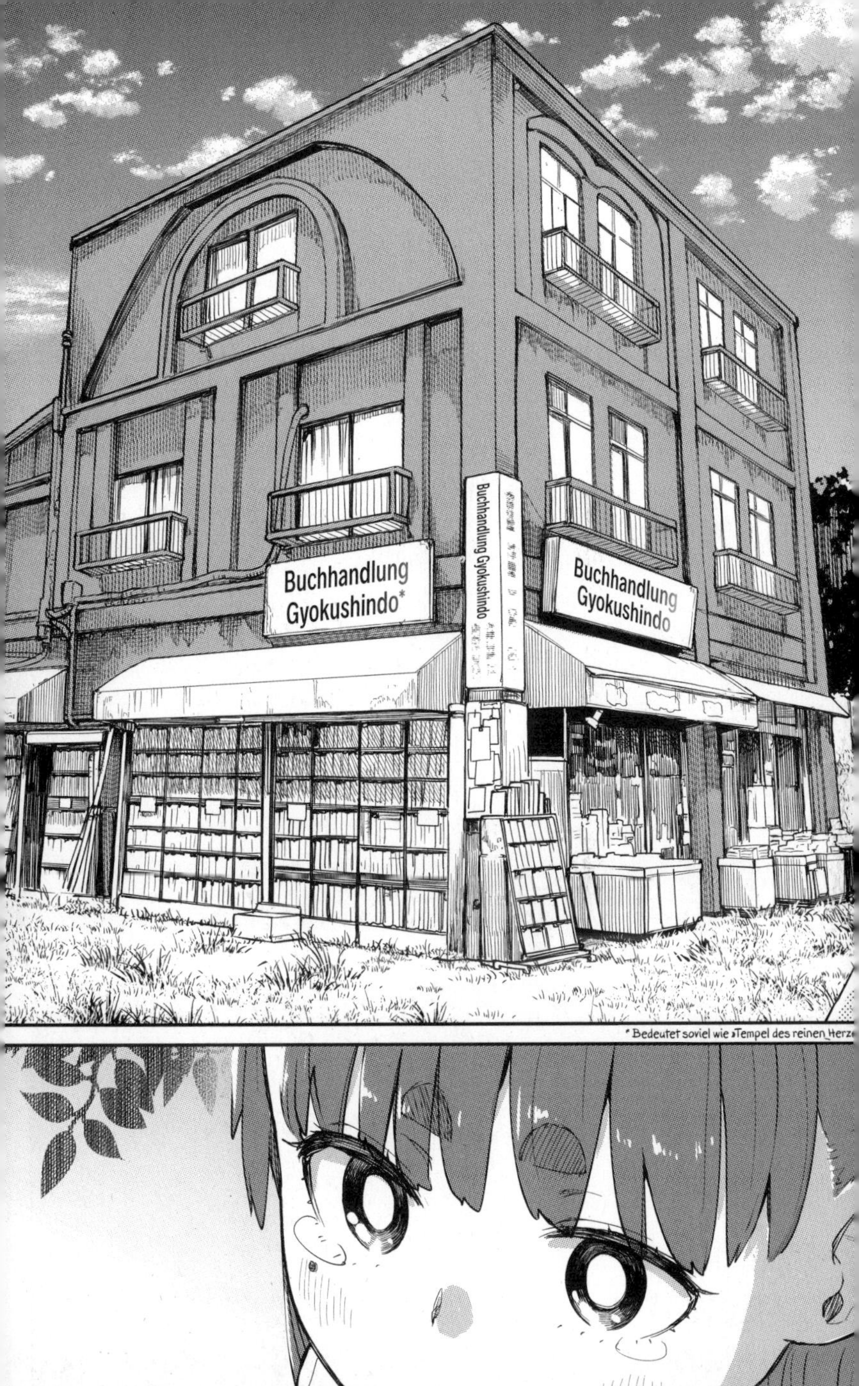

* Bedeutet soviel wie »Tempel des reinen Herze

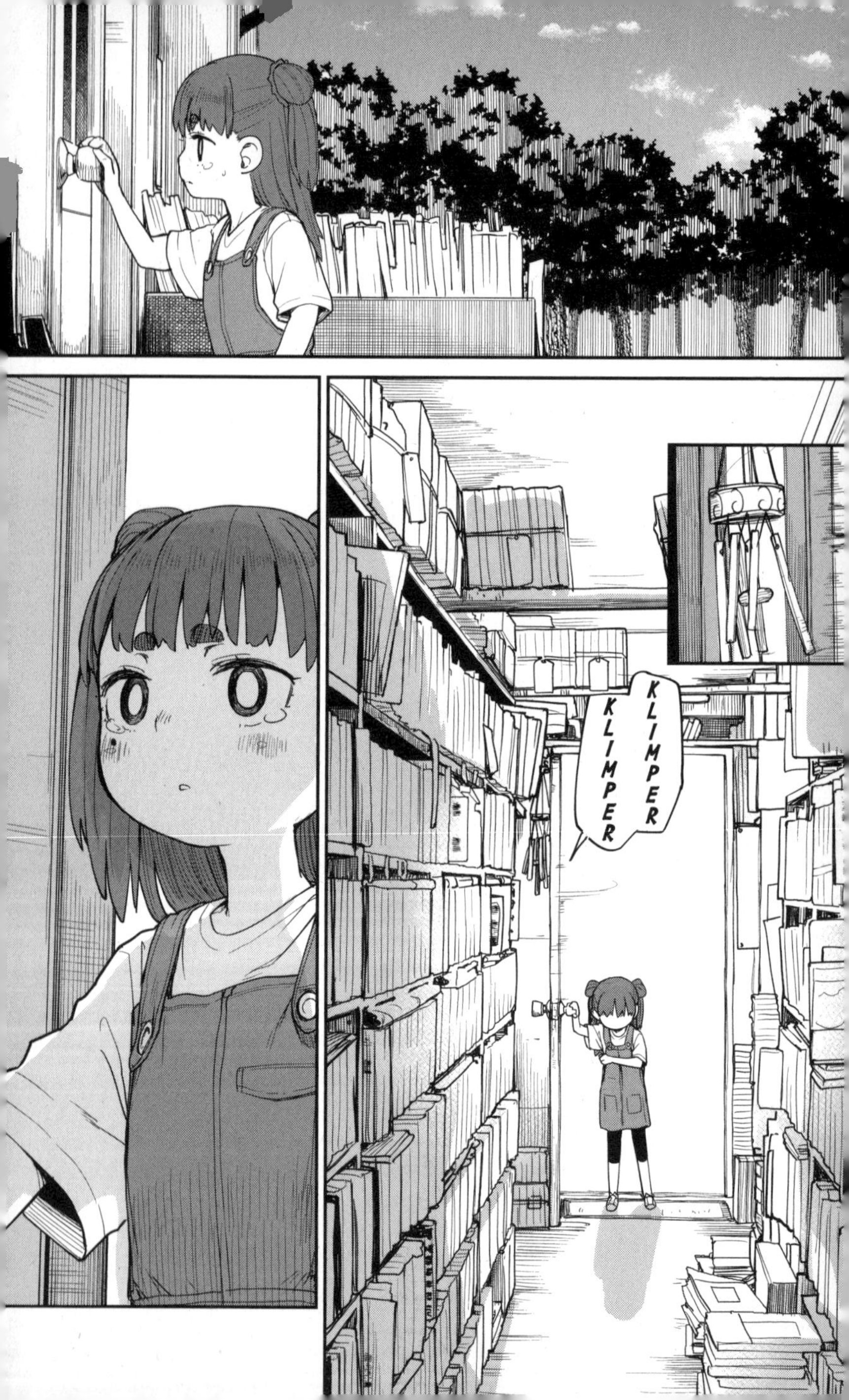
KLIMPER
KLIMPER

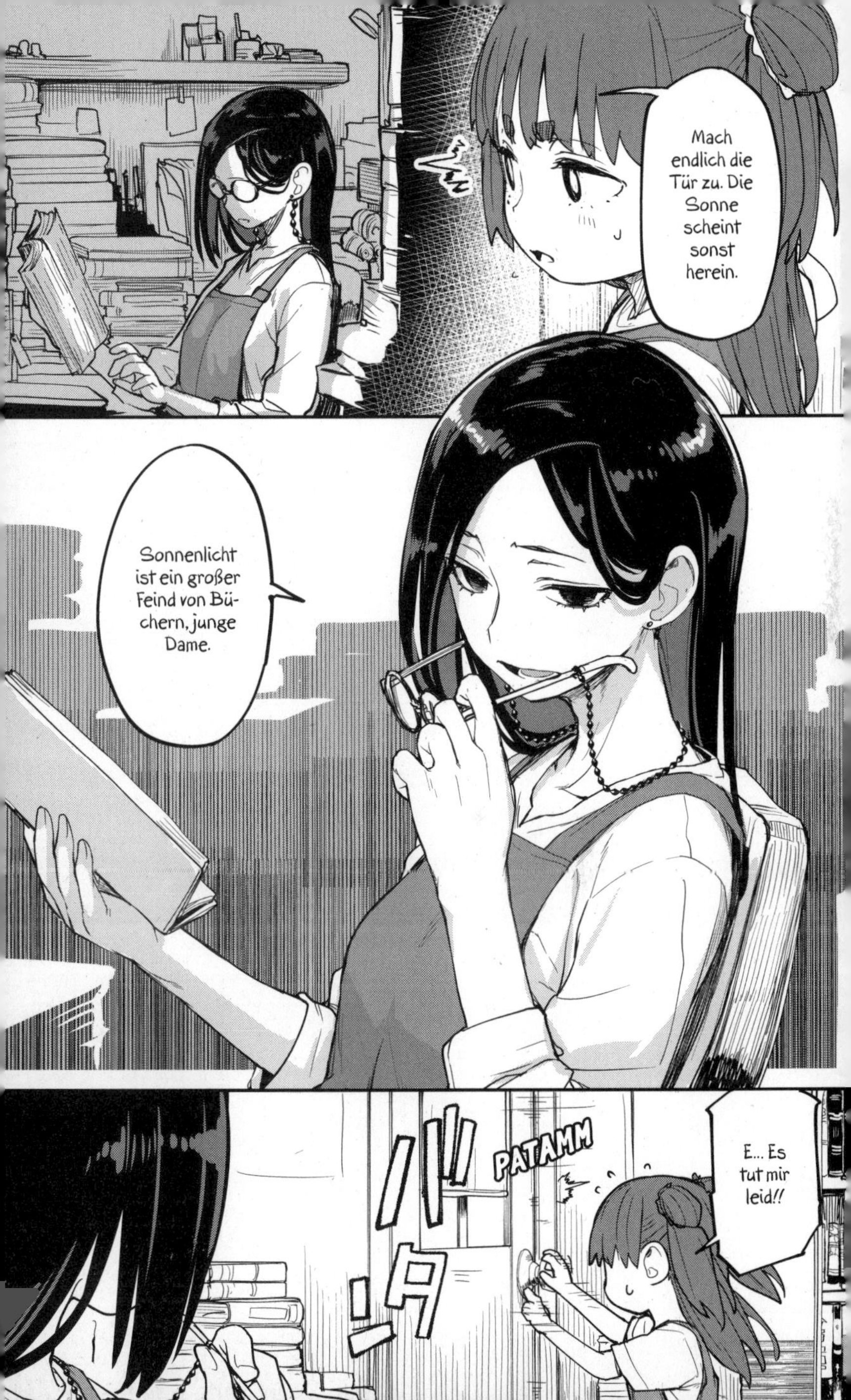
Mach endlich die Tür zu. Die Sonne scheint sonst herein.
Sonnenlicht ist ein großer Feind von Büchern, junge Dame.
PATAMM
E... Es tut mir leid!!

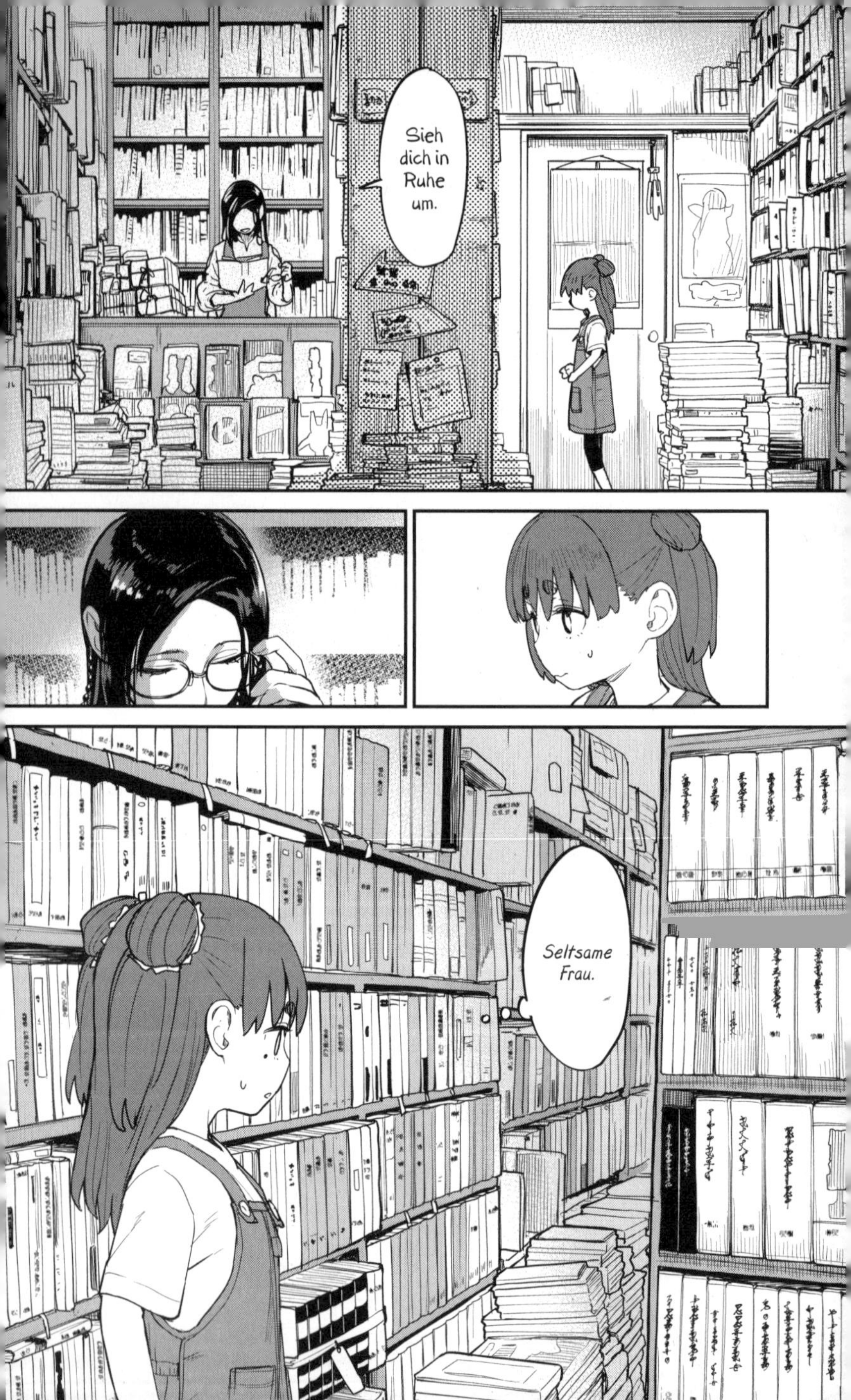
Sieh dich in Ruhe um.
Seltsame Frau.

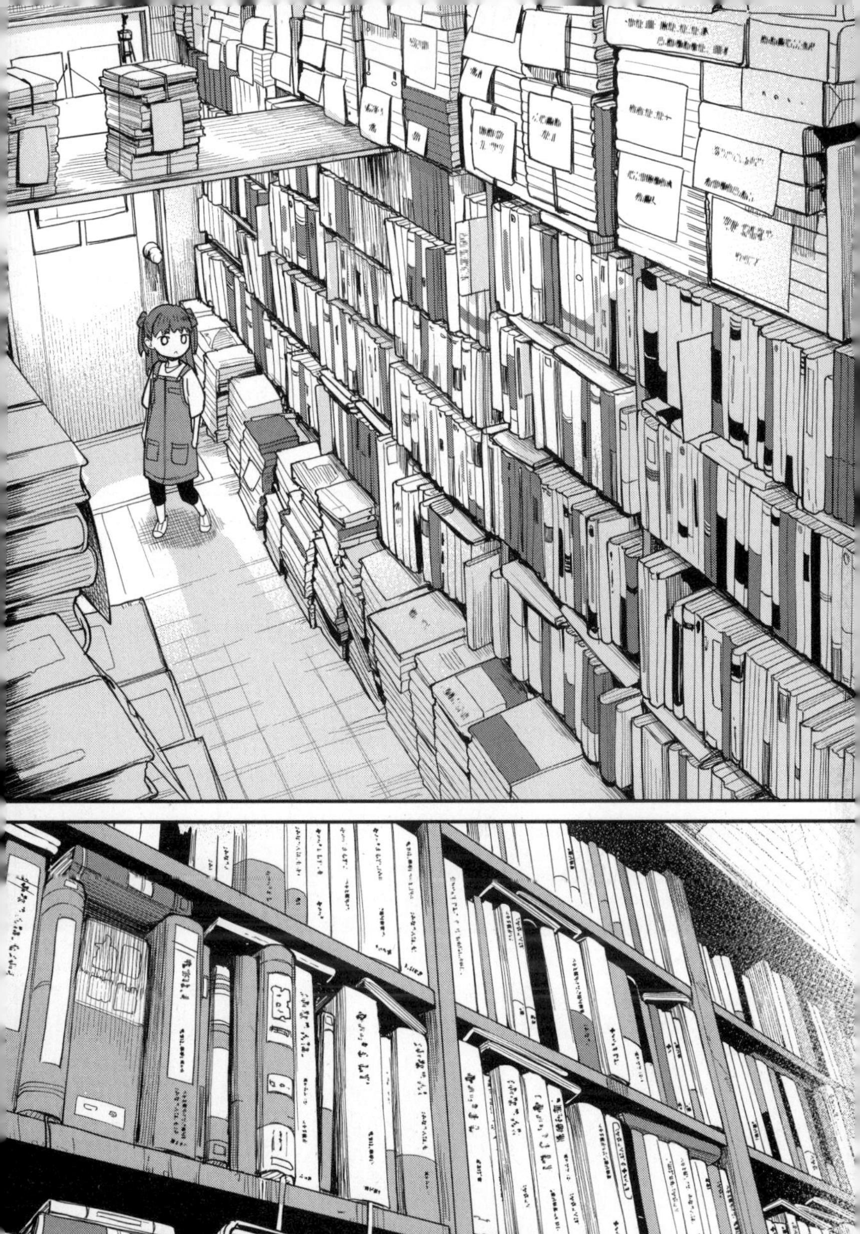

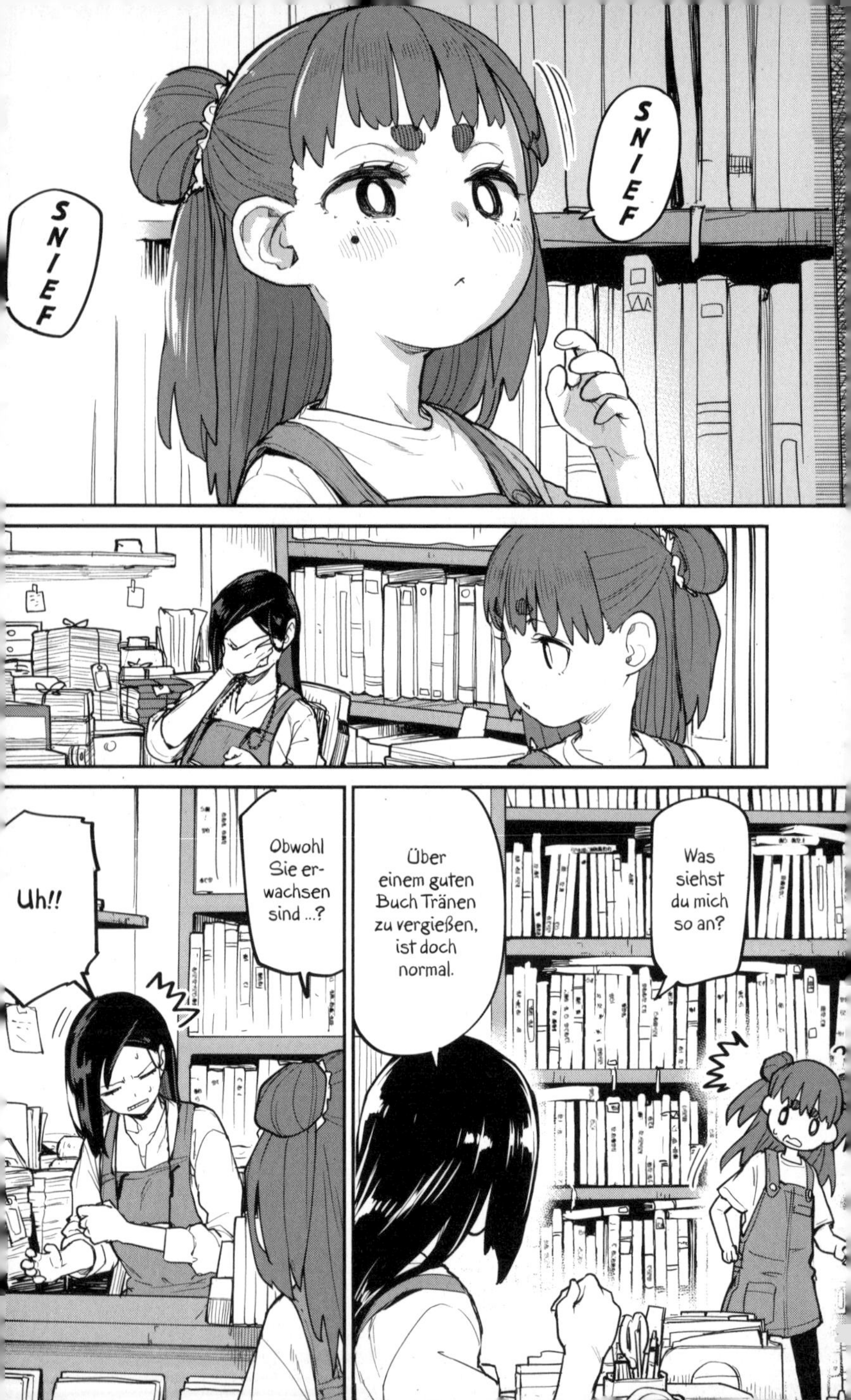
SNIEF
SNIEF
Was siehst du mich so an?
Über einem guten Buch Tränen zu vergießen, ist doch normal.
Obwohl Sie erwachsen sind ...?
Uh!!

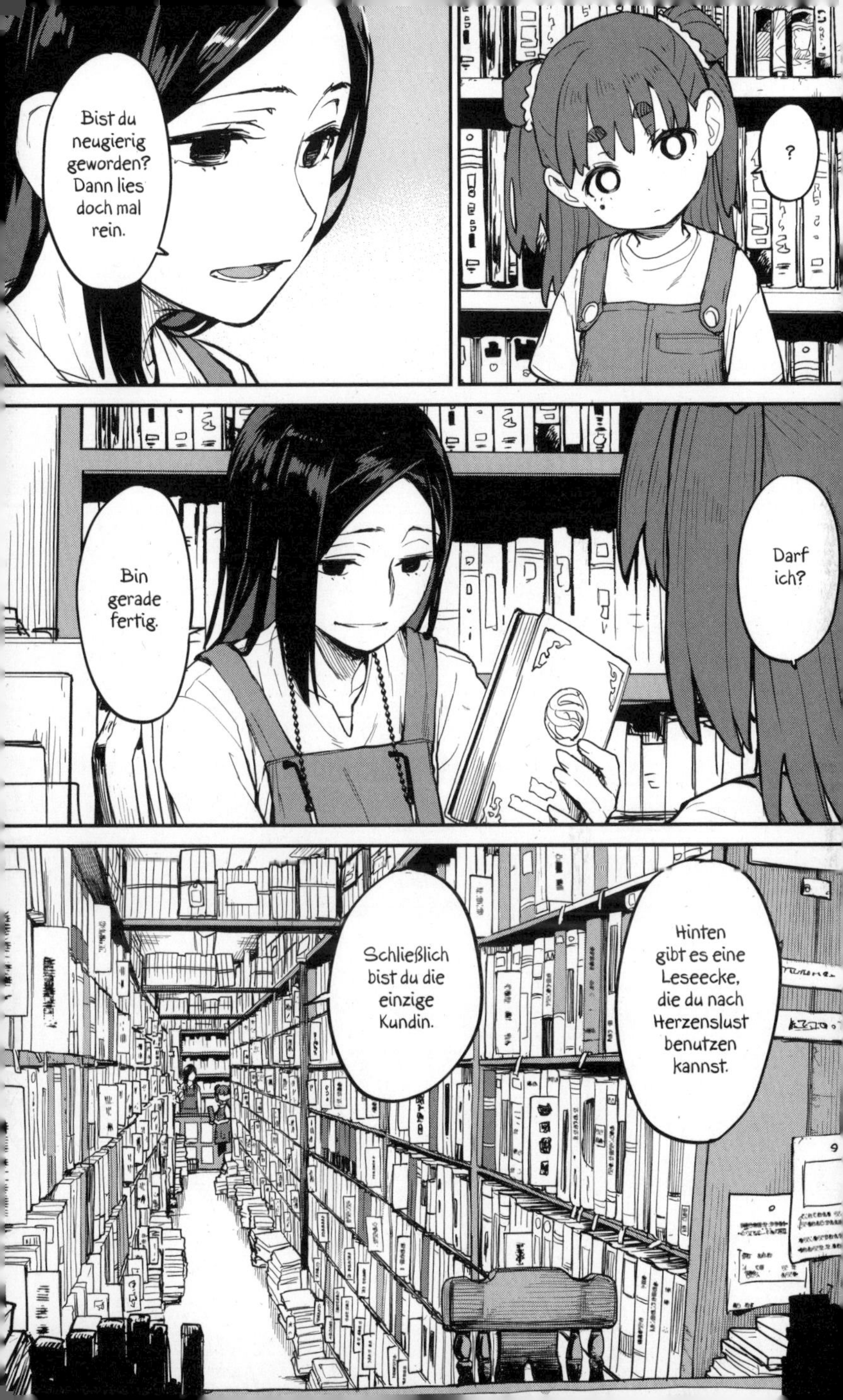
?
Bist du neugierig geworden? Dann lies doch mal rein.
Darf ich?
Bin gerade fertig.
Hinten gibt es eine Leseecke, die du nach Herzenslust benutzen kannst.
Schließlich bist du die einzige Kundin.

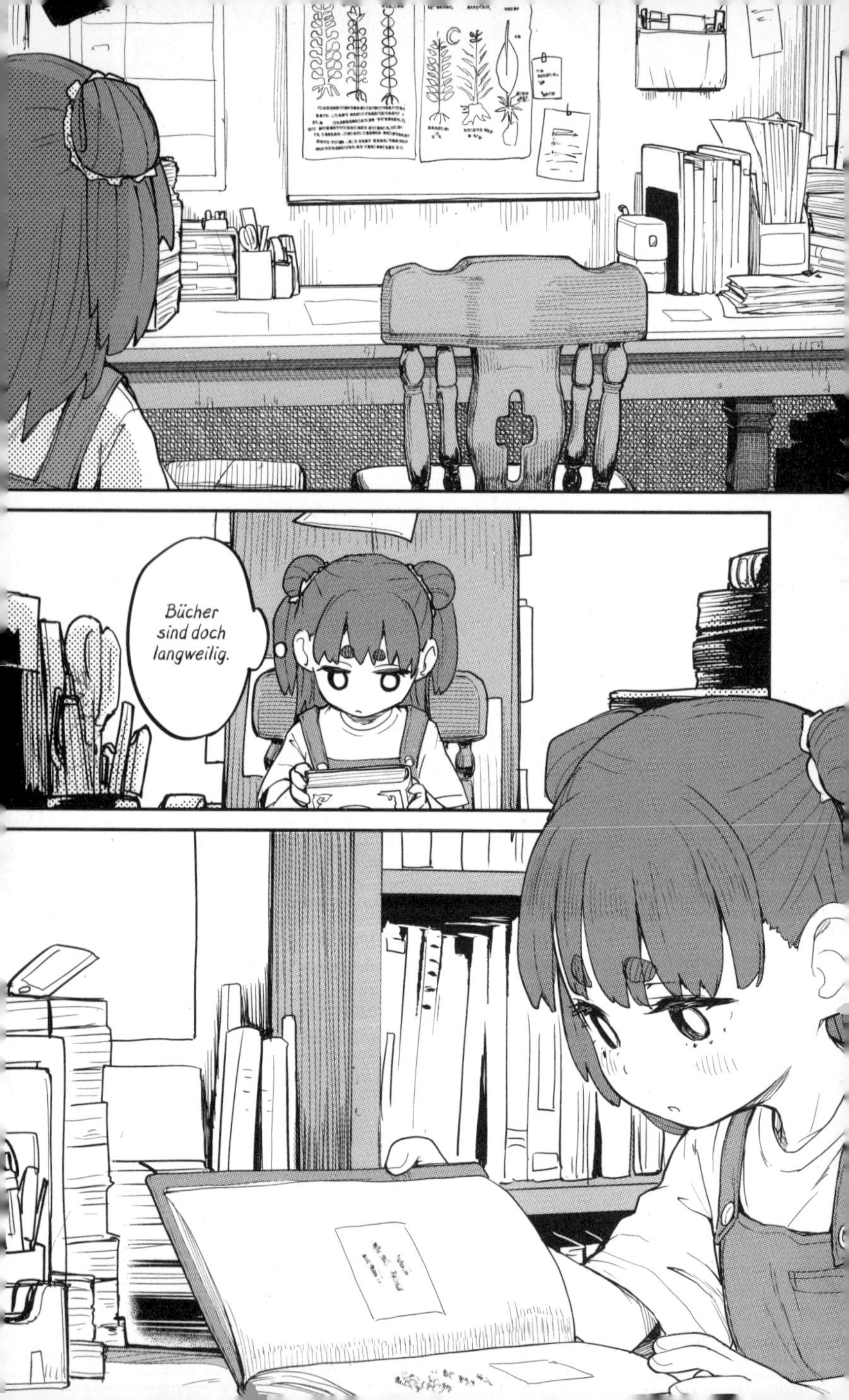
Bücher sind doch langweilig.

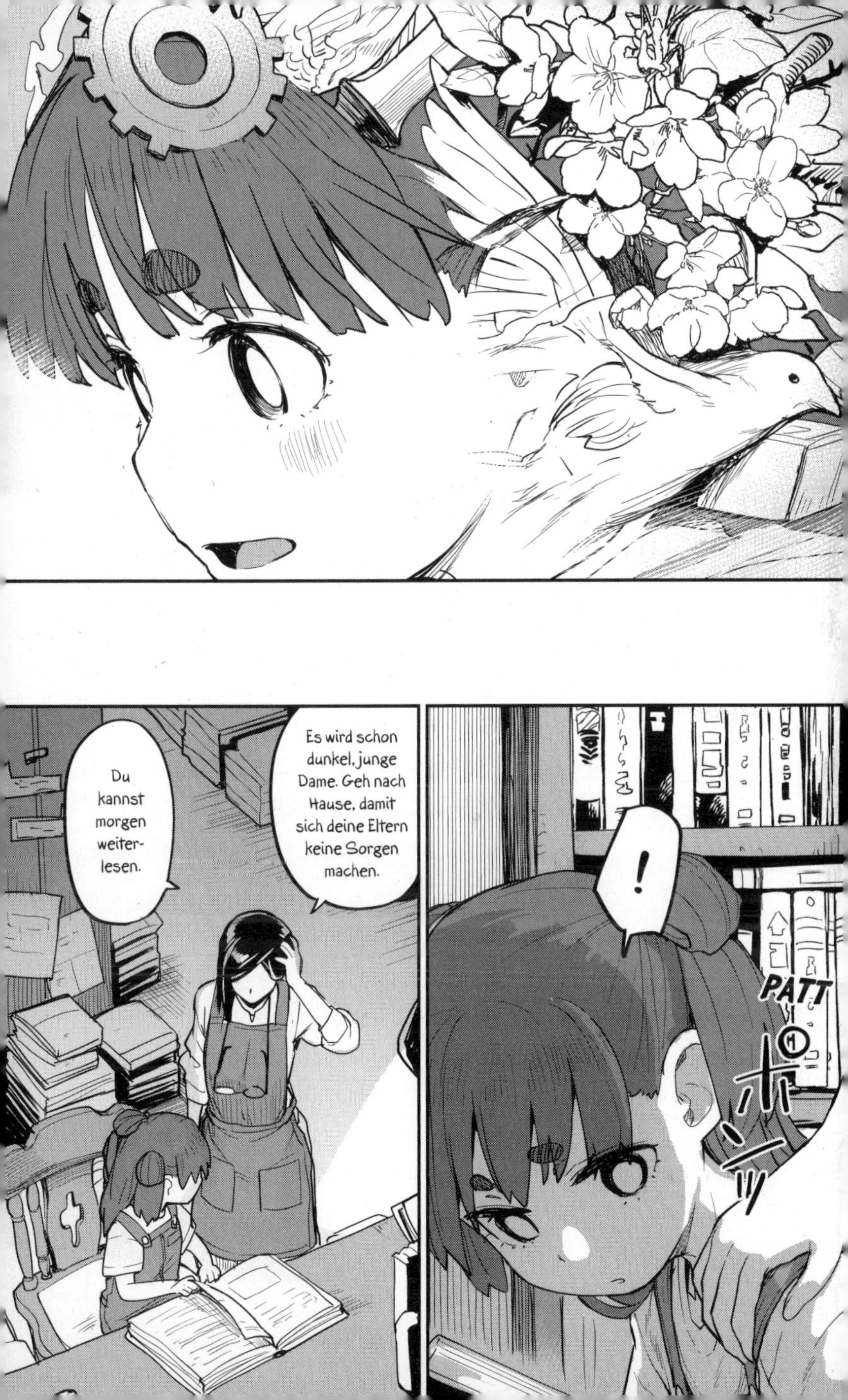

Es wird schon dunkel, junge Dame. Geh nach Hause, damit sich deine Eltern keine Sorgen machen.

Du kannst morgen weiterlesen.

!

PATT

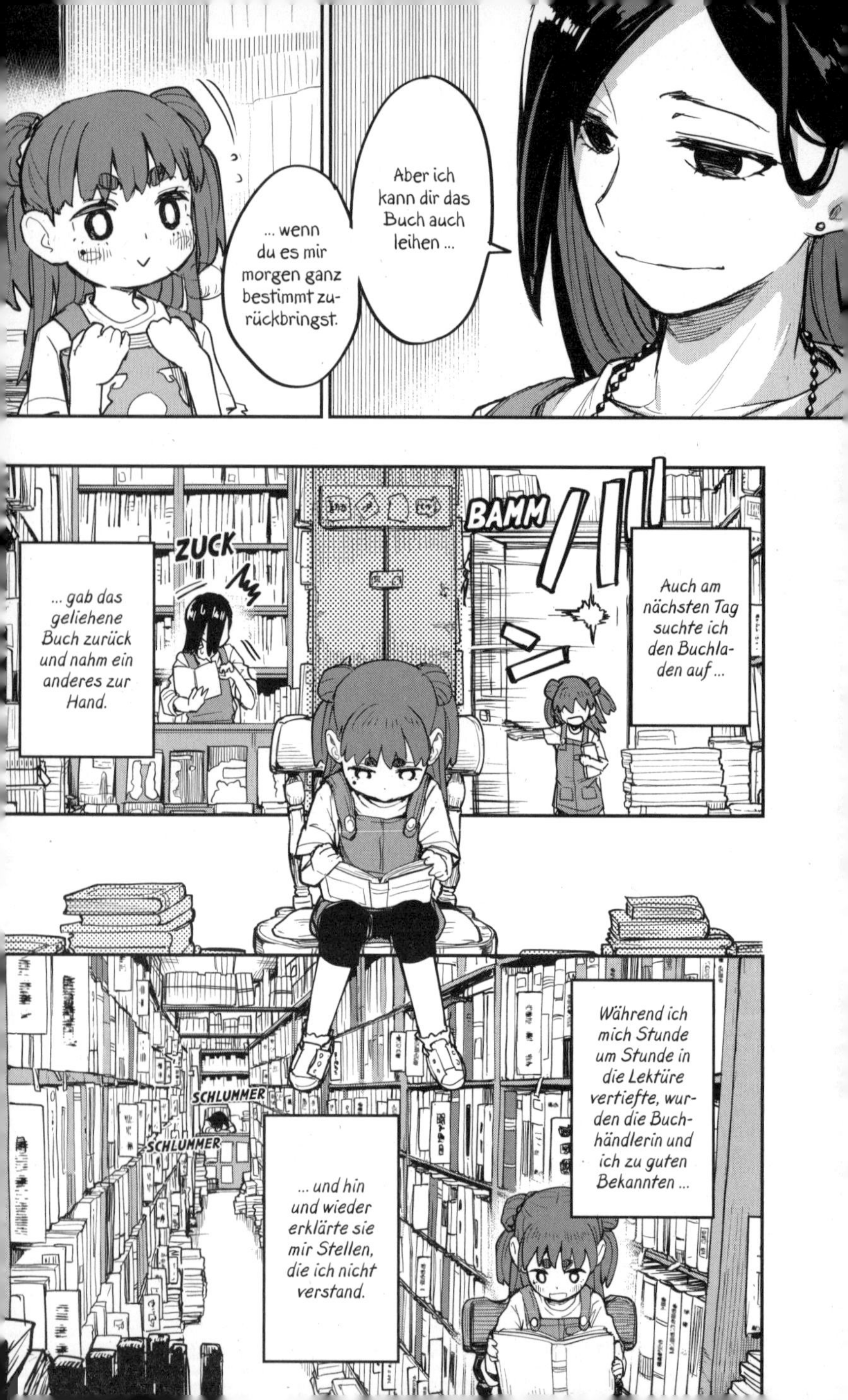

Aber ich kann dir das Buch auch leihen ...

... wenn du es mir morgen ganz bestimmt zurückbringst.

BAMM

Auch am nächsten Tag suchte ich den Buchladen auf ...

ZUCK

... gab das geliehene Buch zurück und nahm ein anderes zur Hand.

Während ich mich Stunde um Stunde in die Lektüre vertiefte, wurden die Buchhändlerin und ich zu guten Bekannten ...

SCHLUMMER

SCHLUMMER

... und hin und wieder erklärte sie mir Stellen, die ich nicht verstand.

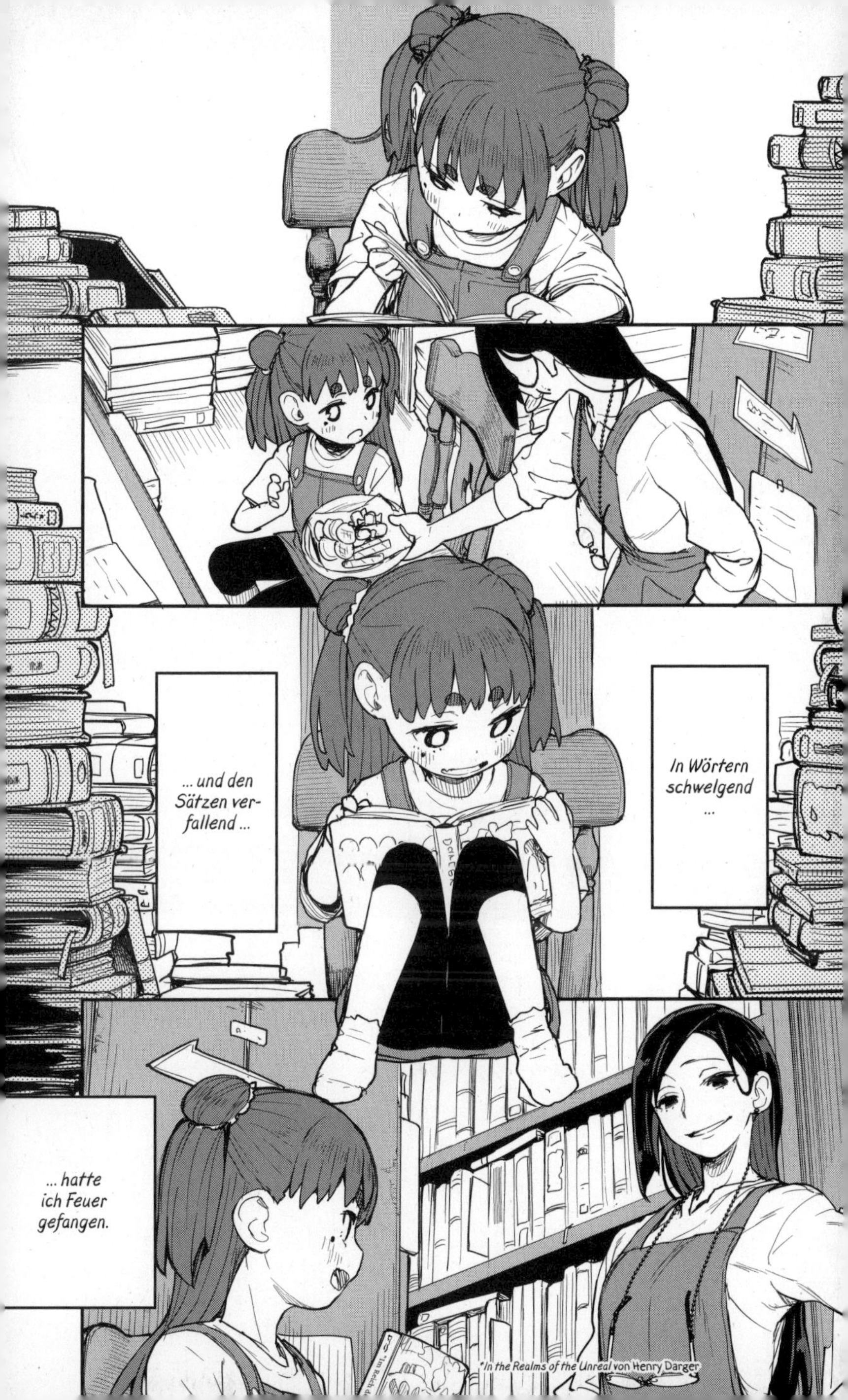

*In the Realms of the Unreal von Henry Darger

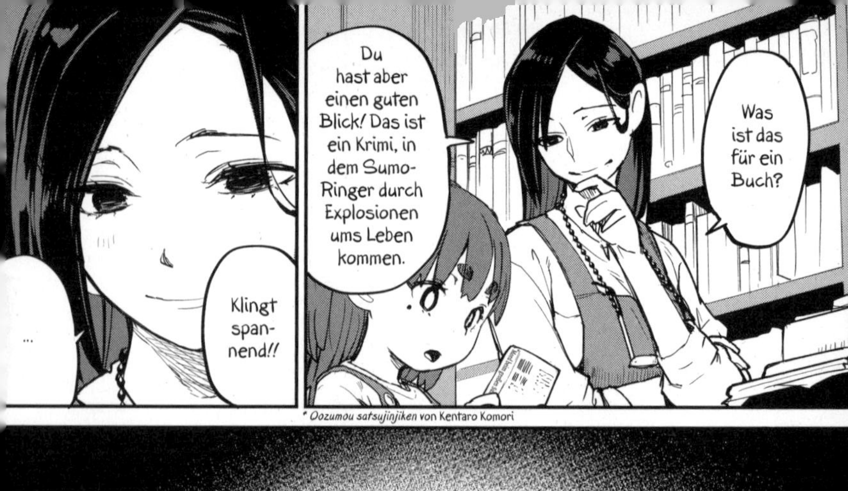

* *Oozumou satsujinjiken* von Kentaro Komori

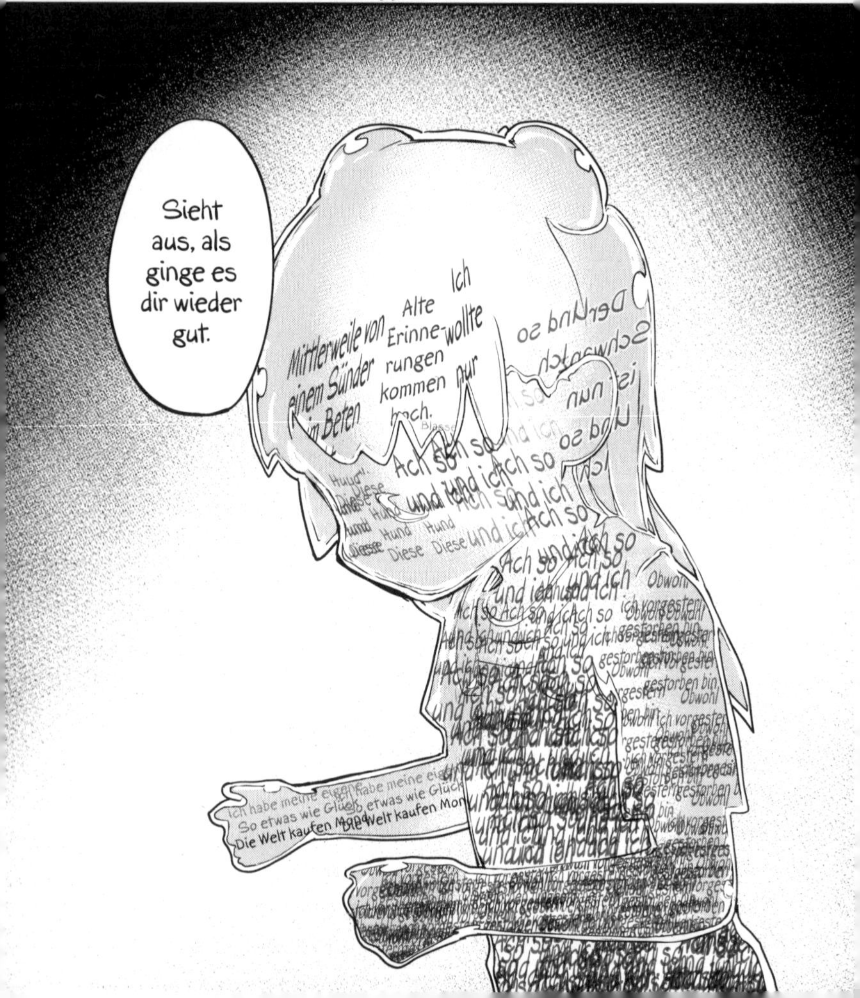

Sieht aus, als ginge es dir wieder gut.

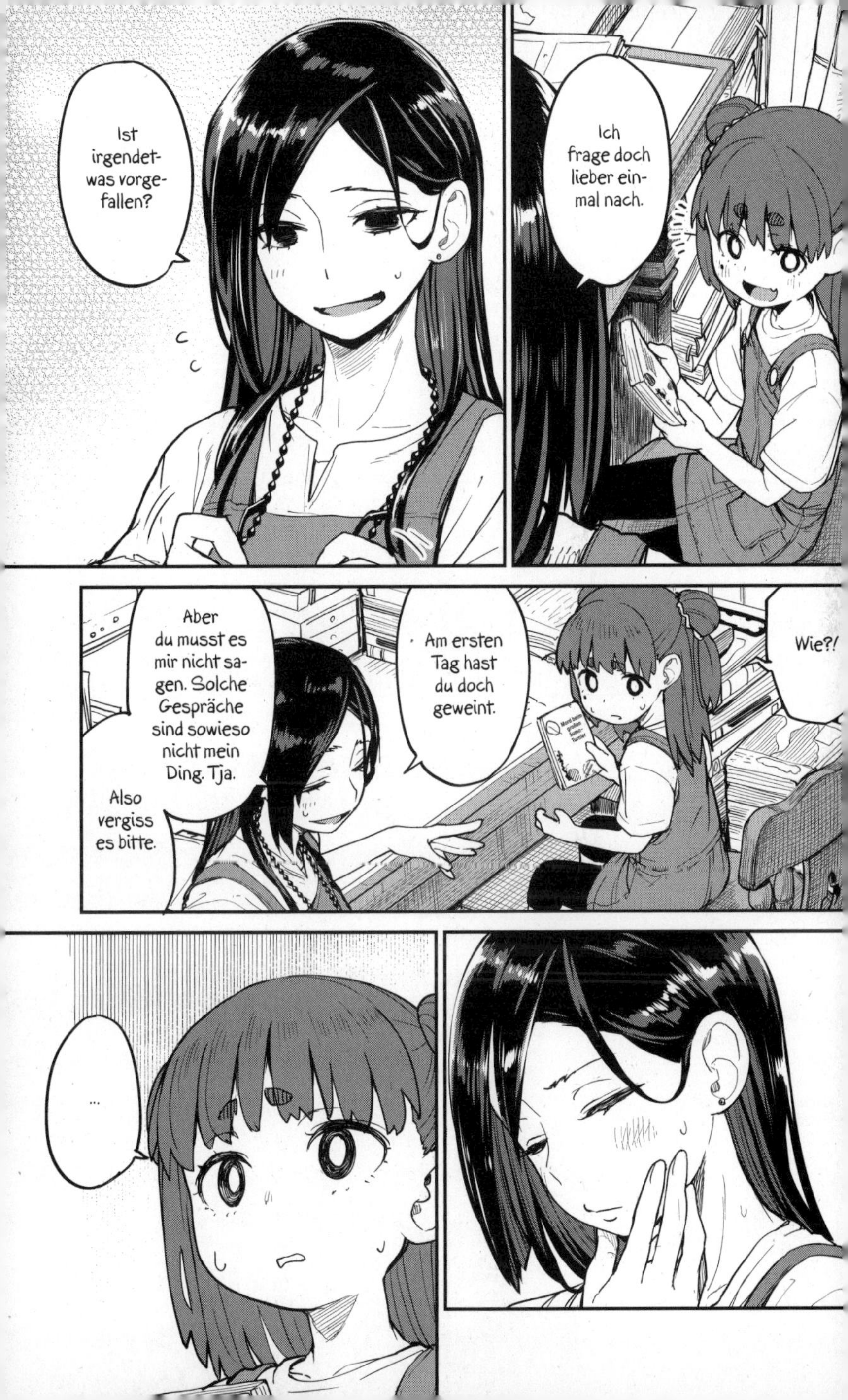

Ich frage doch lieber einmal nach.

Ist irgendetwas vorgefallen?

Wie?!

Am ersten Tag hast du doch geweint.

Aber du musst es mir nicht sagen. Solche Gespräche sind sowieso nicht mein Ding. Tja.

Also vergiss es bitte.

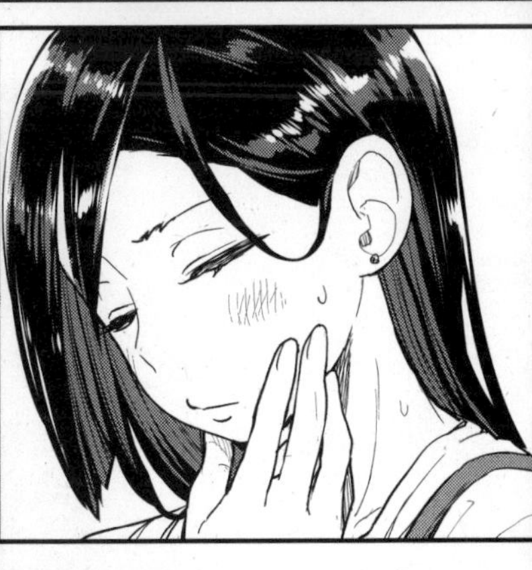

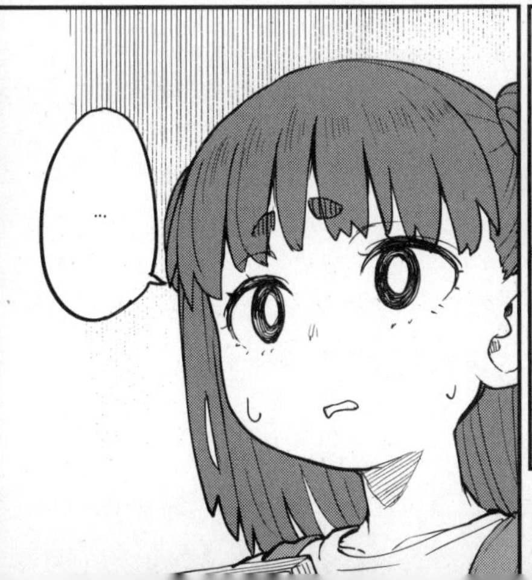

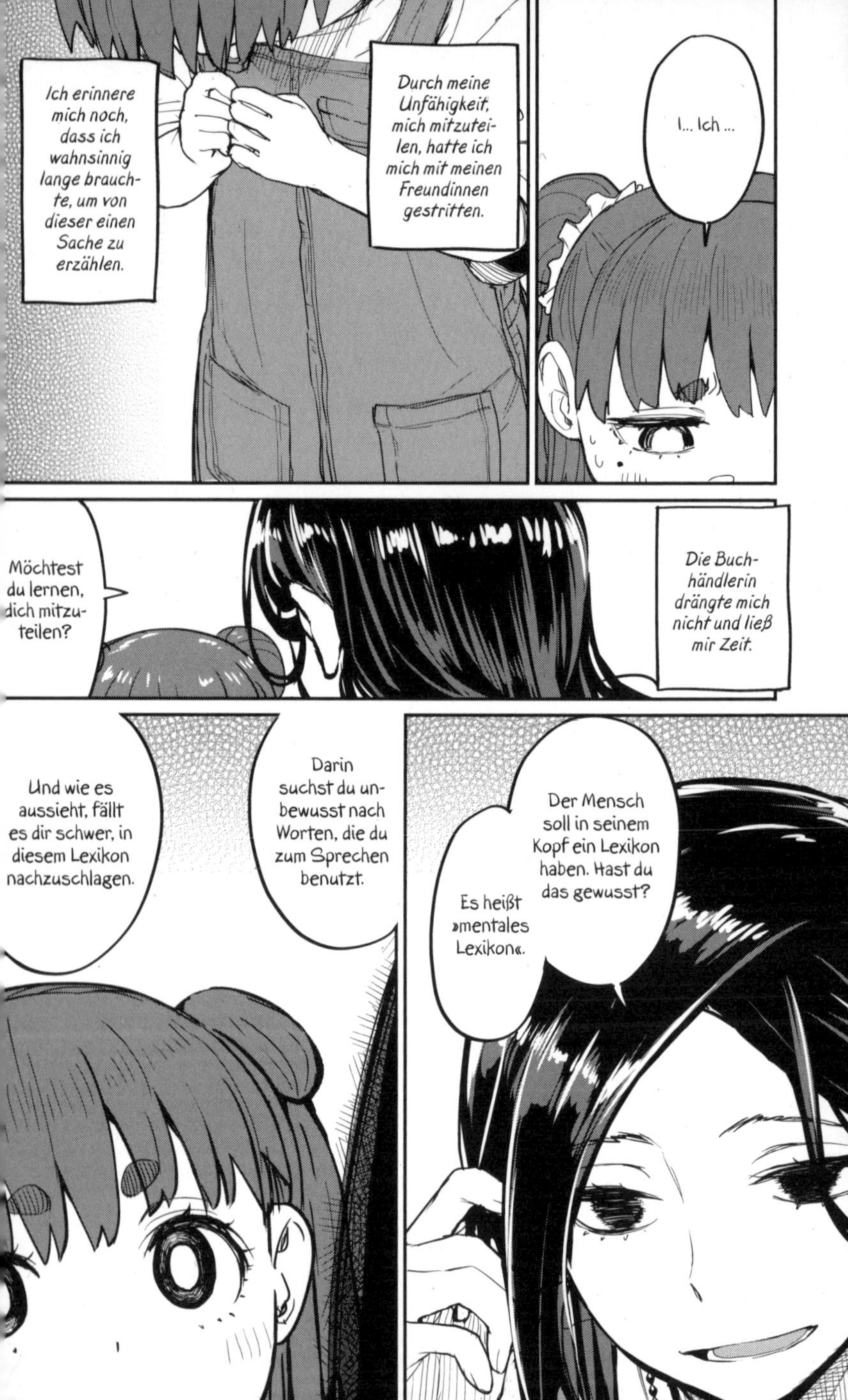

I... Ich ...
Durch meine Unfähigkeit, mich mitzuteilen, hatte ich mich mit meinen Freundinnen gestritten.
Ich erinnere mich noch, dass ich wahnsinnig lange brauchte, um von dieser einen Sache zu erzählen.
Die Buchhändlerin drängte mich nicht und ließ mir Zeit.
Möchtest du lernen, dich mitzuteilen?
Der Mensch soll in seinem Kopf ein Lexikon haben. Hast du das gewusst?
Es heißt »mentales Lexikon«.
Darin suchst du unbewusst nach Worten, die du zum Sprechen benutzt.
Und wie es aussieht, fällt es dir schwer, in diesem Lexikon nachzuschlagen.

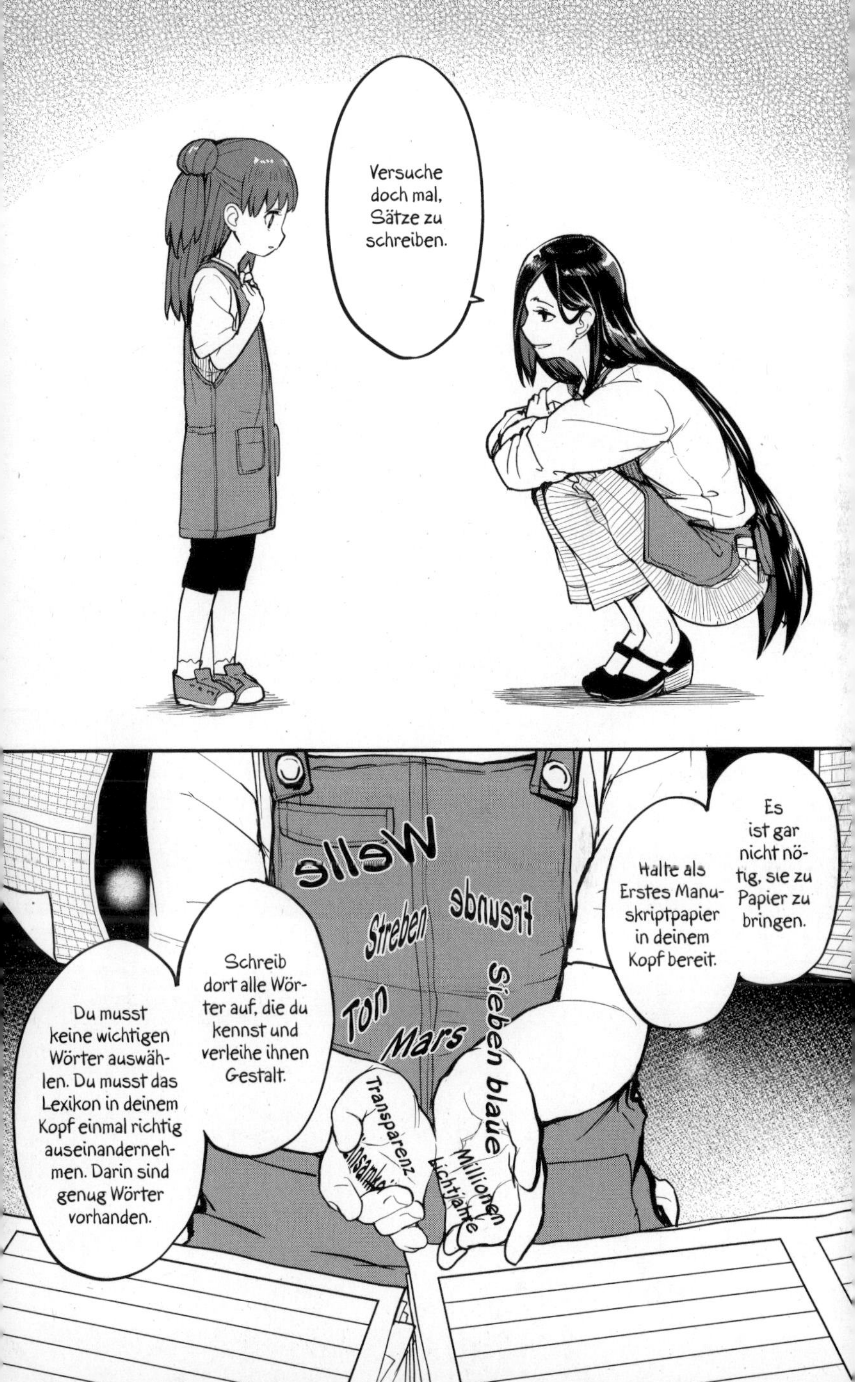

Versuche doch mal, Sätze zu schreiben.
Es ist gar nicht nötig, sie zu Papier zu bringen.
Halte als Erstes Manuskriptpapier in deinem Kopf bereit.
Schreib dort alle Wörter auf, die du kennst und verleihe ihnen Gestalt.
Du musst keine wichtigen Wörter auswählen. Du musst das Lexikon in deinem Kopf einmal richtig auseinandernehmen. Darin sind genug Wörter vorhanden.
Welle
Freunde
Streben
Sieben blaue
Ton
Mars
Transparenz
Millionen Lichtjahre

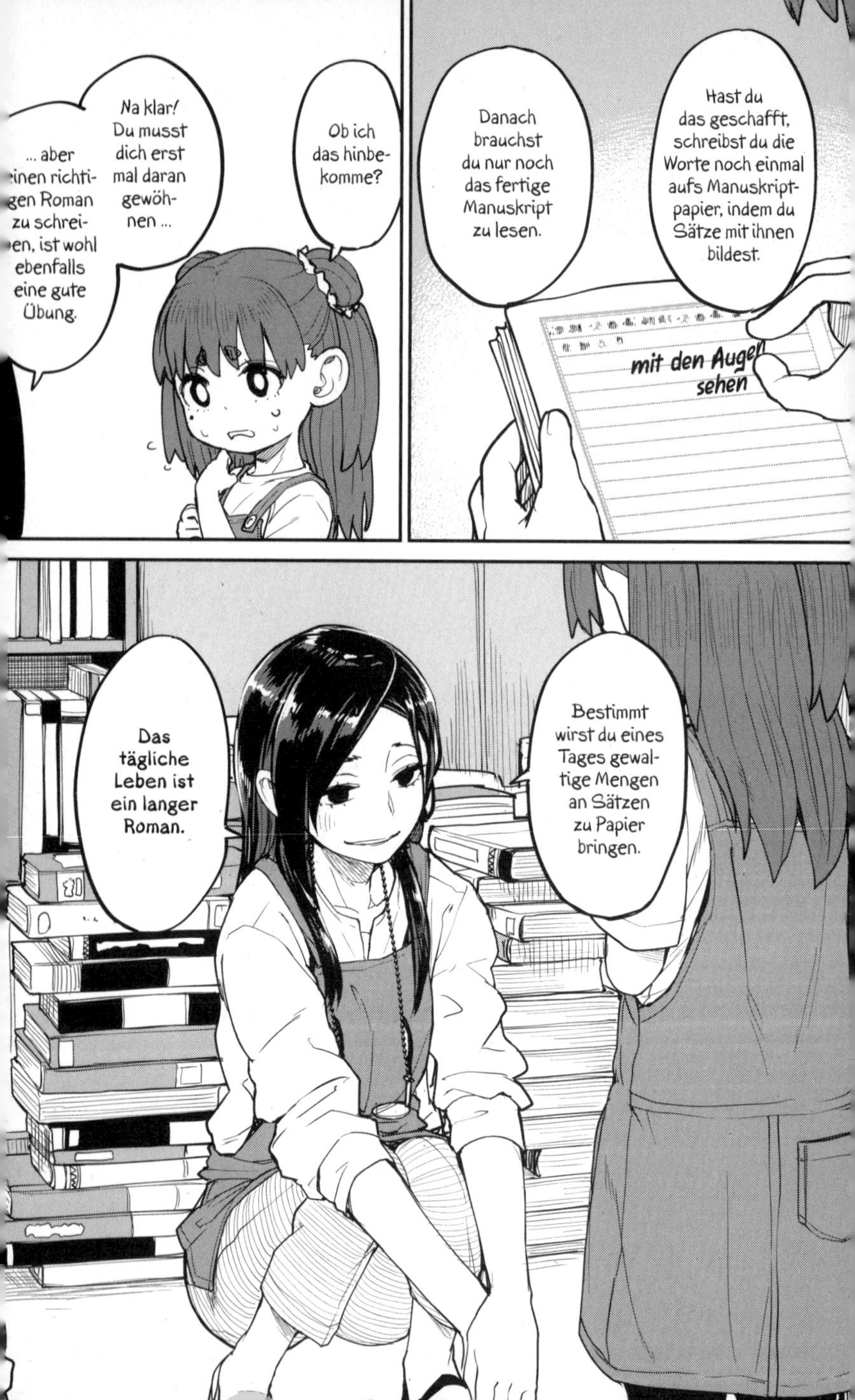
Hast du das geschafft, schreibst du die Worte noch einmal aufs Manuskript-papier, indem du Sätze mit ihnen bildest.
Danach brauchst du nur noch das fertige Manuskript zu lesen.
mit den Augen sehen
Ob ich das hinbe-komme?
Na klar! Du musst dich erst mal daran gewöh-nen ...
... aber inen richti-gen Roman zu schrei-en, ist wohl ebenfalls eine gute Übung.
Bestimmt wirst du eines Tages gewal-tige Mengen an Sätzen zu Papier bringen.
Das tägliche Leben ist ein langer Roman.

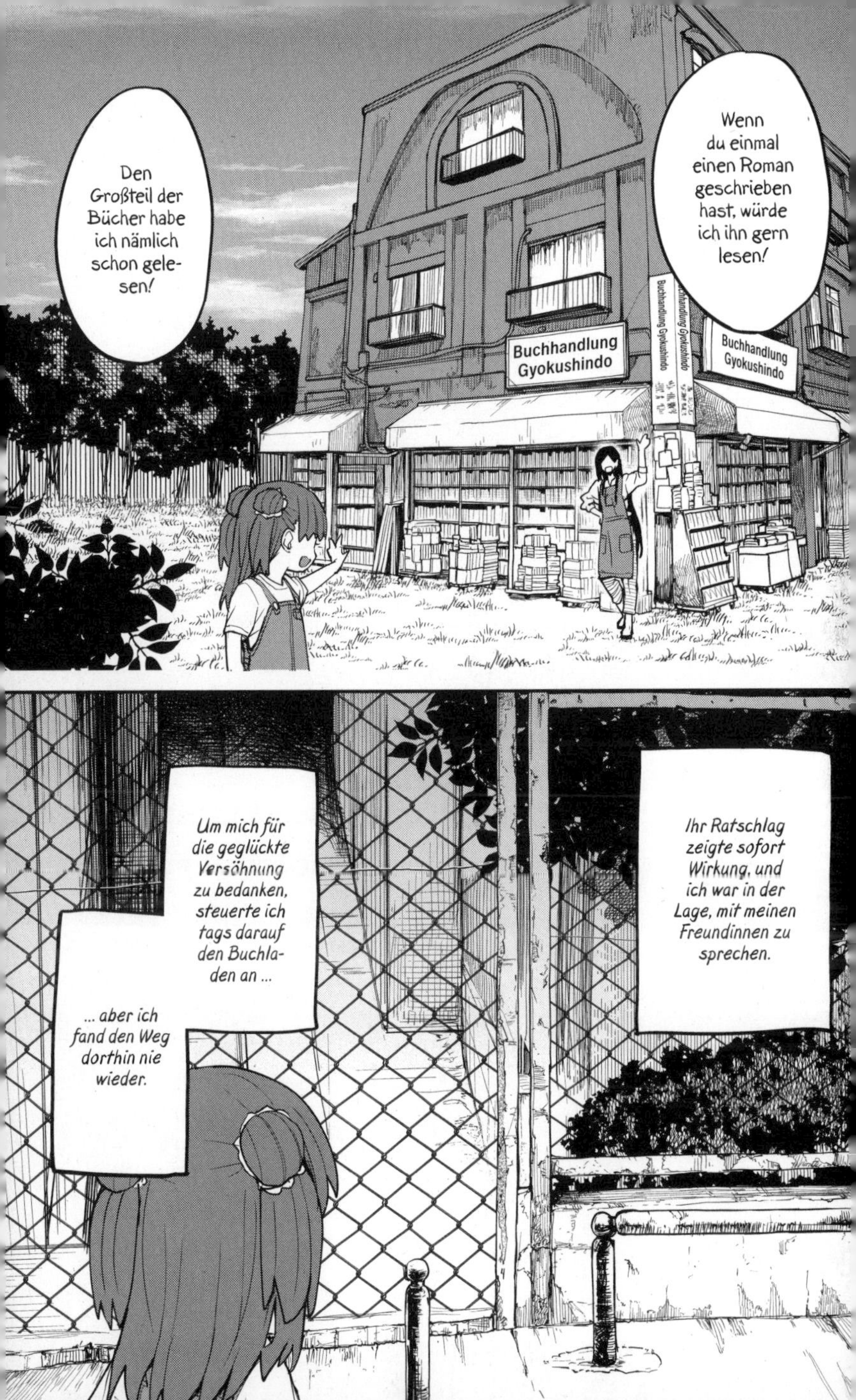

Wenn du einmal einen Roman geschrieben hast, würde ich ihn gern lesen!
Buchhandlung Gyokushindo
Buchhandlung Gyokushindo
Buchhandlung Gyokushindo
Den Großteil der Bücher habe ich nämlich schon gelesen!
Ihr Ratschlag zeigte sofort Wirkung, und ich war in der Lage, mit meinen Freundinnen zu sprechen.
Um mich für die geglückte Versöhnung zu bedanken, steuerte ich tags darauf den Buchladen an ...
... aber ich fand den Weg dorthin nie wieder.

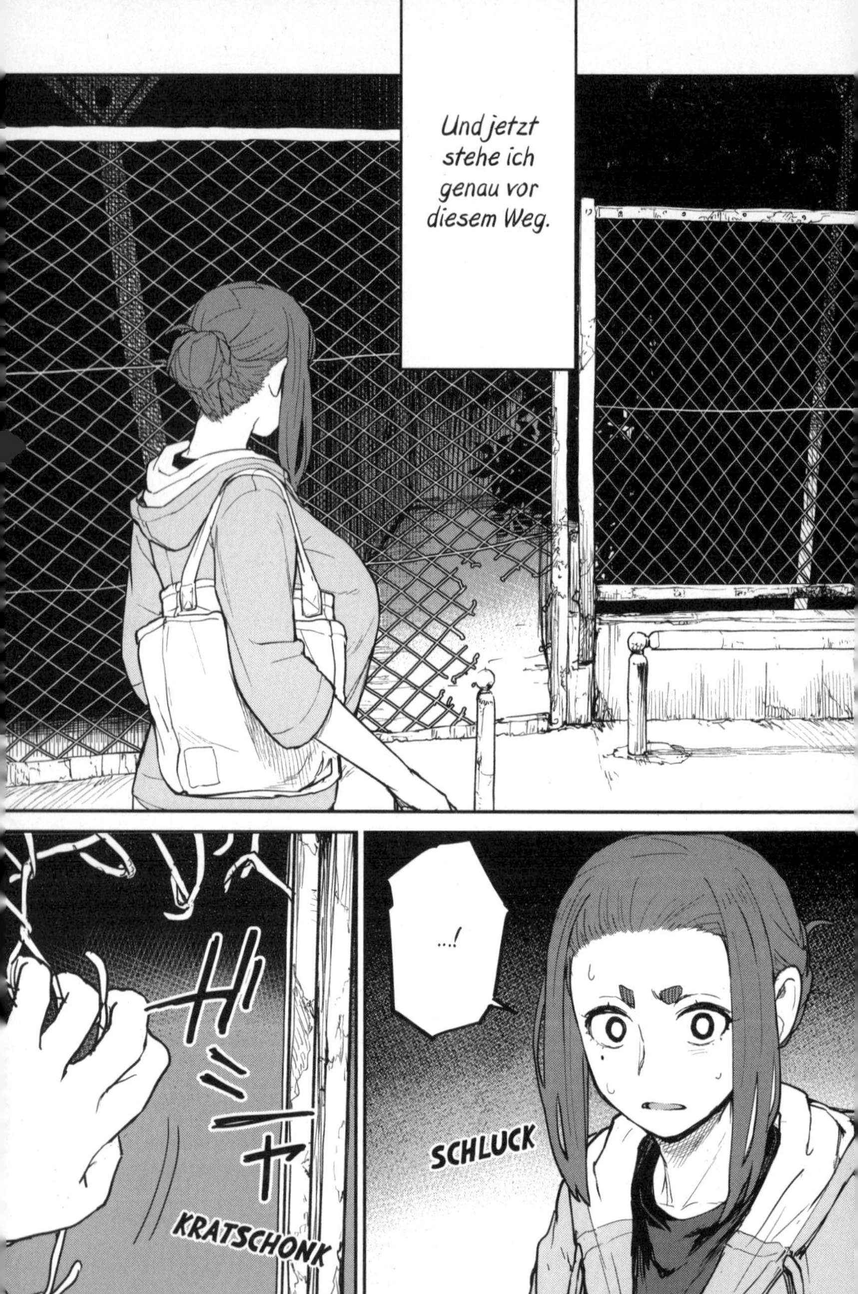

Und jetzt stehe ich genau vor diesem Weg.
...!
SCHLUCK
KRATSCHONK

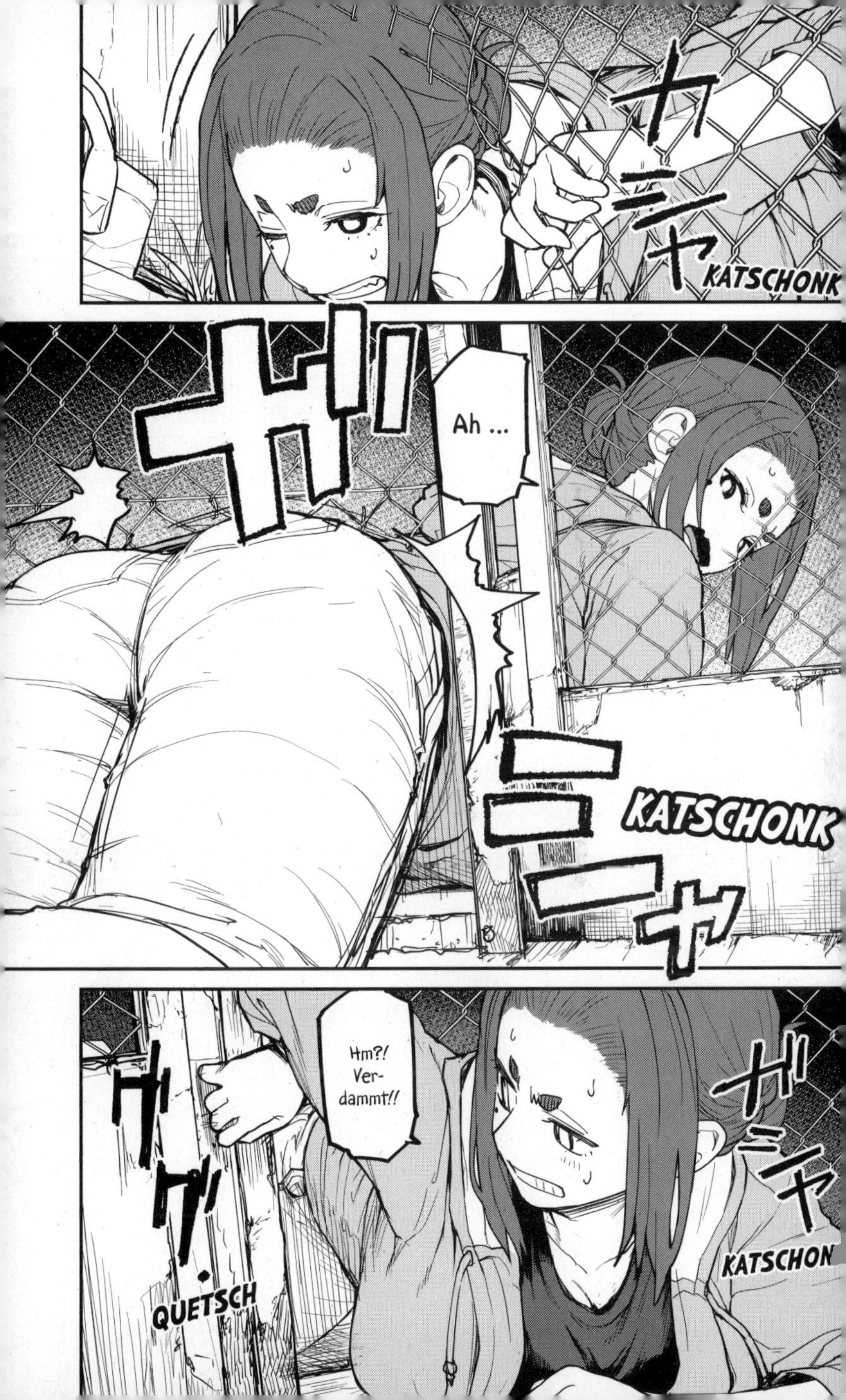
KATSCHONK
KATSCHONK
Ah ...
KATSCHON
Hm?! Ver-dammt!!
QUETSCH

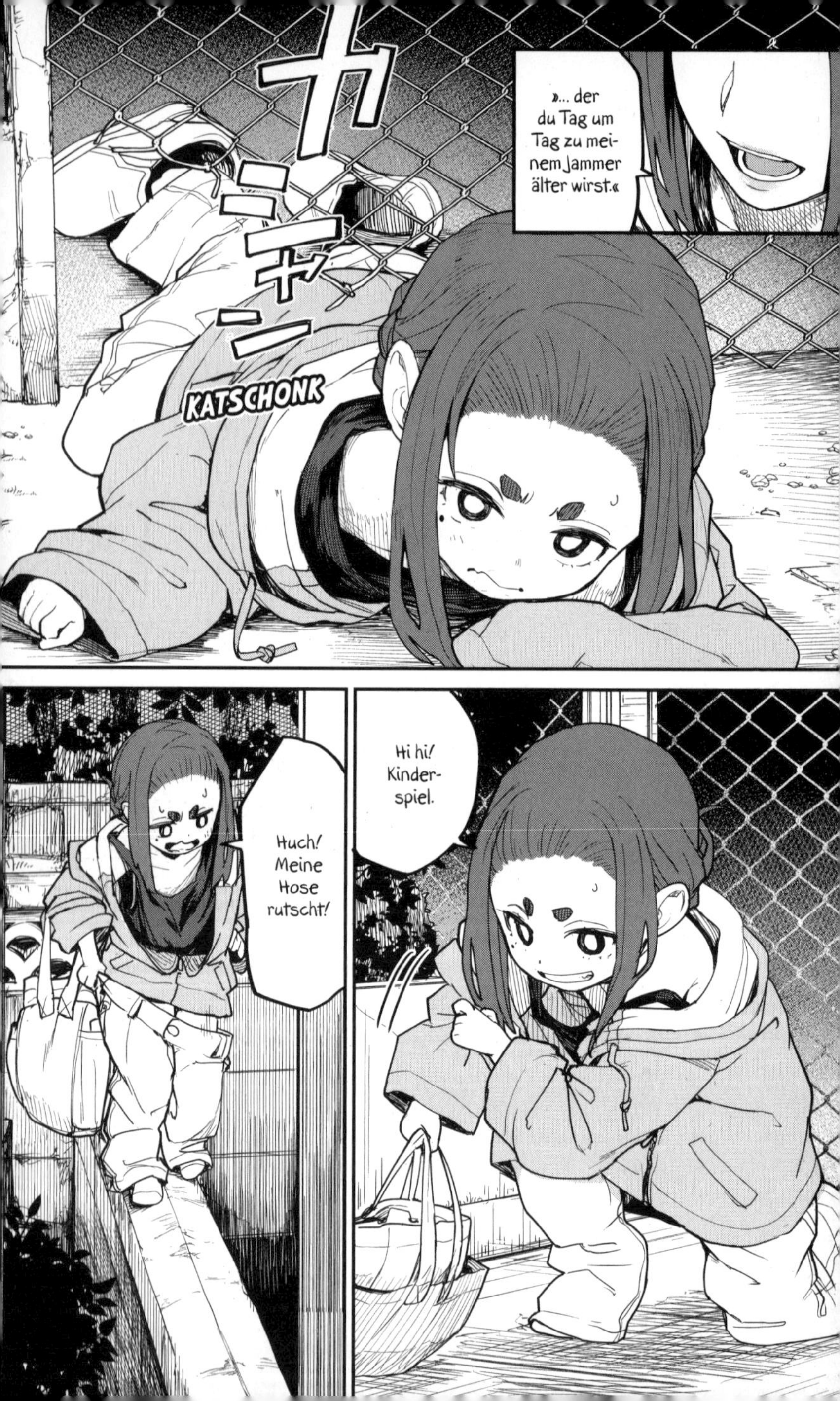

»... der du Tag um Tag zu meinem Jammer älter wirst.«

KATSCHONK

Hi hi! Kinderspiel.

Huch! Meine Hose rutscht!

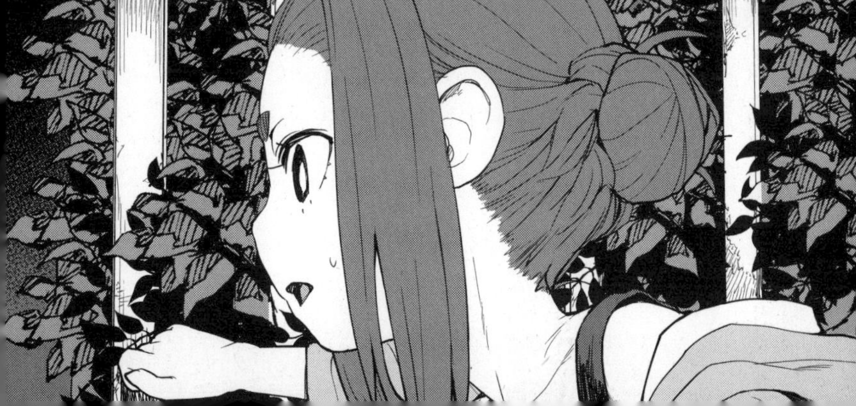

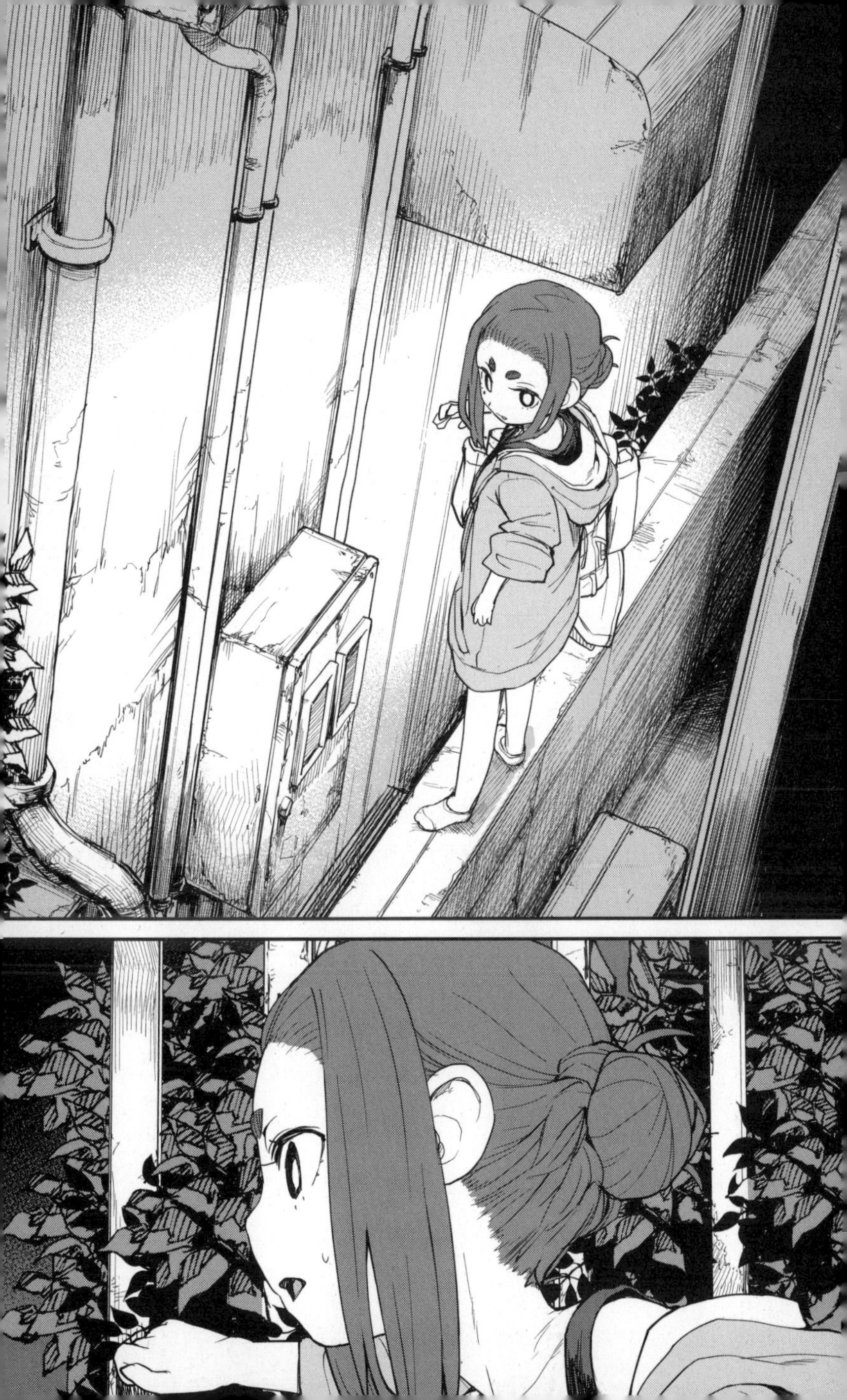

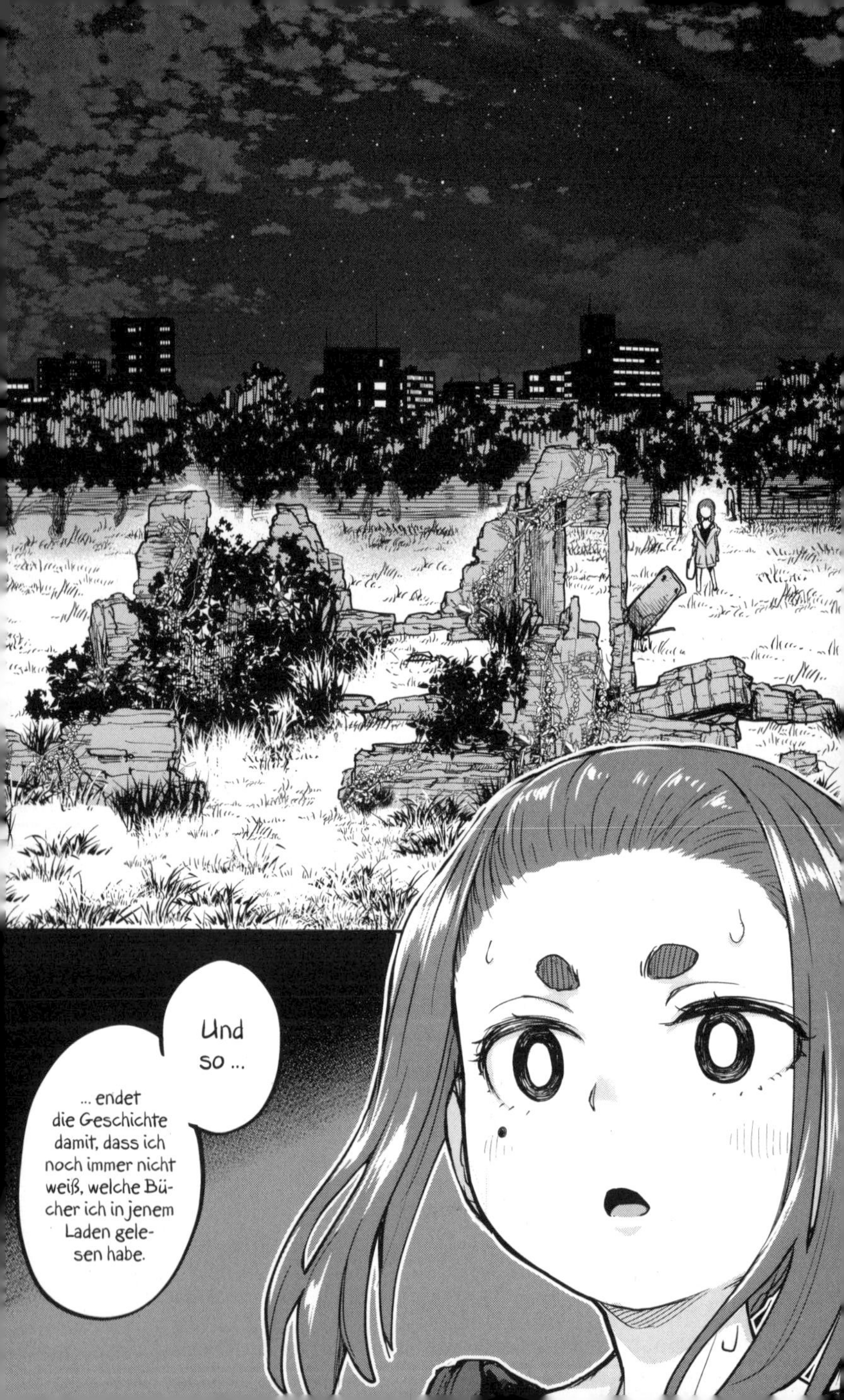
Und so ...
... endet die Geschichte damit, dass ich noch immer nicht weiß, welche Bücher ich in jenem Laden gelesen habe.

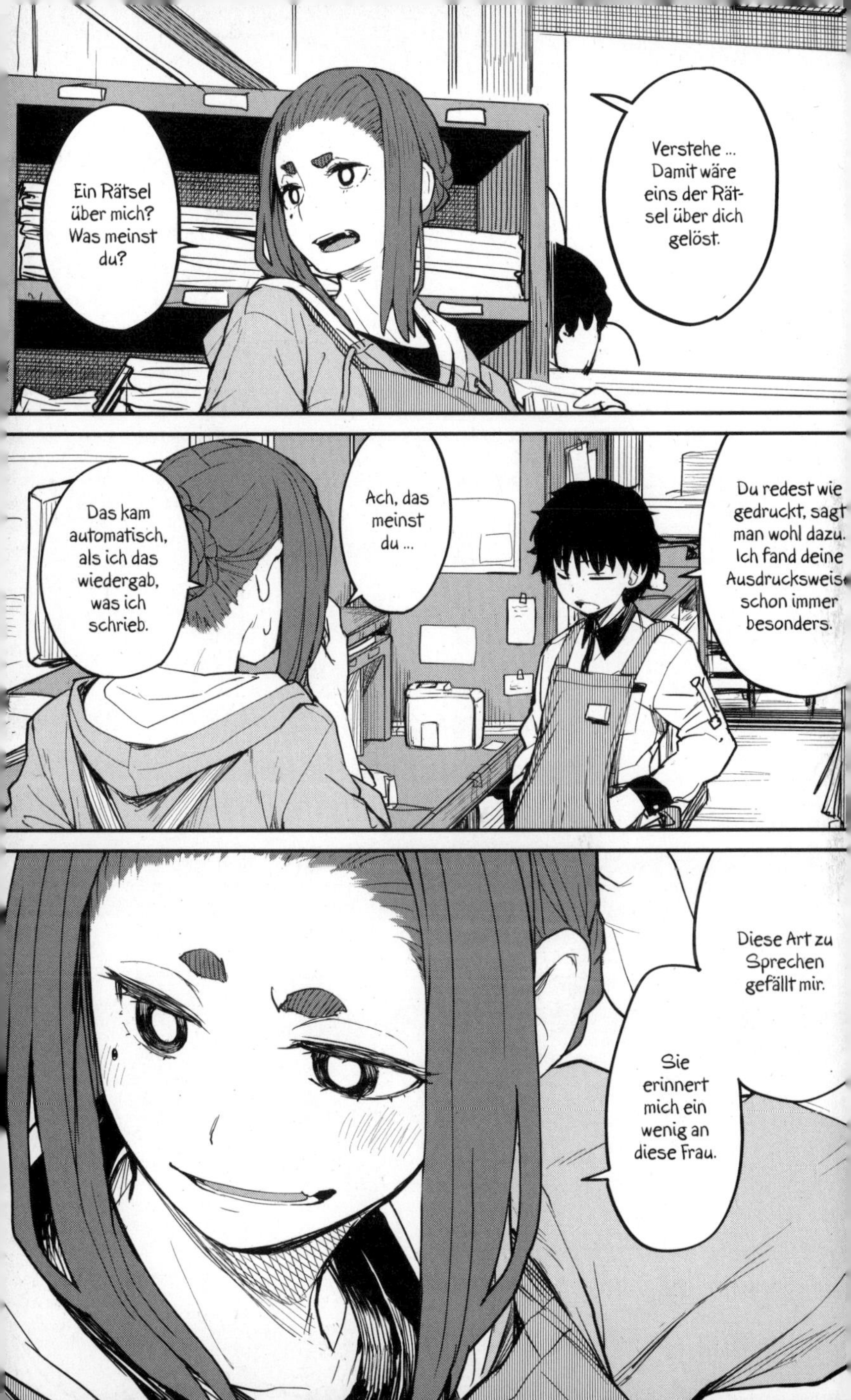
Verstehe ... Damit wäre eins der Rätsel über dich gelöst.
Ein Rätsel über mich? Was meinst du?
Du redest wie gedruckt, sagt man wohl dazu. Ich fand deine Ausdrucksweise schon immer besonders.
Ach, das meinst du ...
Das kam automatisch, als ich das wiedergab, was ich schrieb.
Diese Art zu Sprechen gefällt mir.
Sie erinnert mich ein wenig an diese Frau.

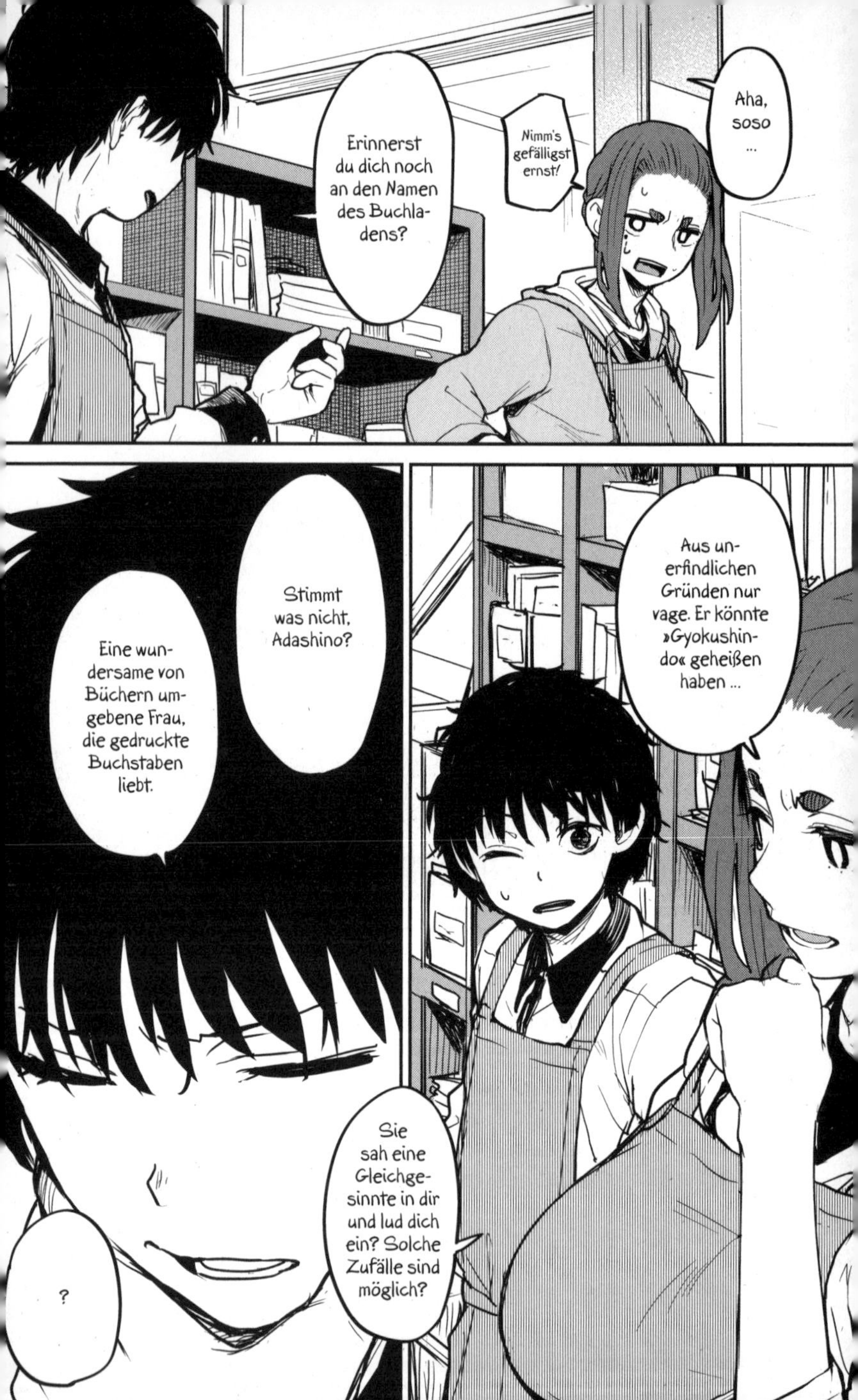
Aha, soso ...
Nimm's gefälligst ernst!
Erinnerst du dich noch an den Namen des Buchladens?
Aus unerfindlichen Gründen nur vage. Er könnte »Gyokushindo« geheißen haben ...
Sie sah eine Gleichgesinnte in dir und lud dich ein? Solche Zufälle sind möglich?
Stimmt was nicht, Adashino?
Eine wundersame von Büchern umgebene Frau, die gedruckte Buchstaben liebt.
?

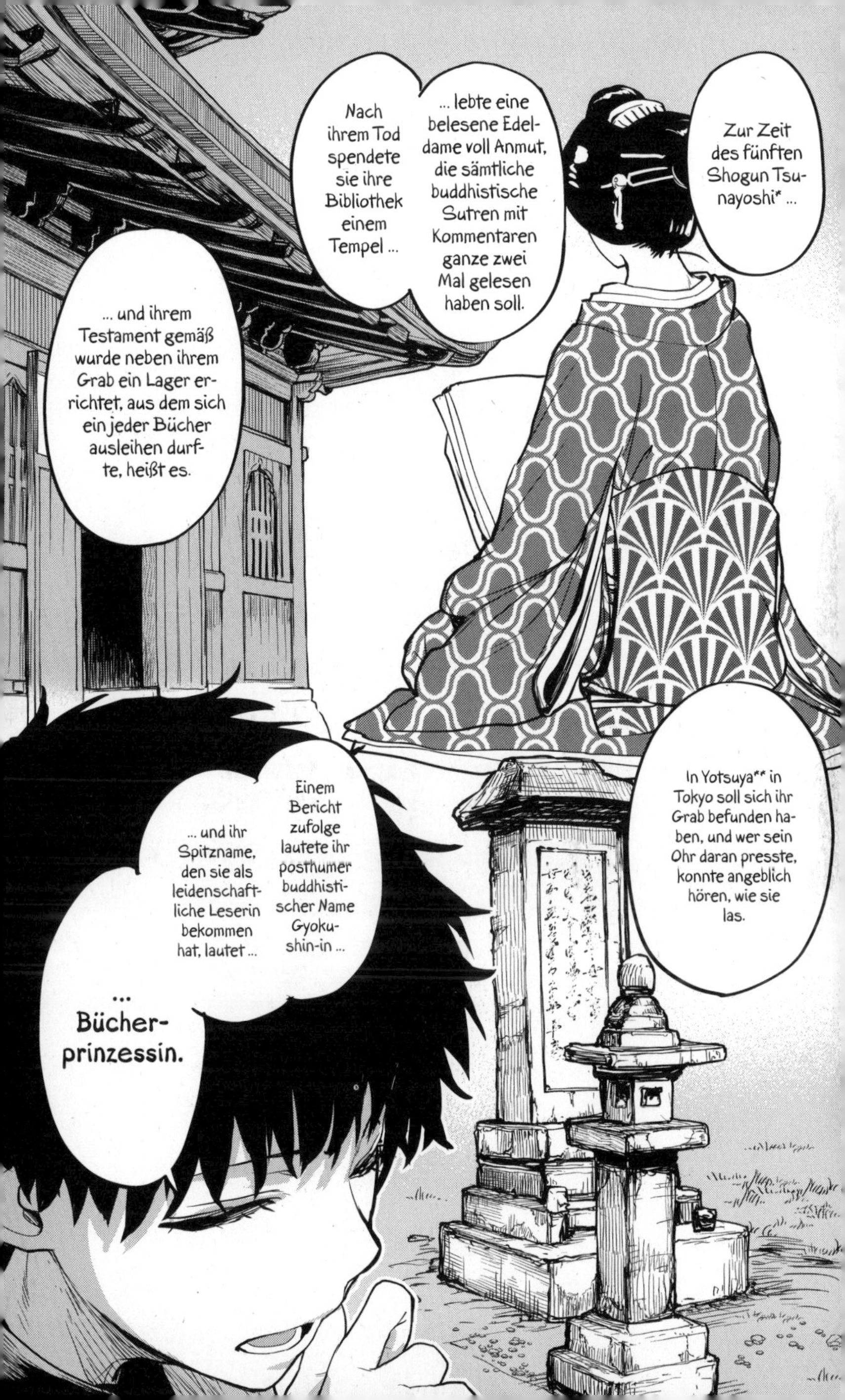

Zur Zeit des fünften Shogun Tsunayoshi* ...
... lebte eine belesene Edeldame voll Anmut, die sämtliche buddhistische Sutren mit Kommentaren ganze zwei Mal gelesen haben soll.
Nach ihrem Tod spendete sie ihre Bibliothek einem Tempel ...
... und ihrem Testament gemäß wurde neben ihrem Grab ein Lager errichtet, aus dem sich ein jeder Bücher ausleihen durfte, heißt es.
In Yotsuya** in Tokyo soll sich ihr Grab befunden haben, und wer sein Ohr daran presste, konnte angeblich hören, wie sie las.
Einem Bericht zufolge lautete ihr posthumer buddhistischer Name Gyokushin-in ...
... und ihr Spitzname, den sie als leidenschaftliche Leserin bekommen hat, lautet ...
... Bücherprinzessin.

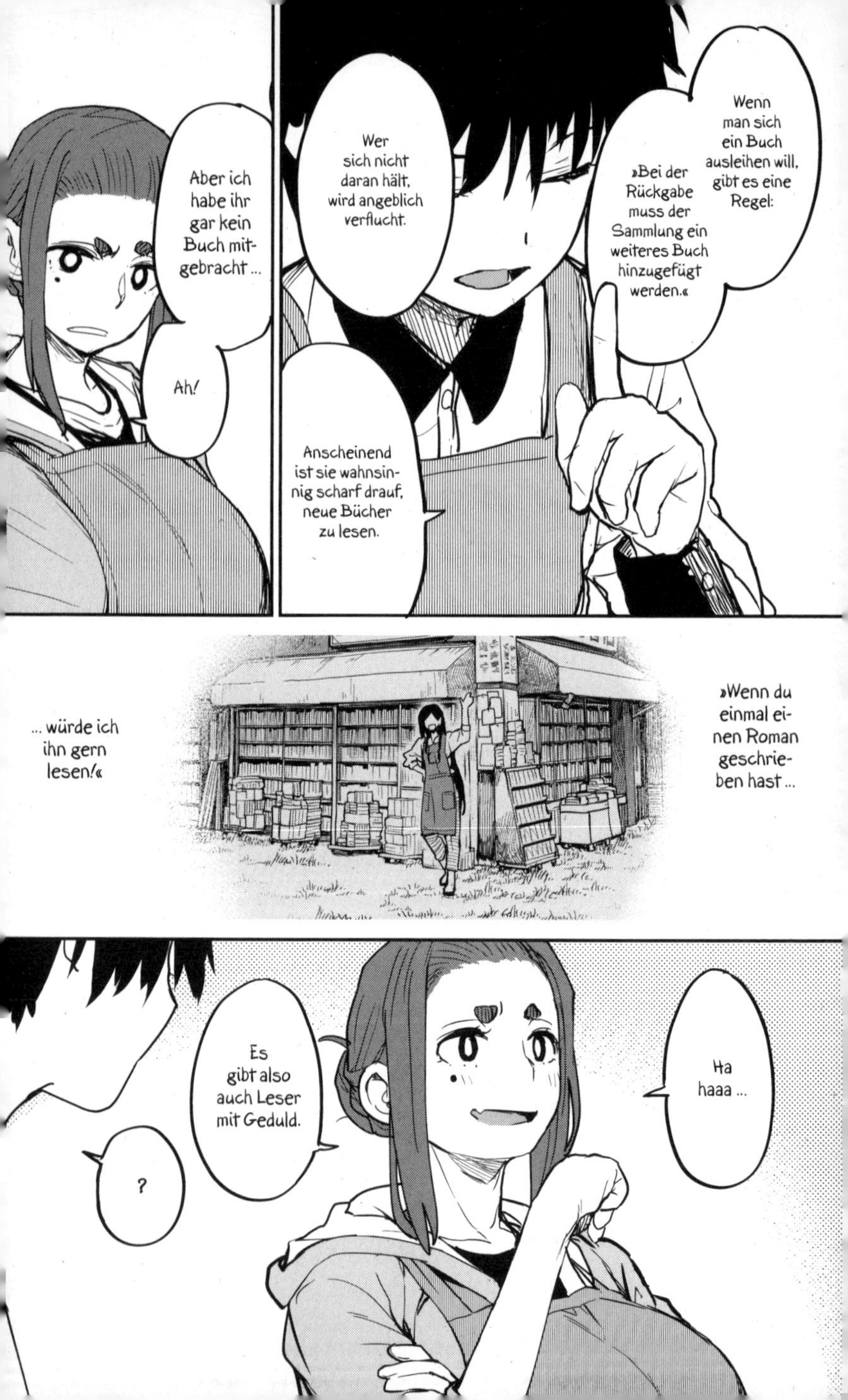

Wenn man sich ein Buch ausleihen will, gibt es eine Regel:

»Bei der Rückgabe muss der Sammlung ein weiteres Buch hinzugefügt werden.«

Wer sich nicht daran hält, wird angeblich verflucht.

Anscheinend ist sie wahnsinnig scharf drauf, neue Bücher zu lesen.

Aber ich habe ihr gar kein Buch mitgebracht ...

Ah!

»Wenn du einmal einen Roman geschrieben hast ...

... würde ich ihn gern lesen!«

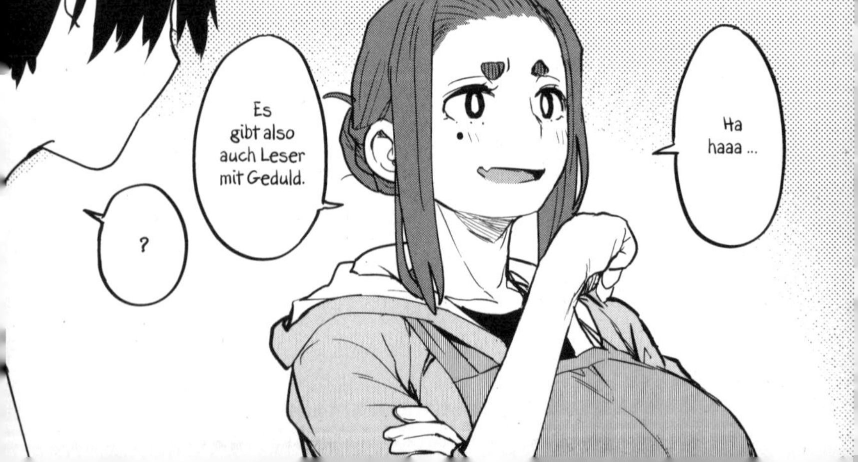

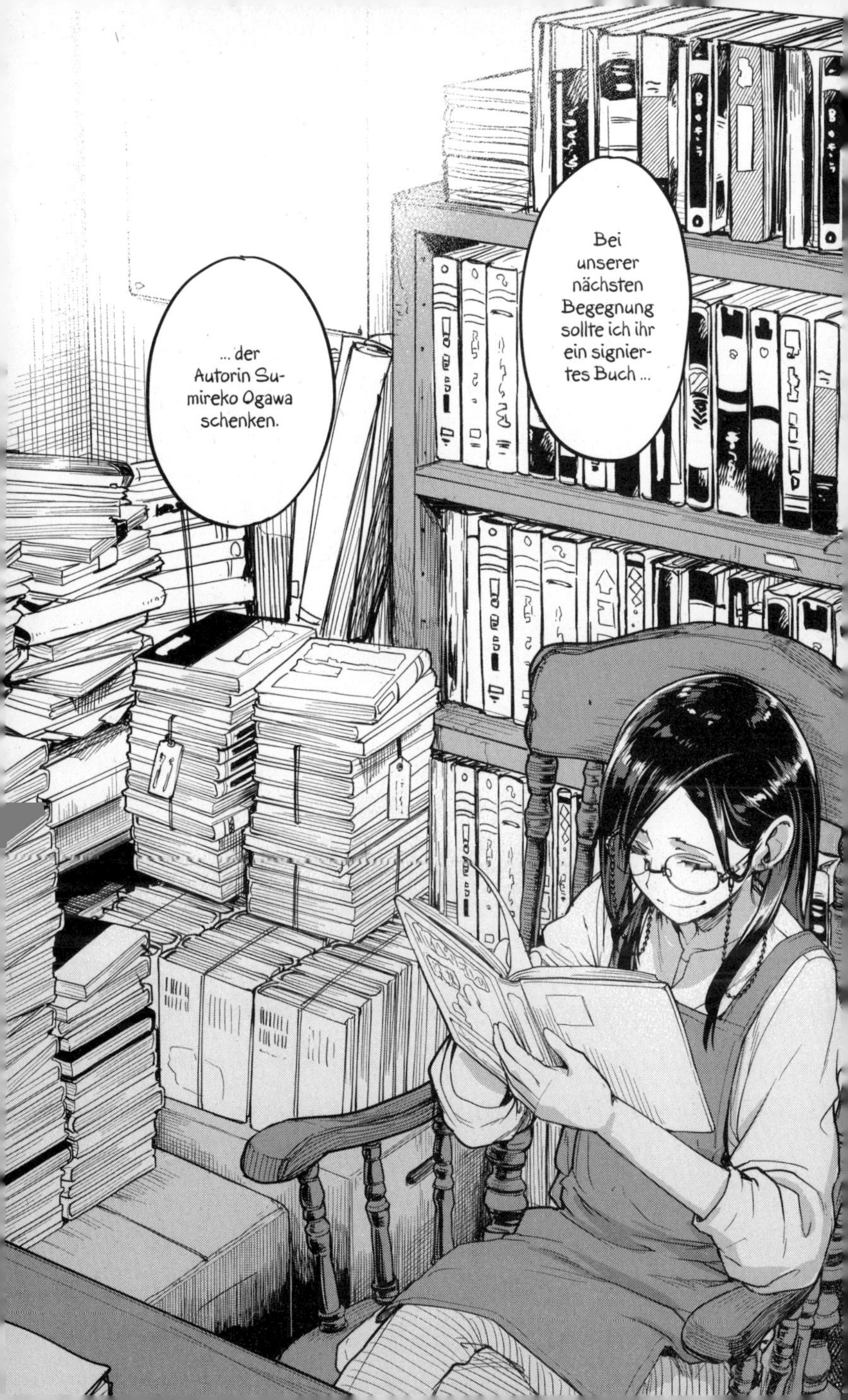
Bei unserer nächsten Begegnung sollte ich ihr ein signiertes Buch ...
... der Autorin Sumireko Ogawa schenken.

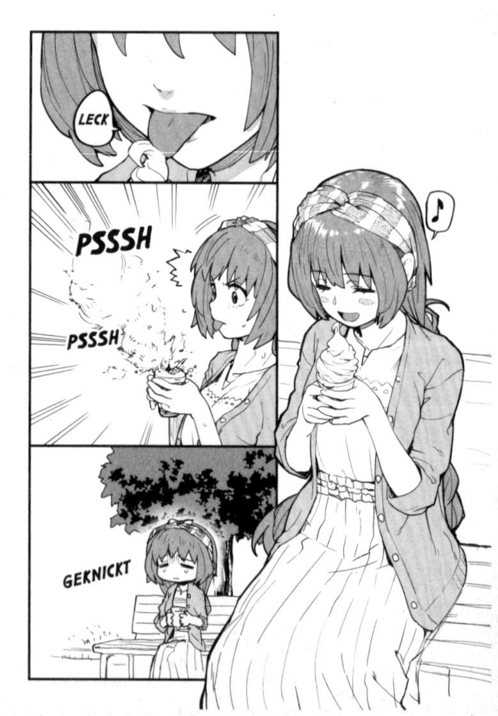

♪
LECK
PSSSH
PSSSH
GEKNICKT

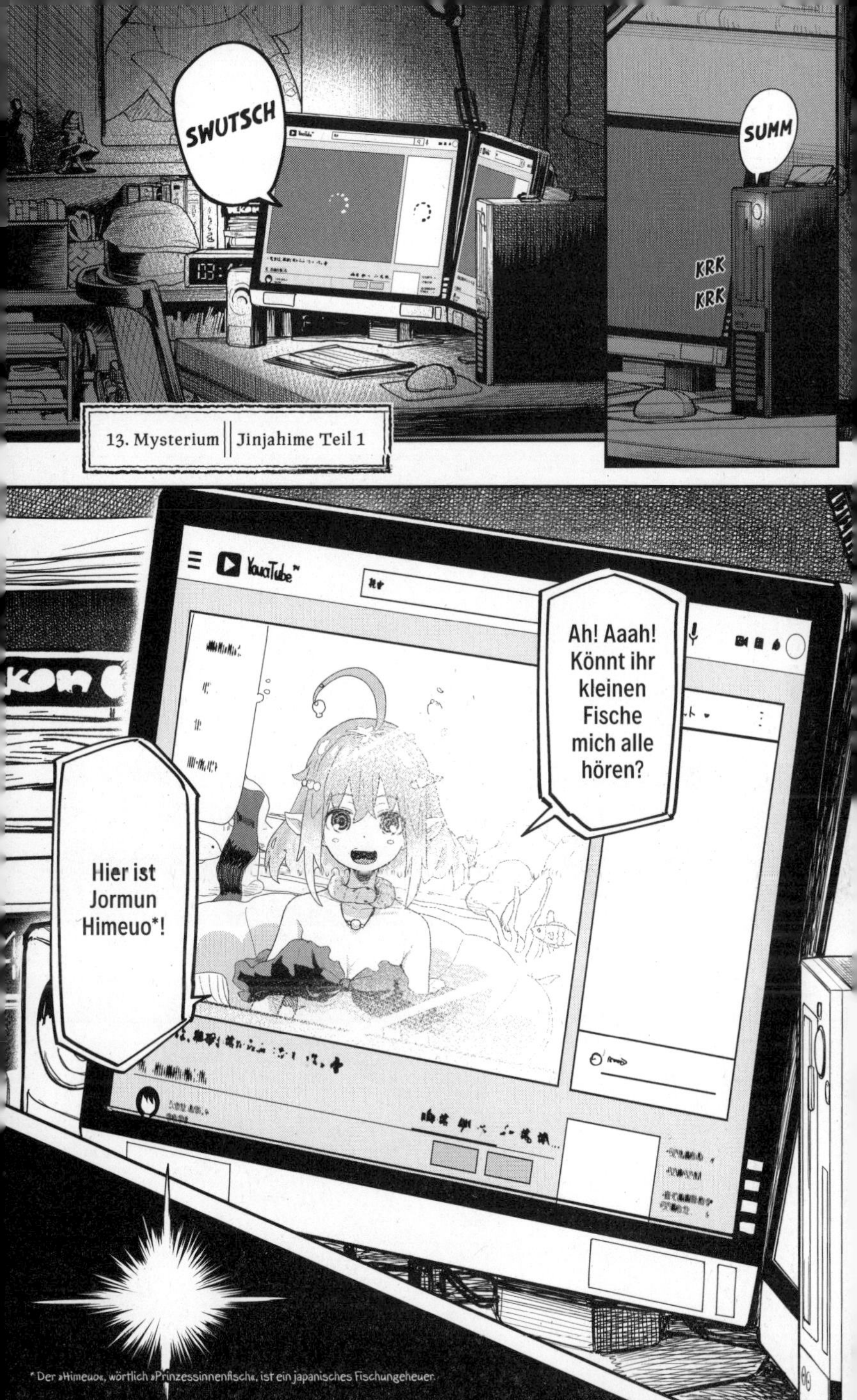

13. Mysterium || Jinjahime Teil 1

* Der »Himeuo«, wörtlich »Prinzessinnenfisch«, ist ein japanisches Fischungeheuer.

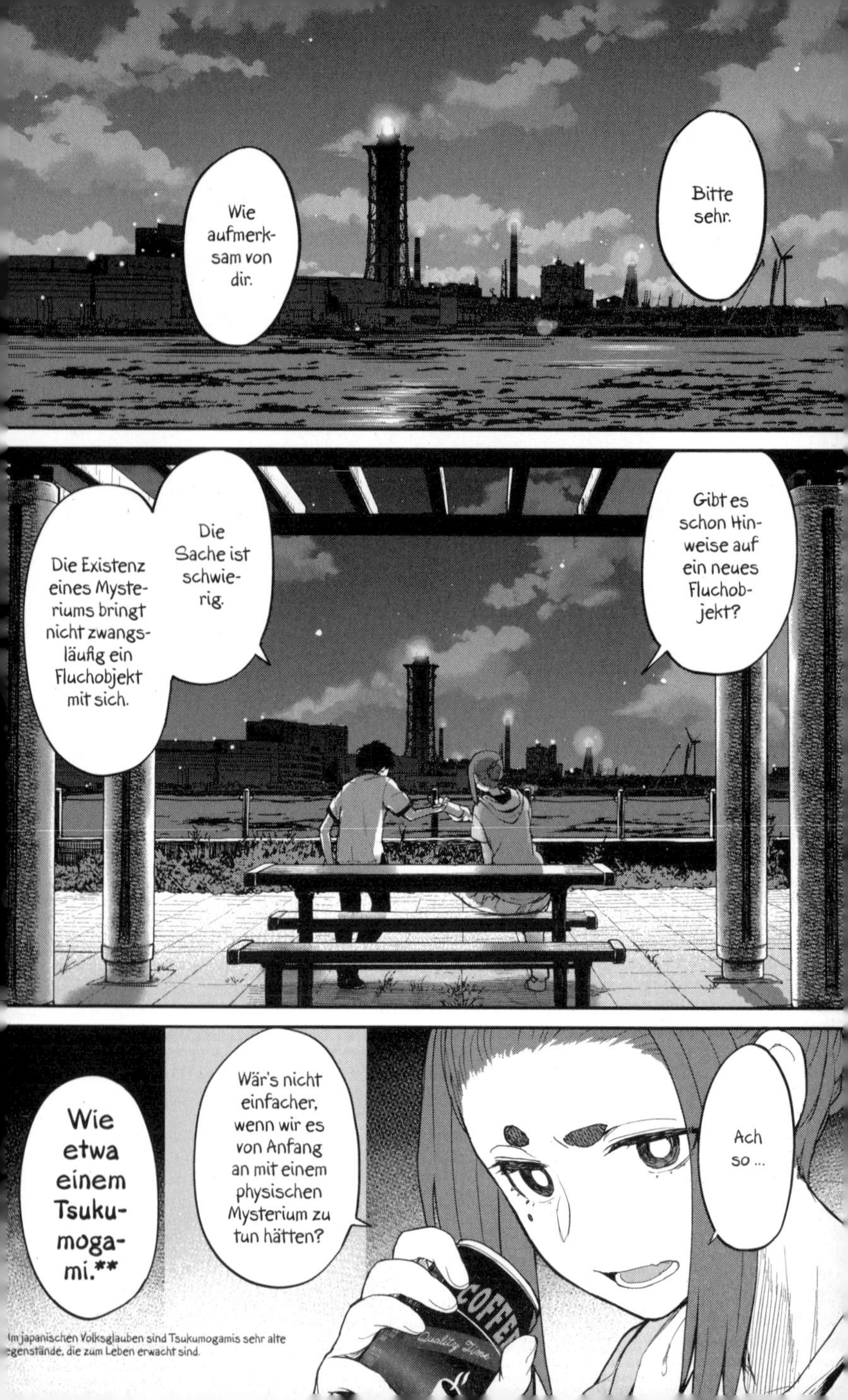

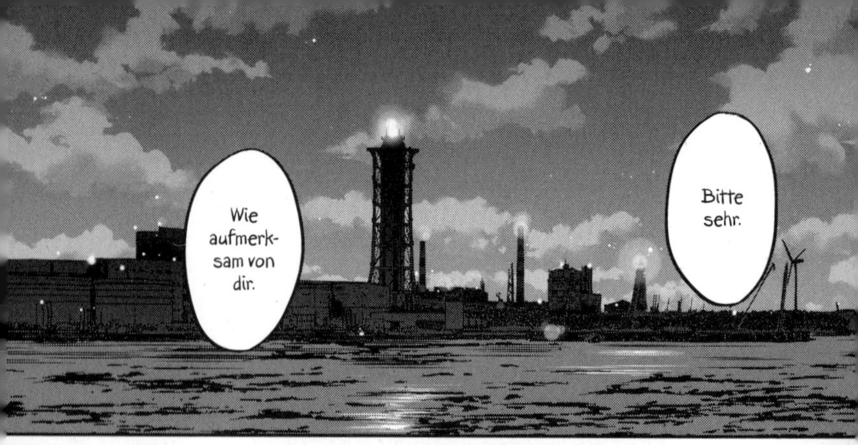

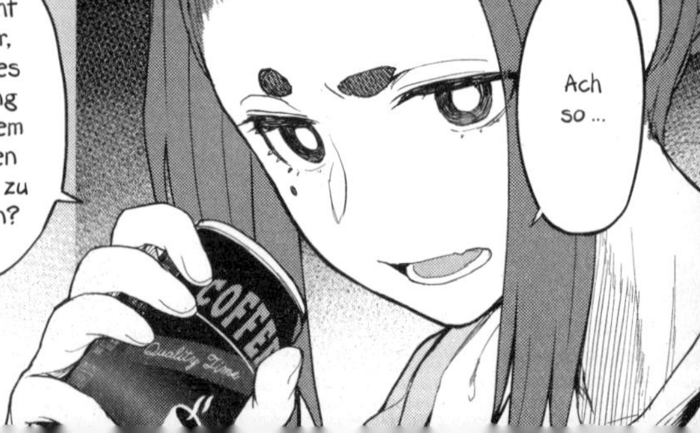

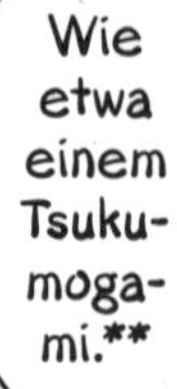

Im japanischen Volksglauben sind Tsukumogamis sehr alte egenstände, die zum Leben erwacht sind.

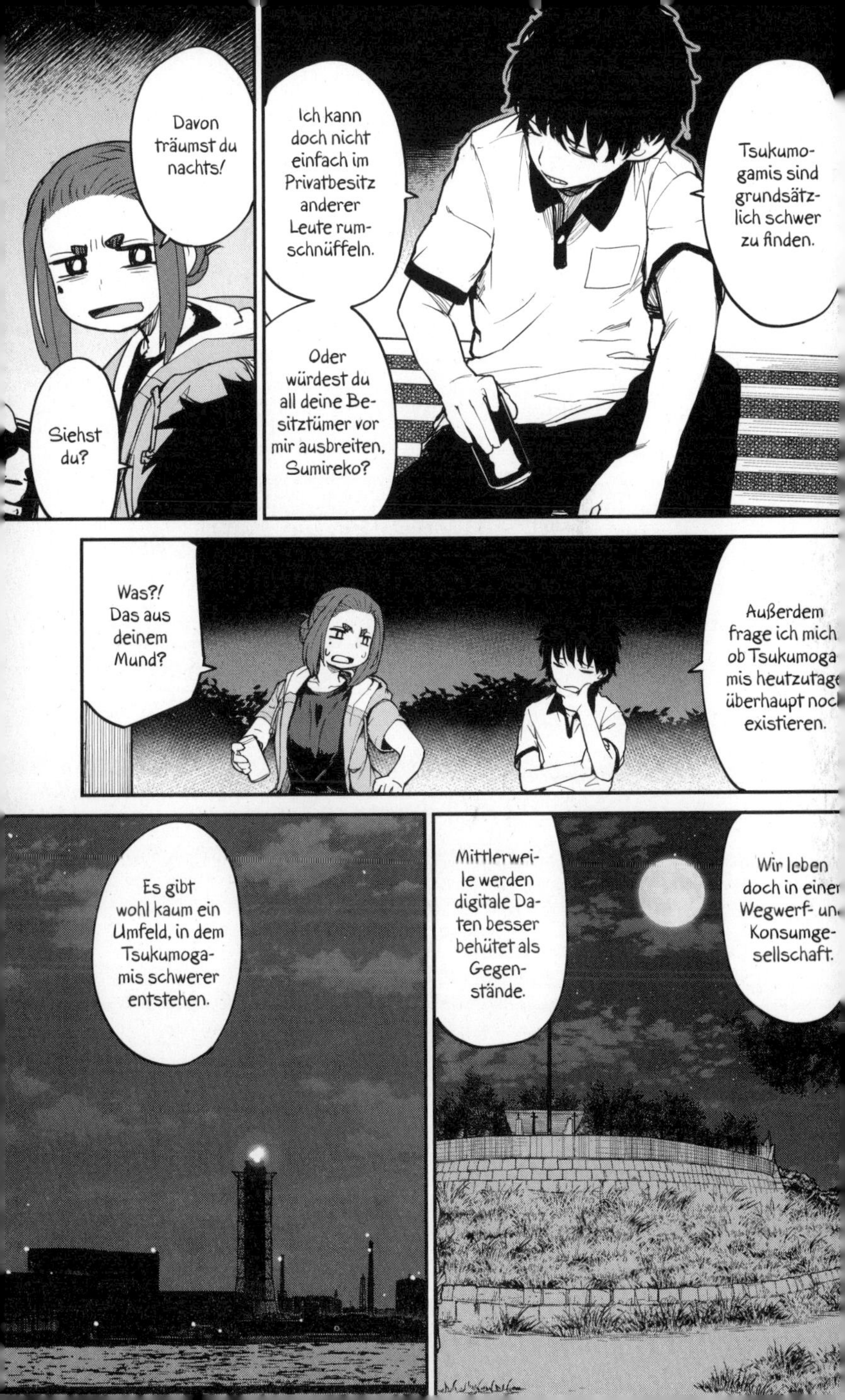

Tsukumogamis sind grundsätzlich schwer zu finden.

Ich kann doch nicht einfach im Privatbesitz anderer Leute rumschnüffeln.

Oder würdest du all deine Besitztümer vor mir ausbreiten, Sumireko?

Davon träumst du nachts!

Siehst du?

Außerdem frage ich mich ob Tsukumoga mis heutzutage überhaupt noc existieren.

Was?! Das aus deinem Mund?

Wir leben doch in eine Wegwerf- un Konsumgesellschaft.

Mittlerweile werden digitale Daten besser behütet als Gegenstände.

Es gibt wohl kaum ein Umfeld, in dem Tsukumogamis schwerer entstehen.

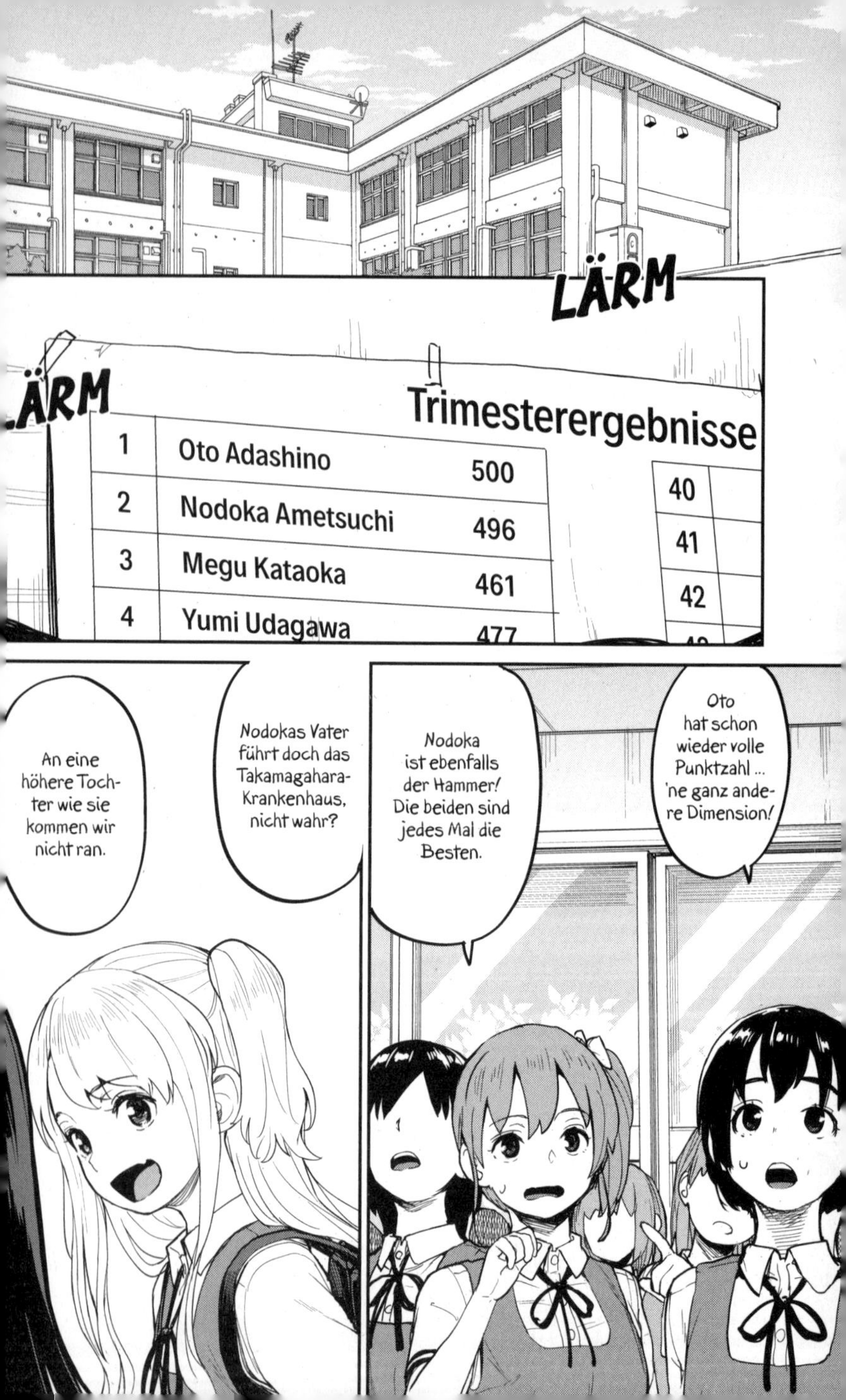

LÄRM

LÄRM

Trimesterergebnisse

1	Oto Adashino	500
2	Nodoka Ametsuchi	496
3	Megu Kataoka	461
4	Yumi Udagawa	477

40
41
42

Oto hat schon wieder volle Punktzahl ... 'ne ganz andere Dimension!

Nodoka ist ebenfalls der Hammer! Die beiden sind jedes Mal die Besten.

Nodokas Vater führt doch das Takamagahara-Krankenhaus, nicht wahr?

An eine höhere Tochter wie sie kommen wir nicht ran.

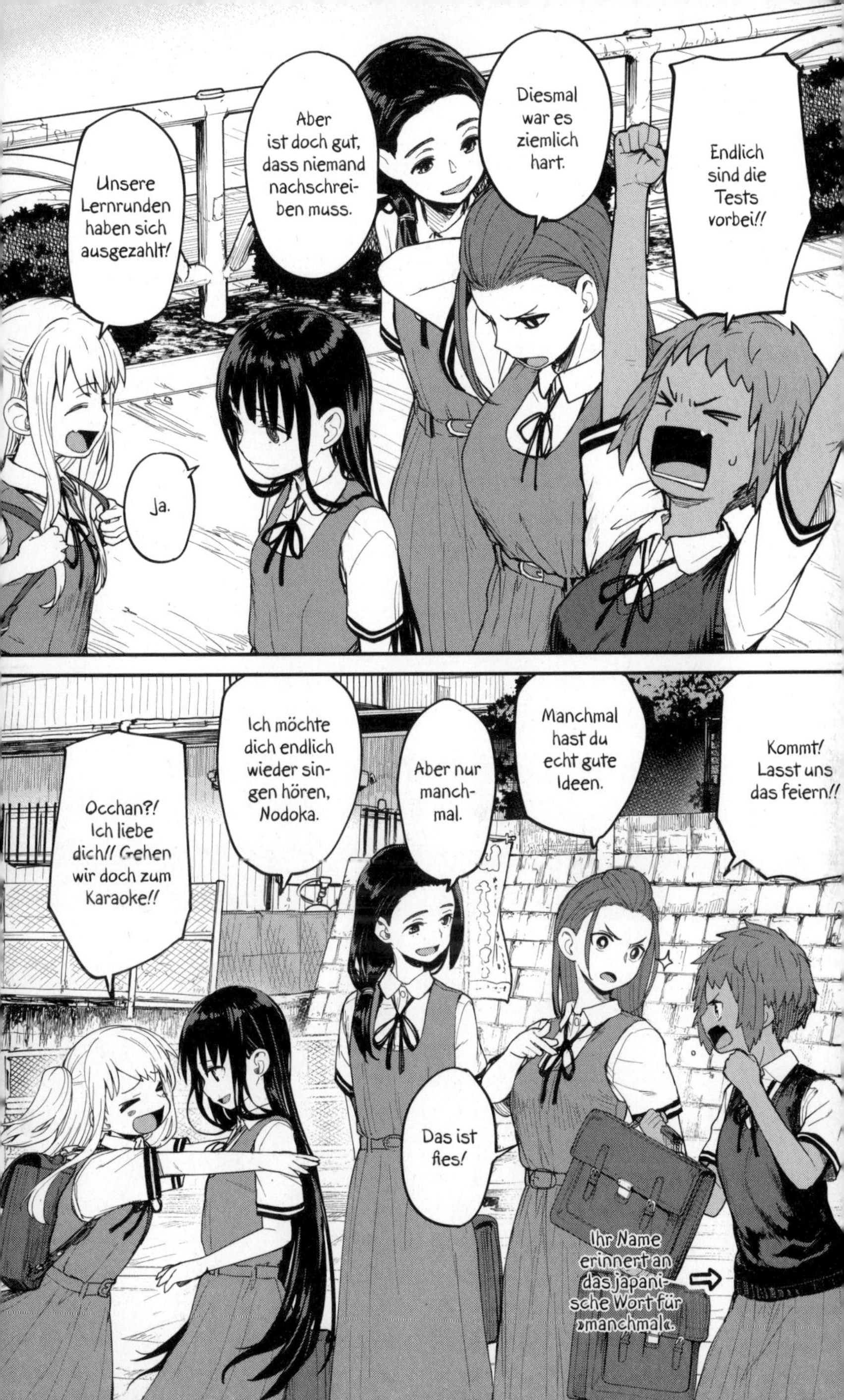

Endlich sind die Tests vorbei!!
Diesmal war es ziemlich hart.
Aber ist doch gut, dass niemand nachschreiben muss.
Unsere Lernrunden haben sich ausgezahlt!
Ja.

Kommt! Lasst uns das feiern!!
Manchmal hast du echt gute Ideen.
Aber nur manchmal.
Ich möchte dich endlich wieder singen hören, Nodoka.
Occhan?! Ich liebe dich!! Gehen wir doch zum Karaoke!!
Das ist fies!
Ihr Name erinnert an das japanische Wort für »manchmal«. ⇨

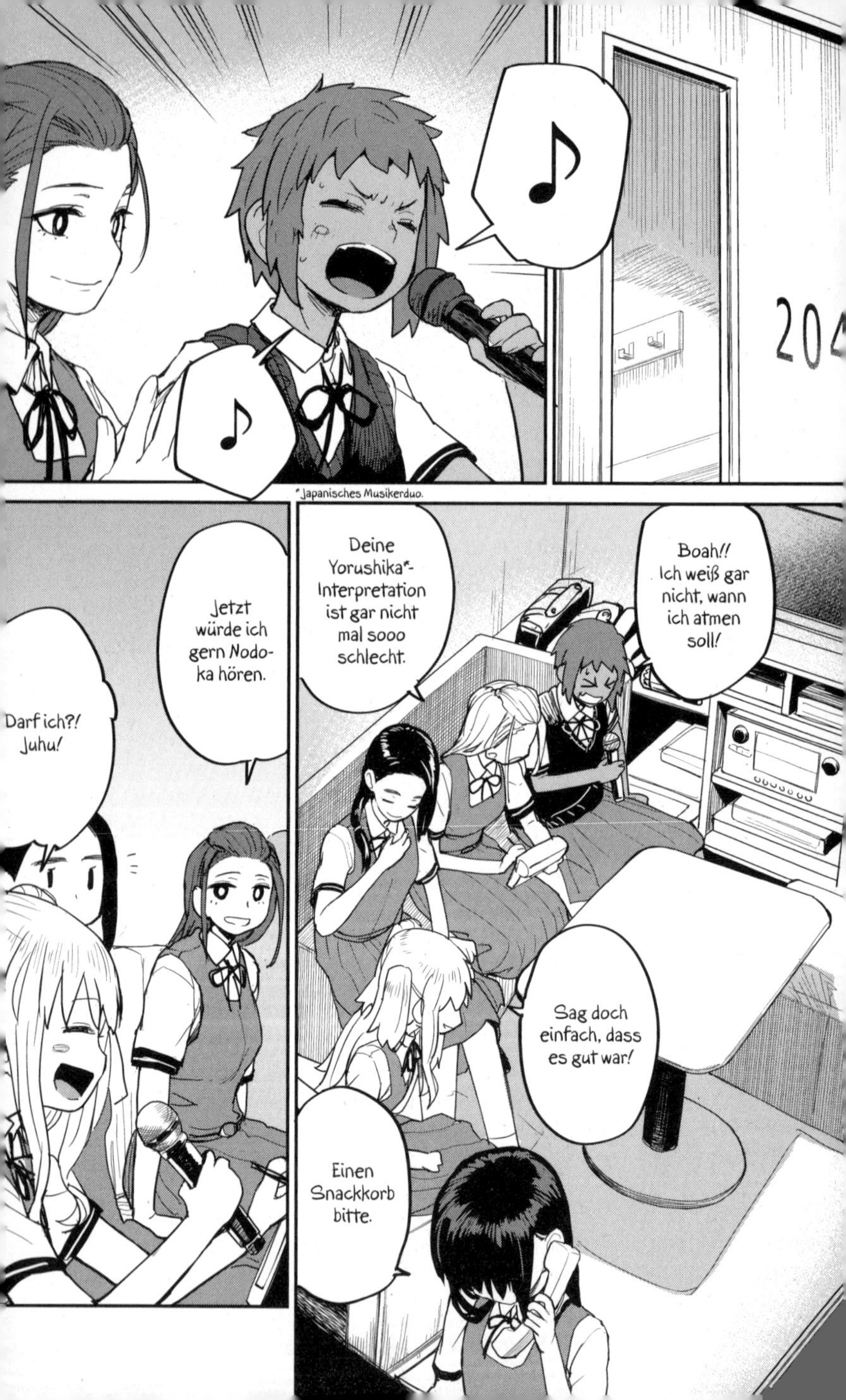

*Japanisches Musikerduo.

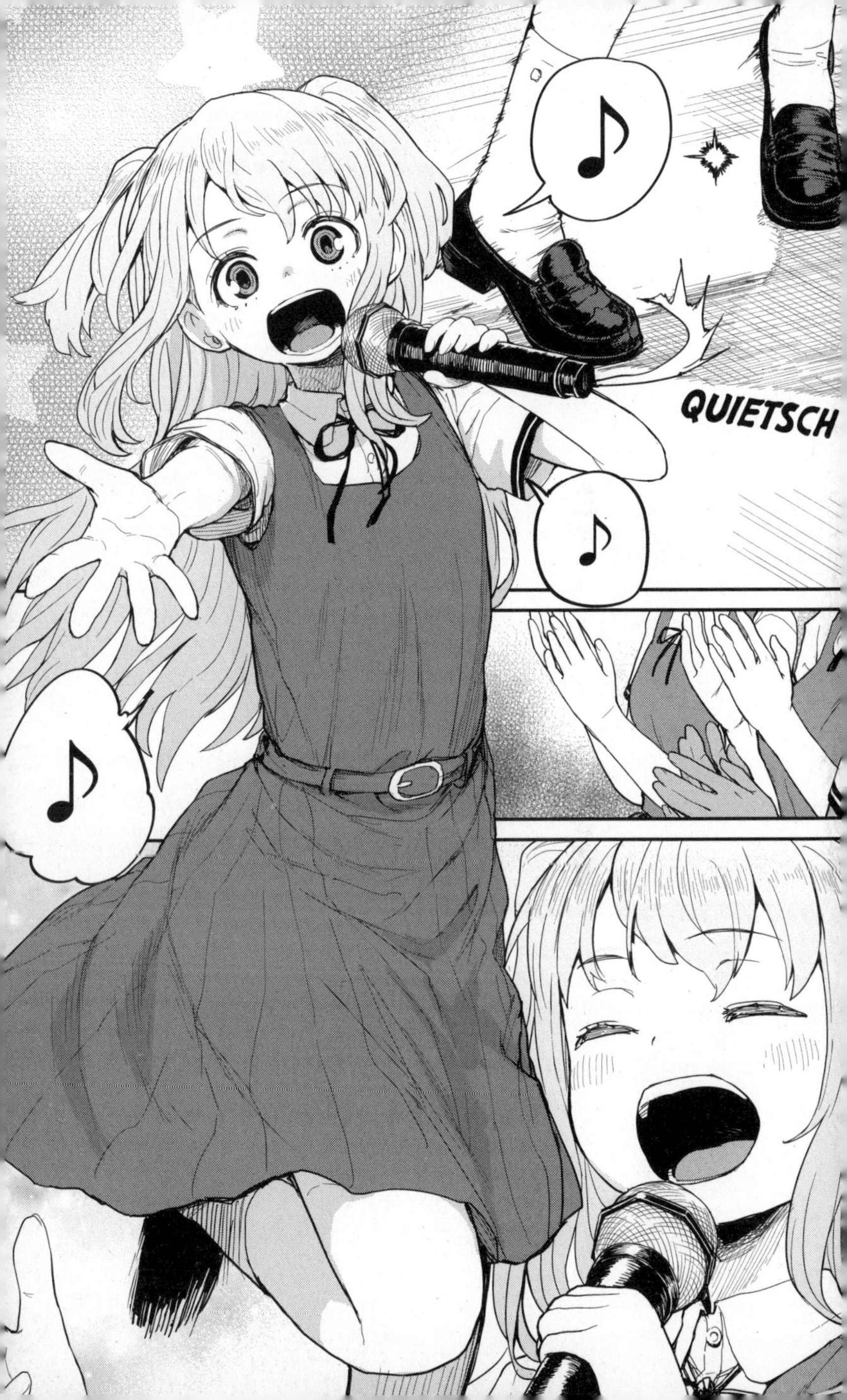
♪
QUIETSCH
♪
♪

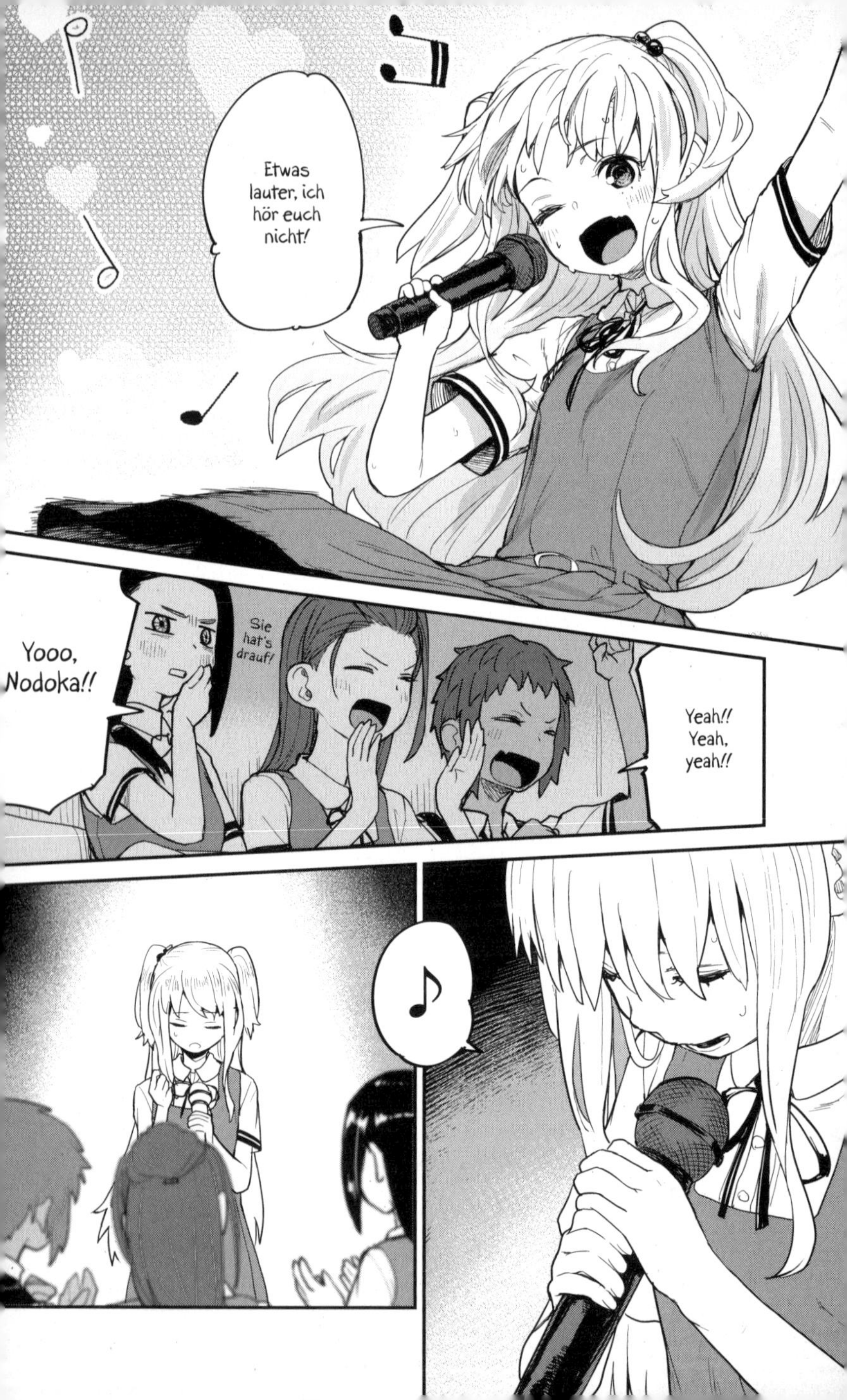
Etwas lauter, ich hör euch nicht!
Yeah!! Yeah, yeah!!
Sie hat's drauf!
Yooo, Nodoka!!
♪

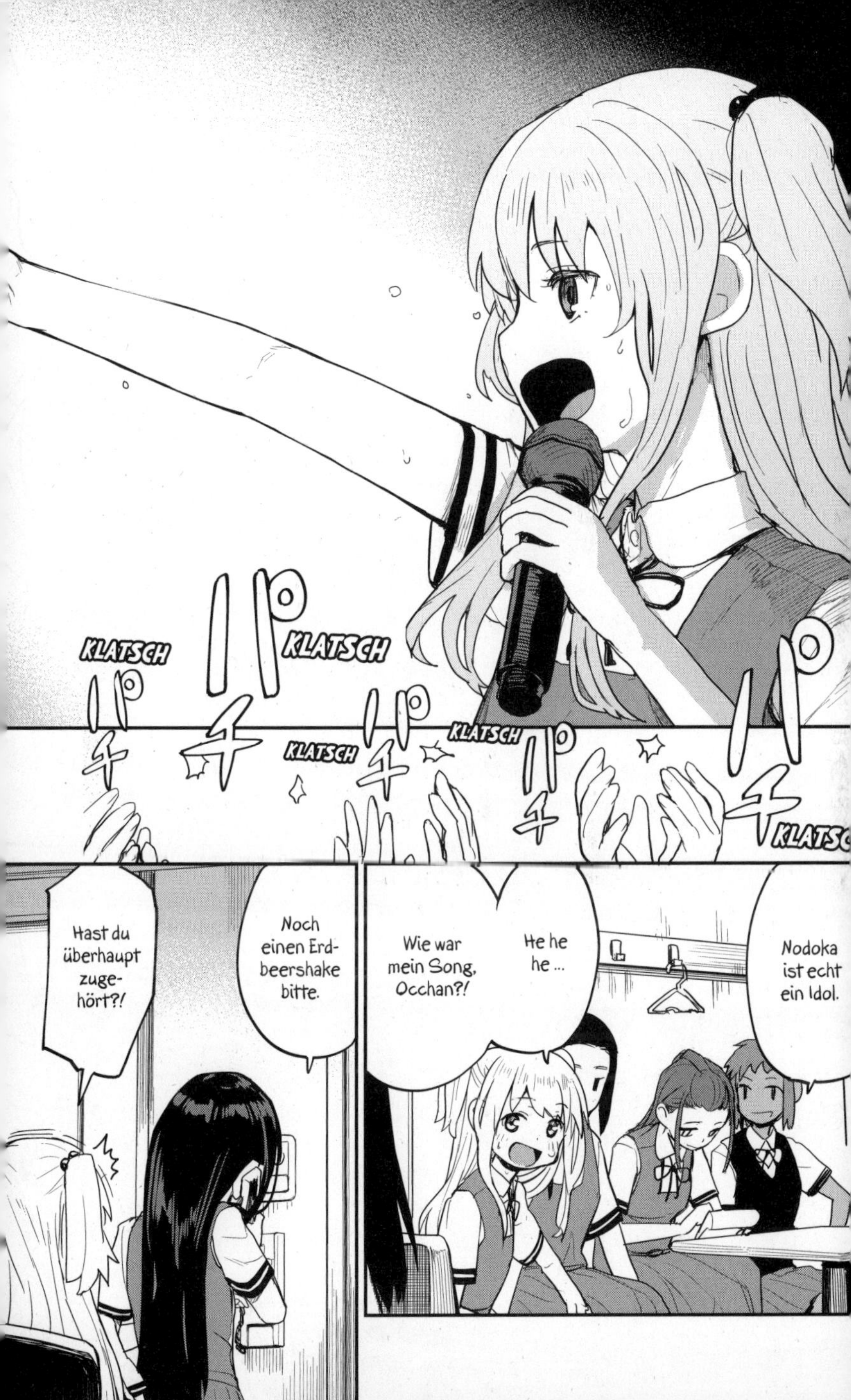
パチ
KLATSCH
パチ
KLATSCH
パチ
KLATSCH
パチ
KLATSCH
パチ
KLATSCH
Nodoka ist echt ein Idol.
He he he ...
Wie war mein Song, Occhan?!
Noch einen Erdbeershake bitte.
Hast du überhaupt zuge-hört?!

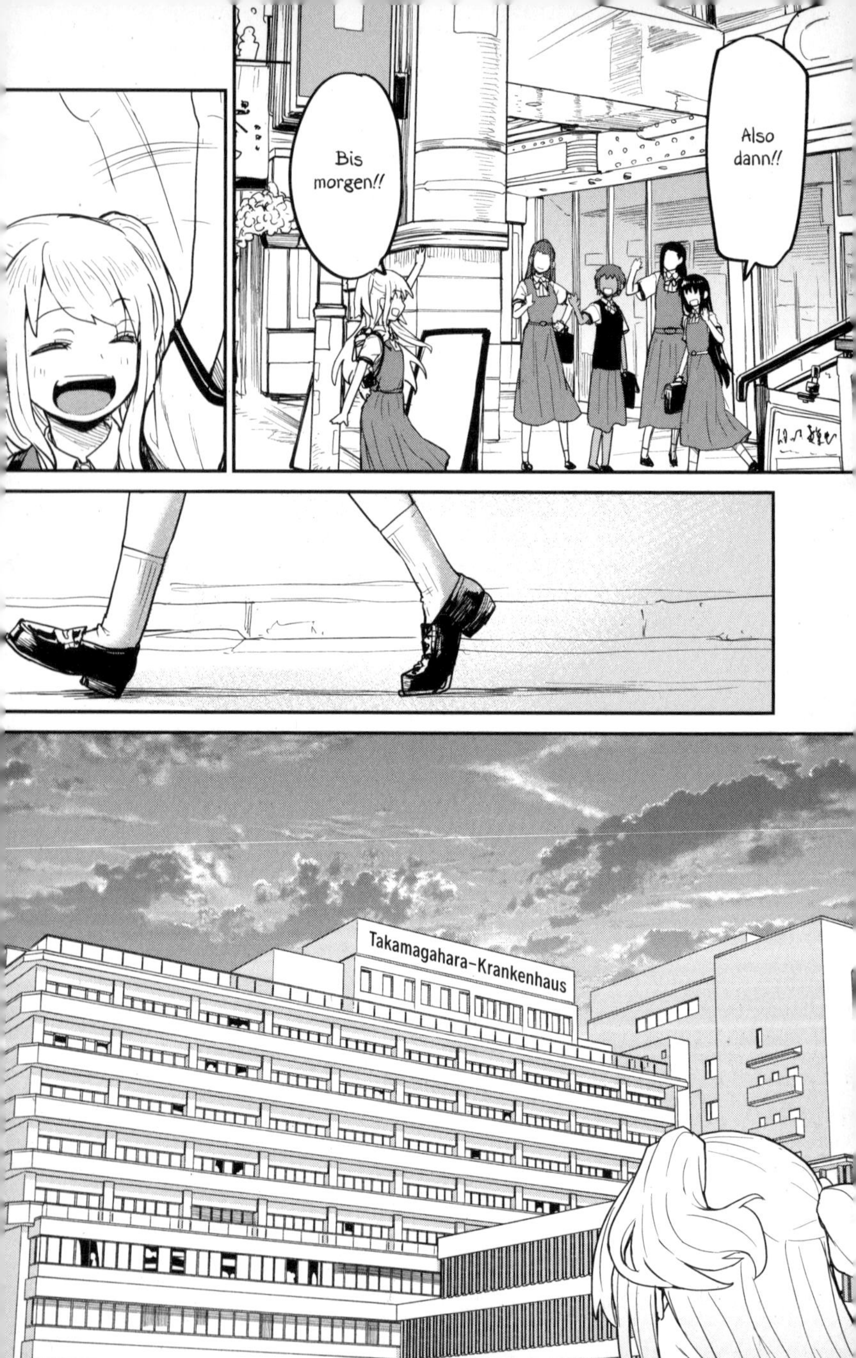
Also dann!!
Bis morgen!!
Takamagahara-Krankenhaus

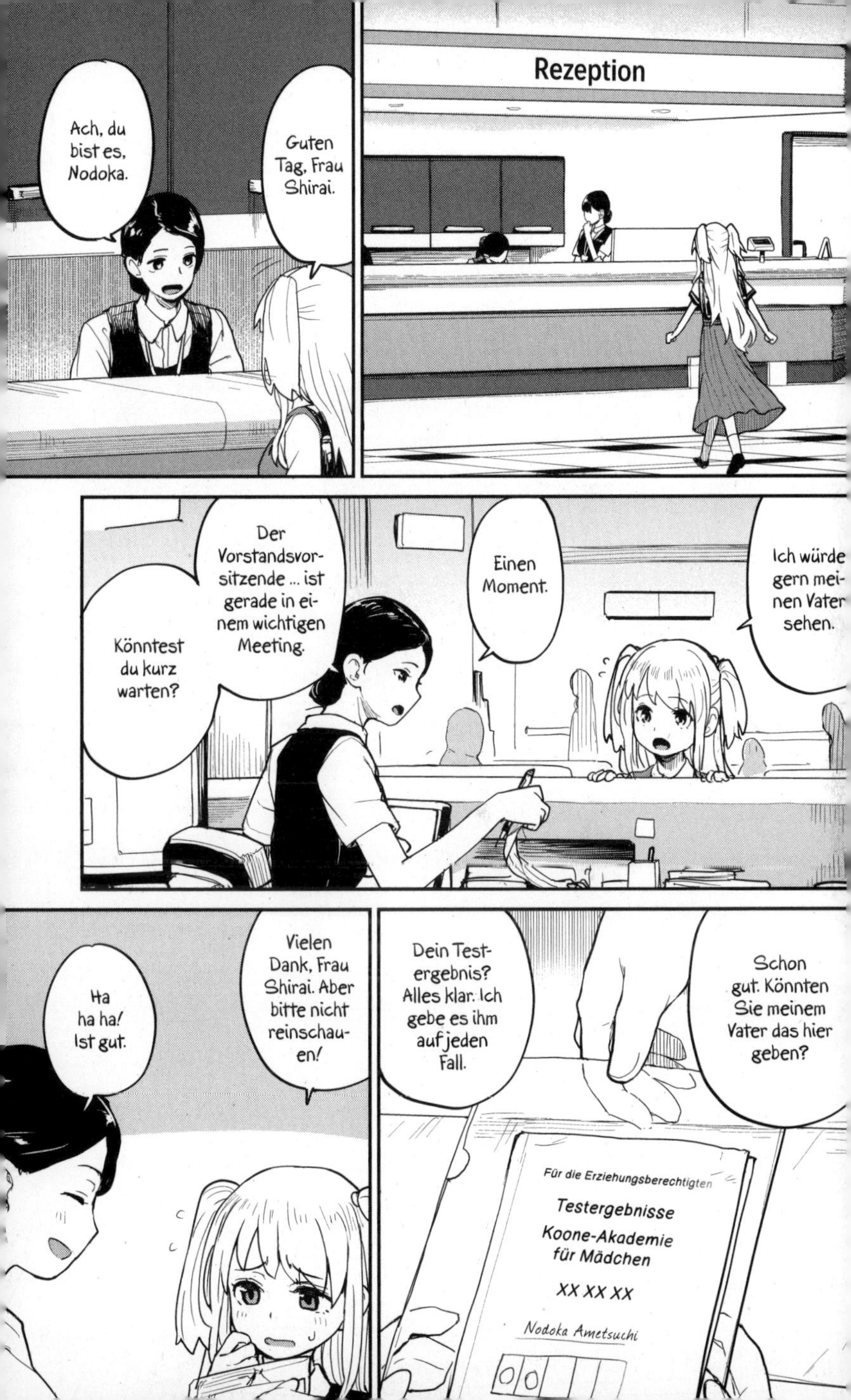
Rezeption
Guten Tag, Frau Shirai.
Ach, du bist es, Nodoka.
Ich würde gern meinen Vater sehen.
Einen Moment.
Der Vorstandsvorsitzende ... ist gerade in einem wichtigen Meeting.
Könntest du kurz warten?
Schon gut. Könnten Sie meinem Vater das hier geben?
Dein Testergebnis? Alles klar. Ich gebe es ihm auf jeden Fall.
Für die Erziehungsberechtigten
Testergebnisse
Koone-Akademie für Mädchen
XX XX XX
Nodoka Ametsuchi
Vielen Dank, Frau Shirai. Aber bitte nicht reinschauen!
Ha ha ha! Ist gut.

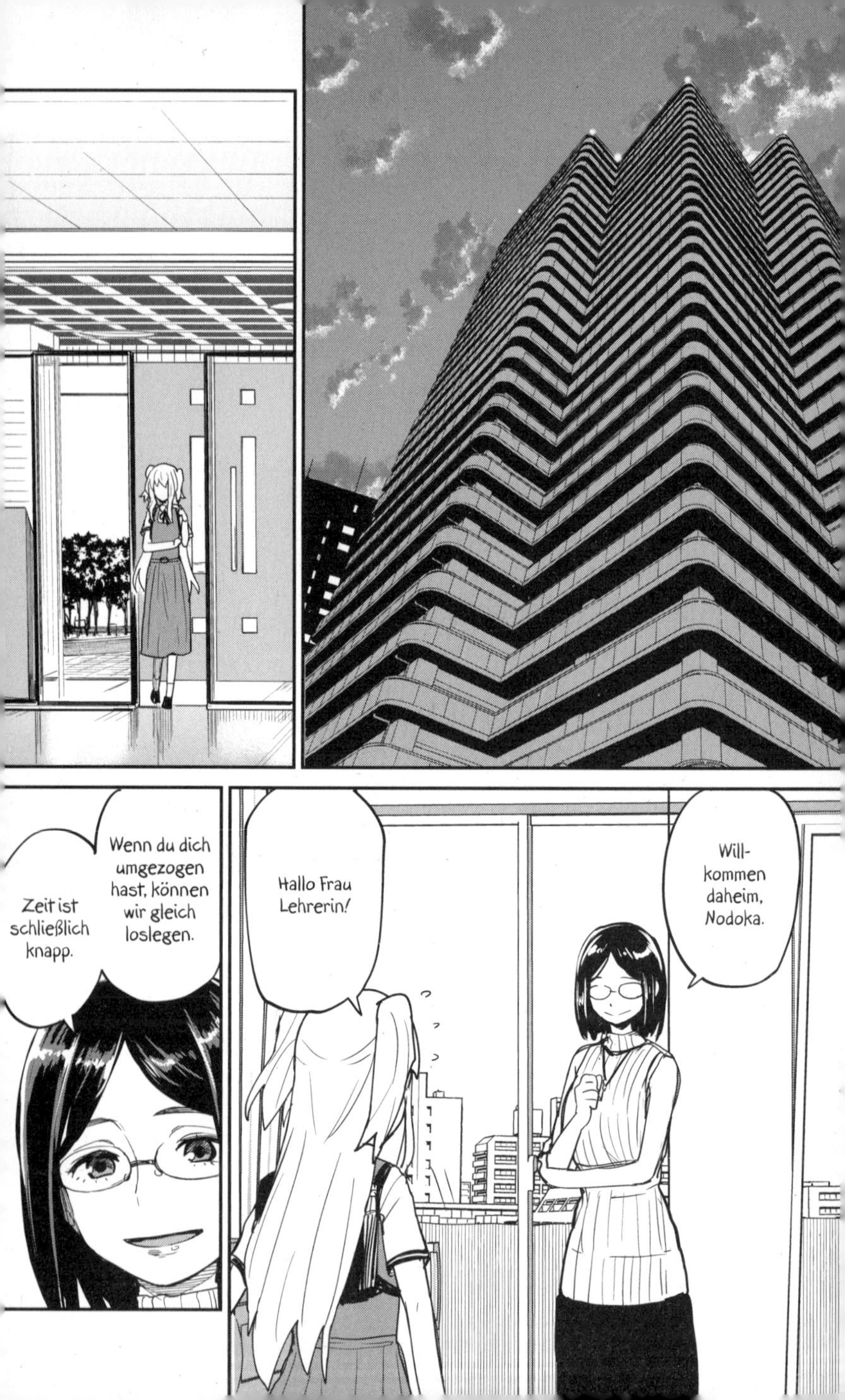

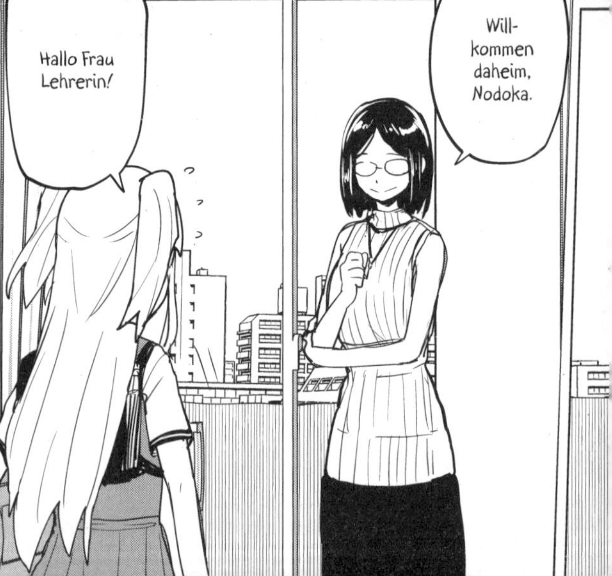
Will-
kommen
daheim,
Nodoka.
Hallo Frau
Lehrerin!

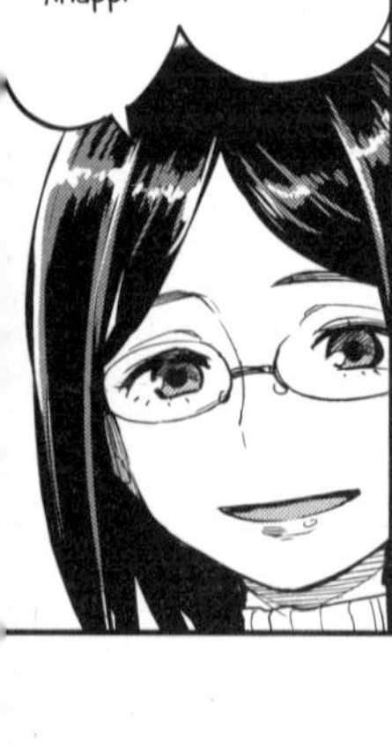
Wenn du dich
umgezogen
hast, können
wir gleich
loslegen.
Zeit ist
schließlich
knapp.

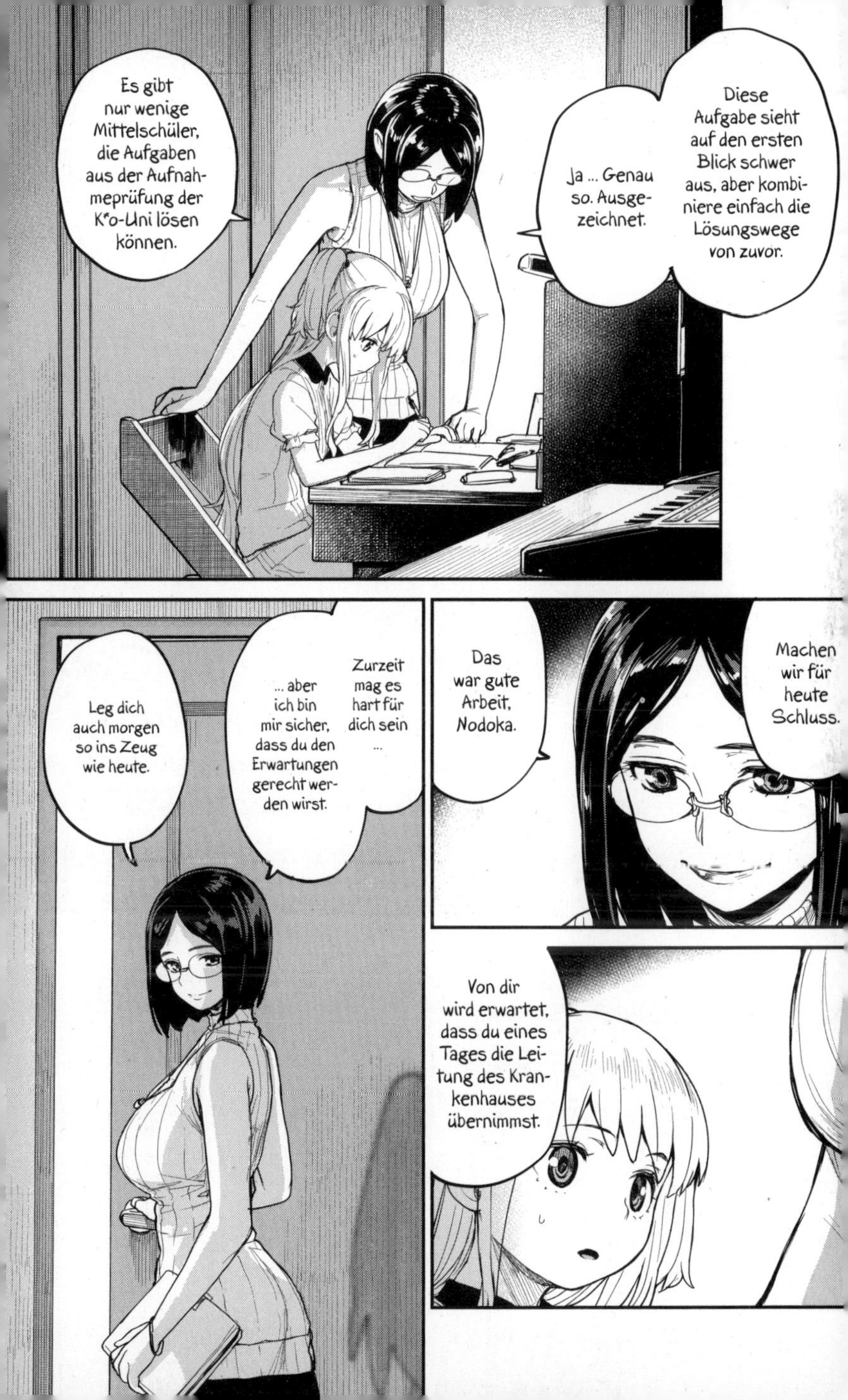

Diese Aufgabe sieht auf den ersten Blick schwer aus, aber kombiniere einfach die Lösungswege von zuvor.

Ja ... Genau so. Ausgezeichnet.

Es gibt nur wenige Mittelschüler, die Aufgaben aus der Aufnahmeprüfung der K*o-Uni lösen können.

Machen wir für heute Schluss.

Das war gute Arbeit, Nodoka.

Von dir wird erwartet, dass du eines Tages die Leitung des Krankenhauses übernimmst.

Zurzeit mag es hart für dich sein ...

... aber ich bin mir sicher, dass du den Erwartungen gerecht werden wirst.

Leg dich auch morgen so ins Zeug wie heute.

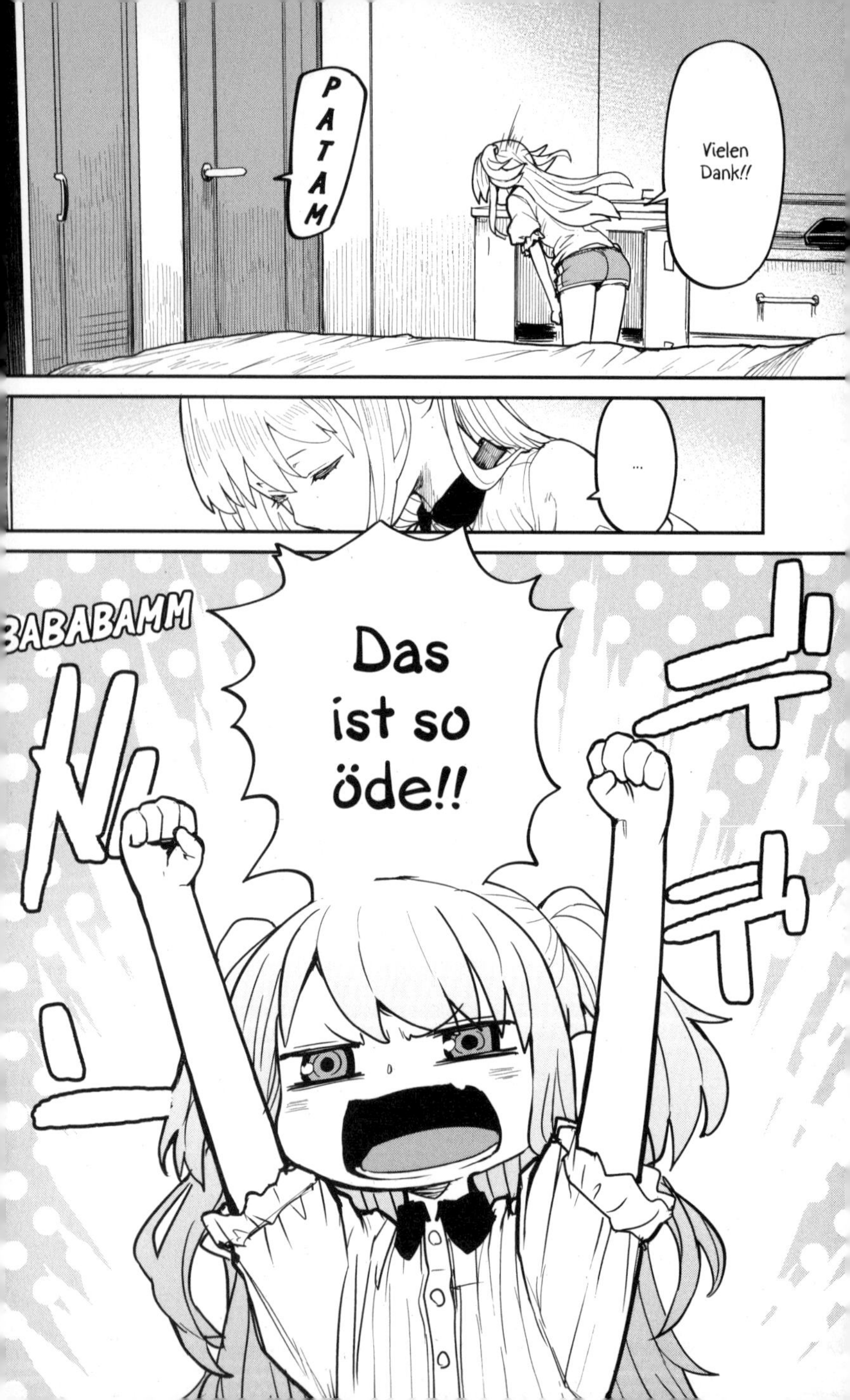
Vielen Dank!!
PATAM
...
Das ist so öde!!
BABABAMM

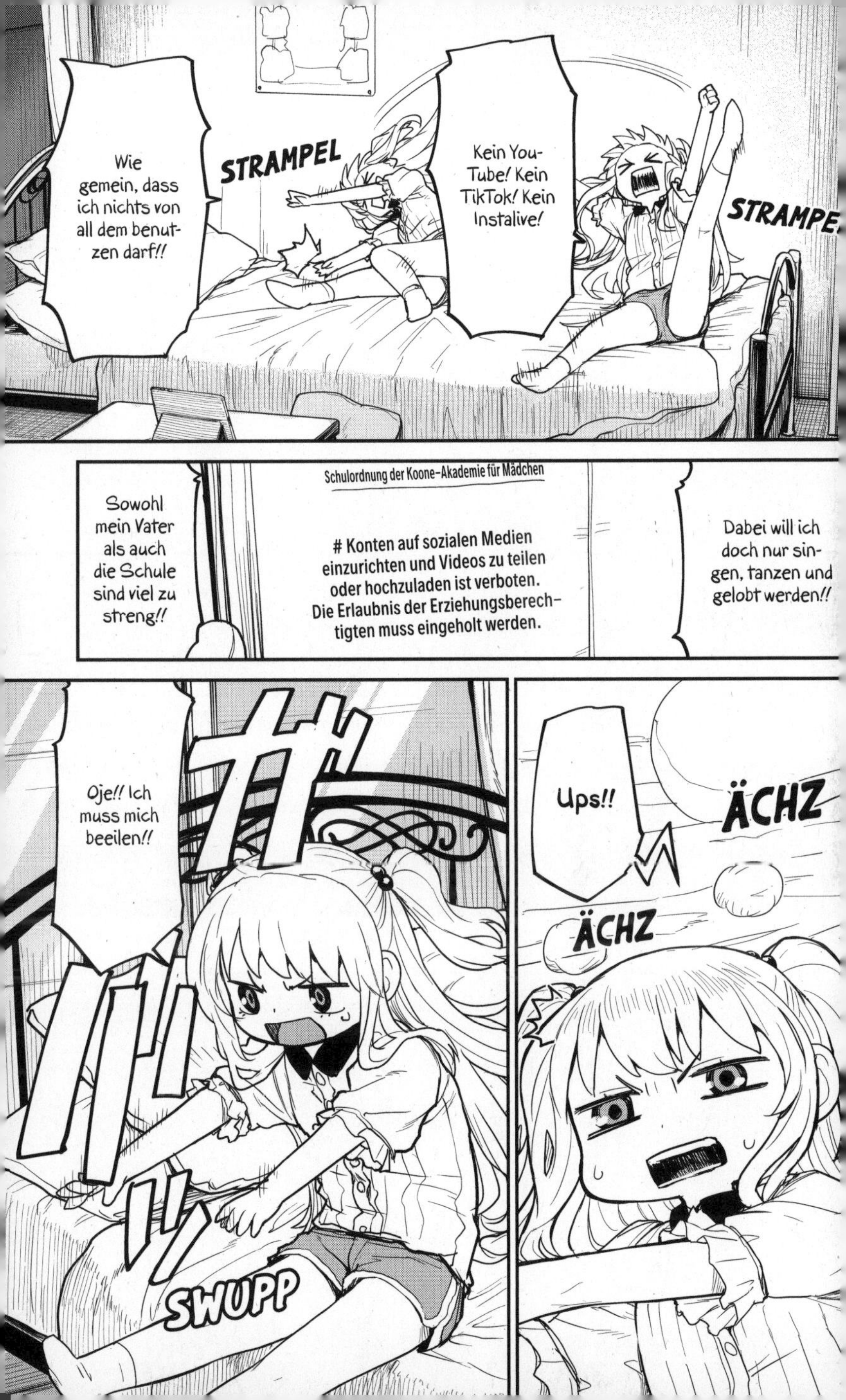

STRAMPEL

Kein YouTube! Kein TikTok! Kein Instalive!

STRAMPEL

Wie gemein, dass ich nichts von all dem benutzen darf!!

Dabei will ich doch nur singen, tanzen und gelobt werden!!

Schulordnung der Koone-Akademie für Mädchen

Konten auf sozialen Medien einzurichten und Videos zu teilen oder hochzuladen ist verboten. Die Erlaubnis der Erziehungsberechtigten muss eingeholt werden.

Sowohl mein Vater als auch die Schule sind viel zu streng!!

ÄCHZ

Ups!!

ÄCHZ

Oje!! Ich muss mich beeilen!!

SWUPP

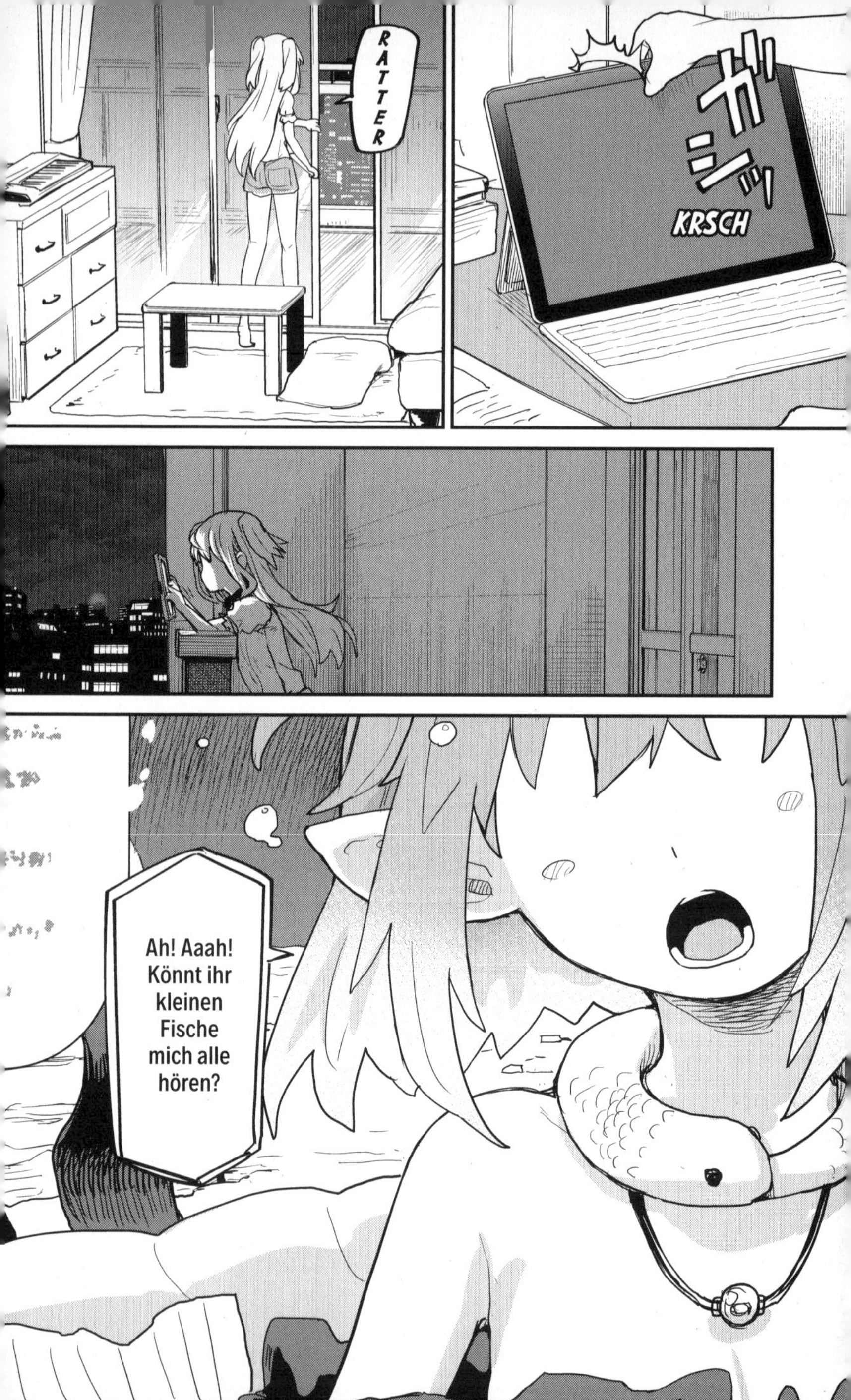
ガシッ
KRSCH
RATTER
Ah! Aaah! Könnt ihr kleinen Fische mich alle hören?

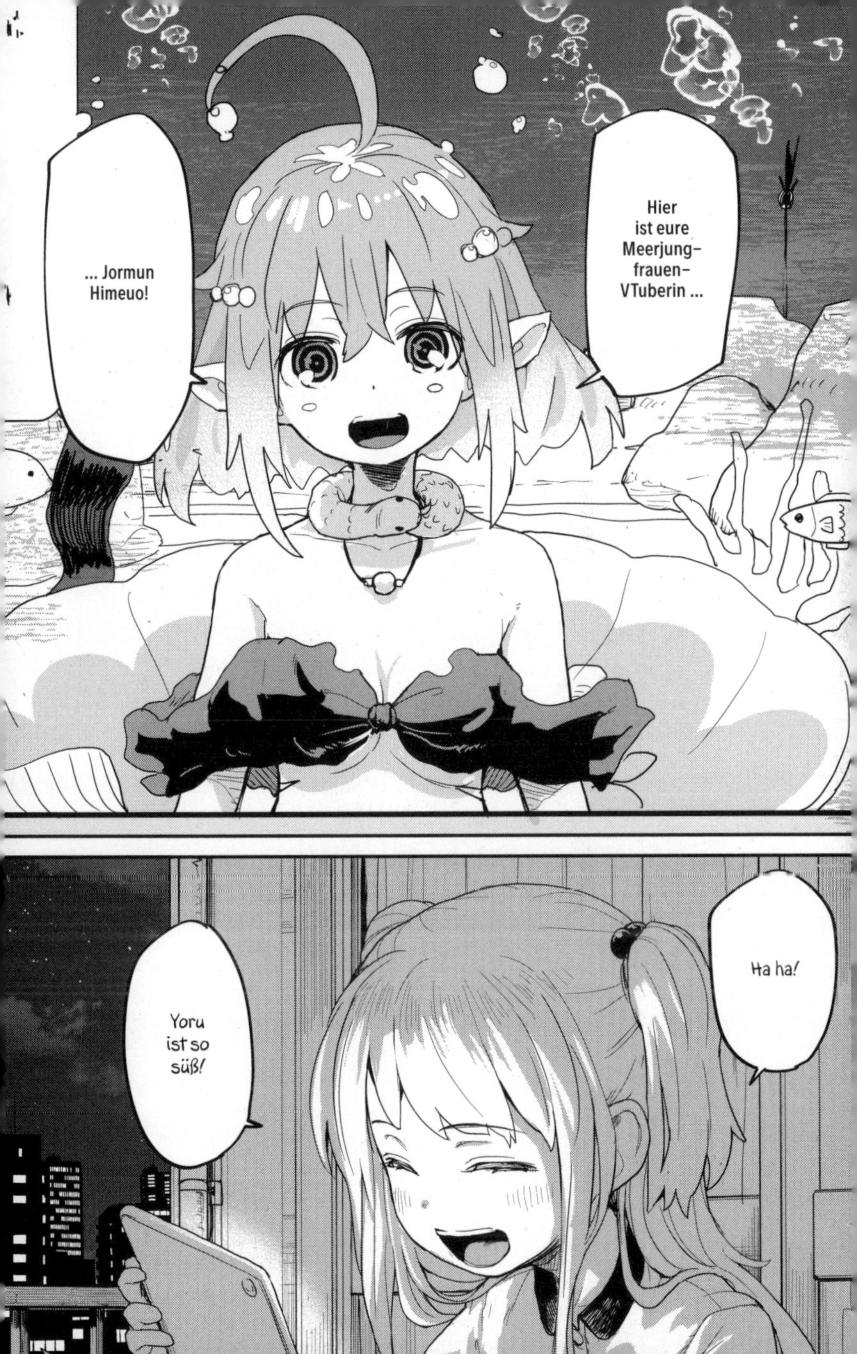
Hier ist eure Meerjung-frauen-VTuberin ...
... Jormun Himeuo!
Ha ha!
Yoru ist so süß!

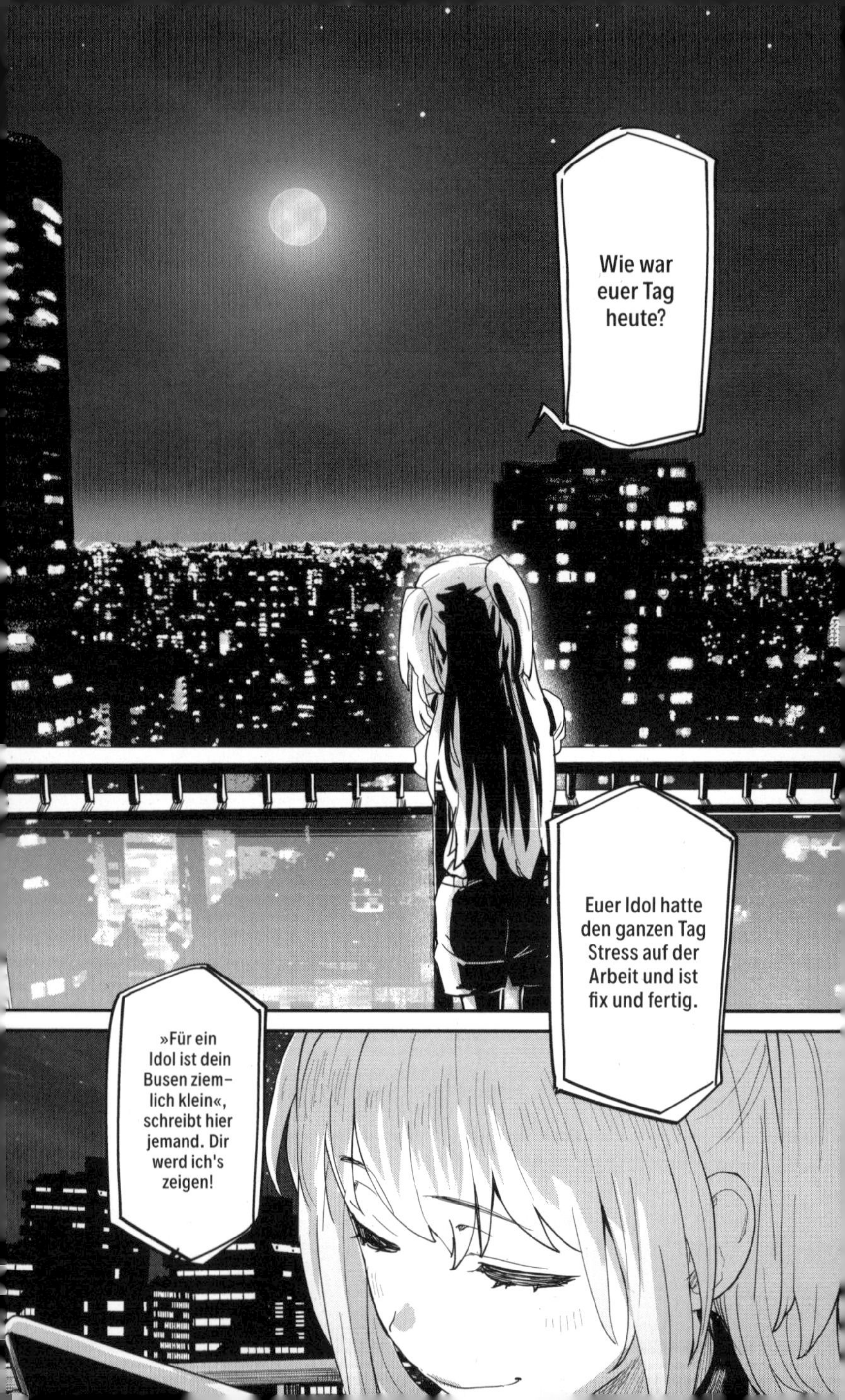
Wie war
euer Tag
heute?
Euer Idol hatte
den ganzen Tag
Stress auf der
Arbeit und ist
fix und fertig.
»Für ein
Idol ist dein
Busen ziem-
lich klein«,
schreibt hier
jemand. Dir
werd ich's
zeigen!

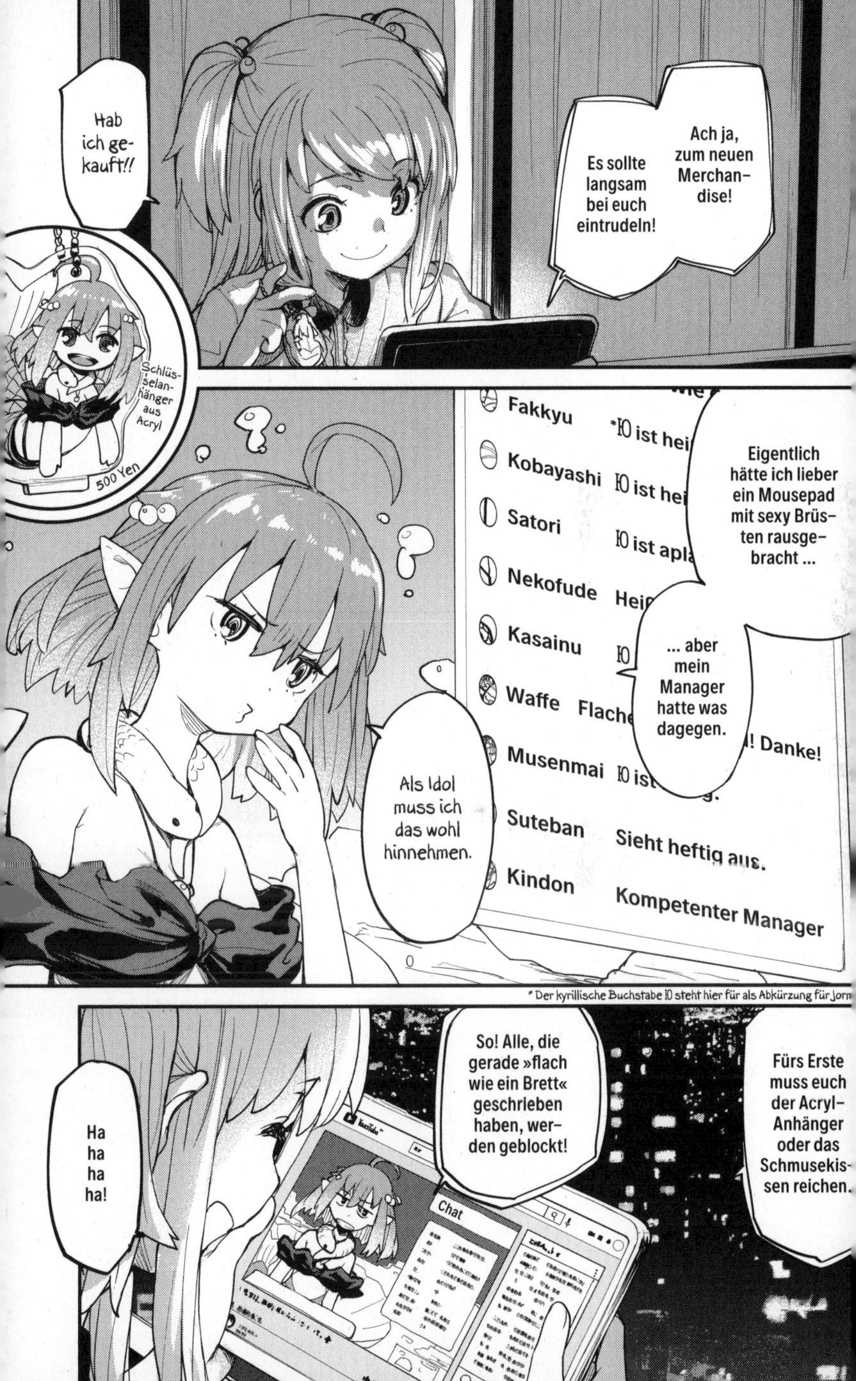

Ach ja, zum neuen Merchandise!
Es sollte langsam bei euch eintrudeln!
Hab ich gekauft!!
Schlüsselanhänger aus Acryl
500 Yen
Fakkyu *Ю ist hei
Kobayashi Ю ist hei
Satori Ю ist apla
Nekofude Hei
Kasainu Ю
Waffe Flache
! Danke!
Musenmai Ю ist
Suteban Sieht heftig aus.
Kindon Kompetenter Manager
Eigentlich hätte ich lieber ein Mousepad mit sexy Brüsten rausgebracht ...
... aber mein Manager hatte was dagegen.
Als Idol muss ich das wohl hinnehmen.
* Der kyrillische Buchstabe Ю steht hier für als Abkürzung für Jorm
Fürs Erste muss euch der Acryl-Anhänger oder das Schmusekissen reichen.
So! Alle, die gerade »flach wie ein Brett« geschrieben haben, werden geblockt!
Chat
Ha ha ha ha!

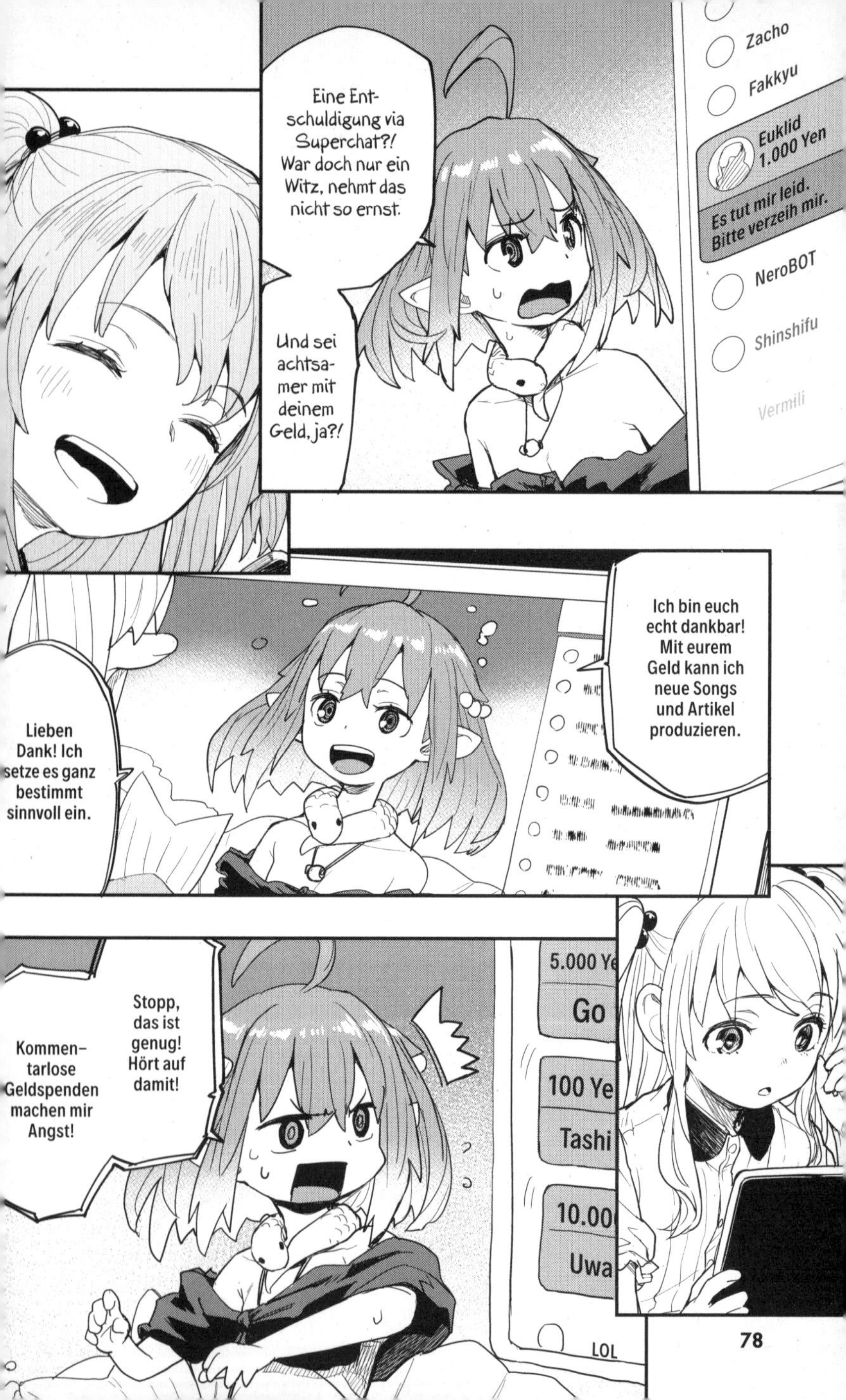
Zacho
Fakkyu
Euklid 1.000 Yen
Es tut mir leid. Bitte verzeih mir.
NeroBOT
Shinshifu
Vermili
Eine Entschuldigung via Superchat?! War doch nur ein Witz, nehmt das nicht so ernst.
Und sei achtsamer mit deinem Geld, ja?!
Ich bin euch echt dankbar! Mit eurem Geld kann ich neue Songs und Artikel produzieren.
Lieben Dank! Ich setze es ganz bestimmt sinnvoll ein.
5.000 Ye
Go
100 Ye
Tashi
10.00
Uwa
LOL
Stopp, das ist genug! Hört auf damit!
Kommentarlose Geldspenden machen mir Angst!

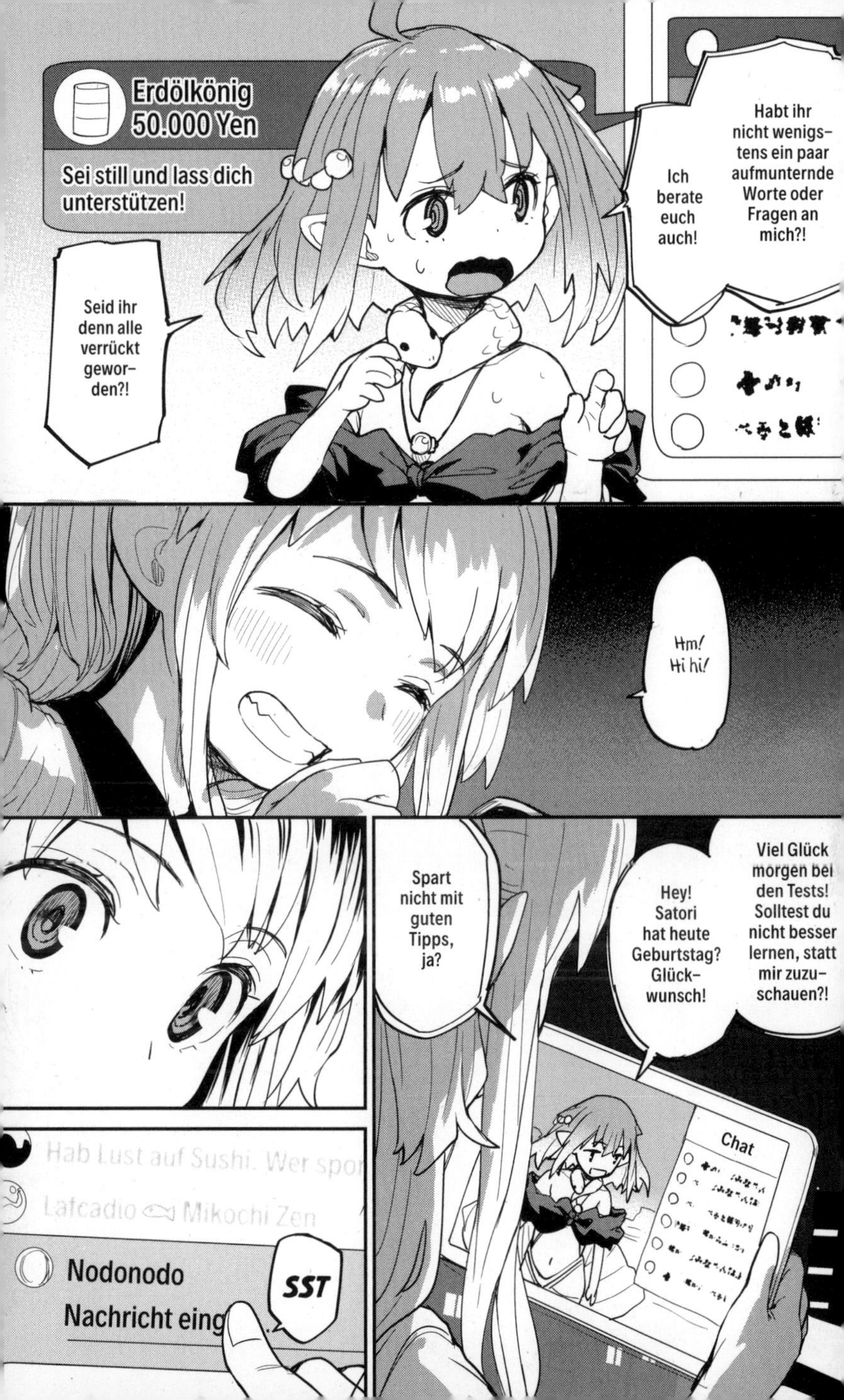
Habt ihr nicht wenigstens ein paar aufmunternde Worte oder Fragen an mich?!
Ich berate euch auch!
Erdölkönig
50.000 Yen
Sei still und lass dich unterstützen!
Seid ihr denn alle verrückt geworden?!
Hm! Hi hi!
Viel Glück morgen bei den Tests! Sollltest du nicht besser lernen, statt mir zuzuschauen?!
Hey! Satori hat heute Geburtstag? Glückwunsch!
Spart nicht mit guten Tipps, ja?
Chat
Hab Lust auf Sushi. Wer spon
Lafcadio
Mikochi Zen
Nodonodo
Nachricht eing
SST

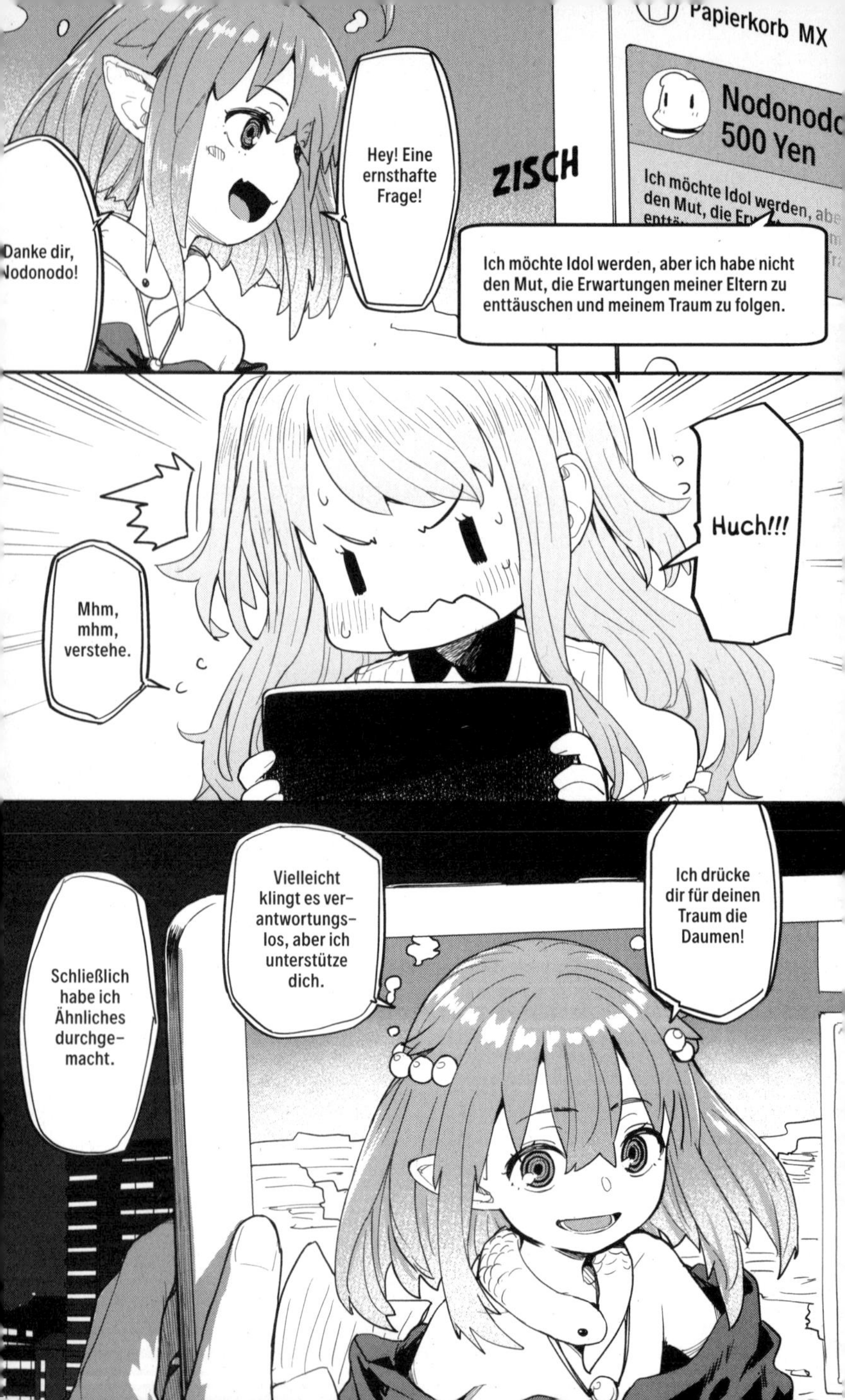
Papierkorb MX
Nodonodo
500 Yen
Ich möchte Idol werden, aber ich habe nicht den Mut, die Erwartungen meiner Eltern zu enttäuschen und meinem Traum zu folgen.
ZISCH
Hey! Eine ernsthafte Frage!
Danke dir, Nodonodo!
Huch!!!
Mhm, mhm, verstehe.
Ich drücke dir für deinen Traum die Daumen!
Vielleicht klingt es verantwortungslos, aber ich unterstütze dich.
Schließlich habe ich Ähnliches durchgemacht.

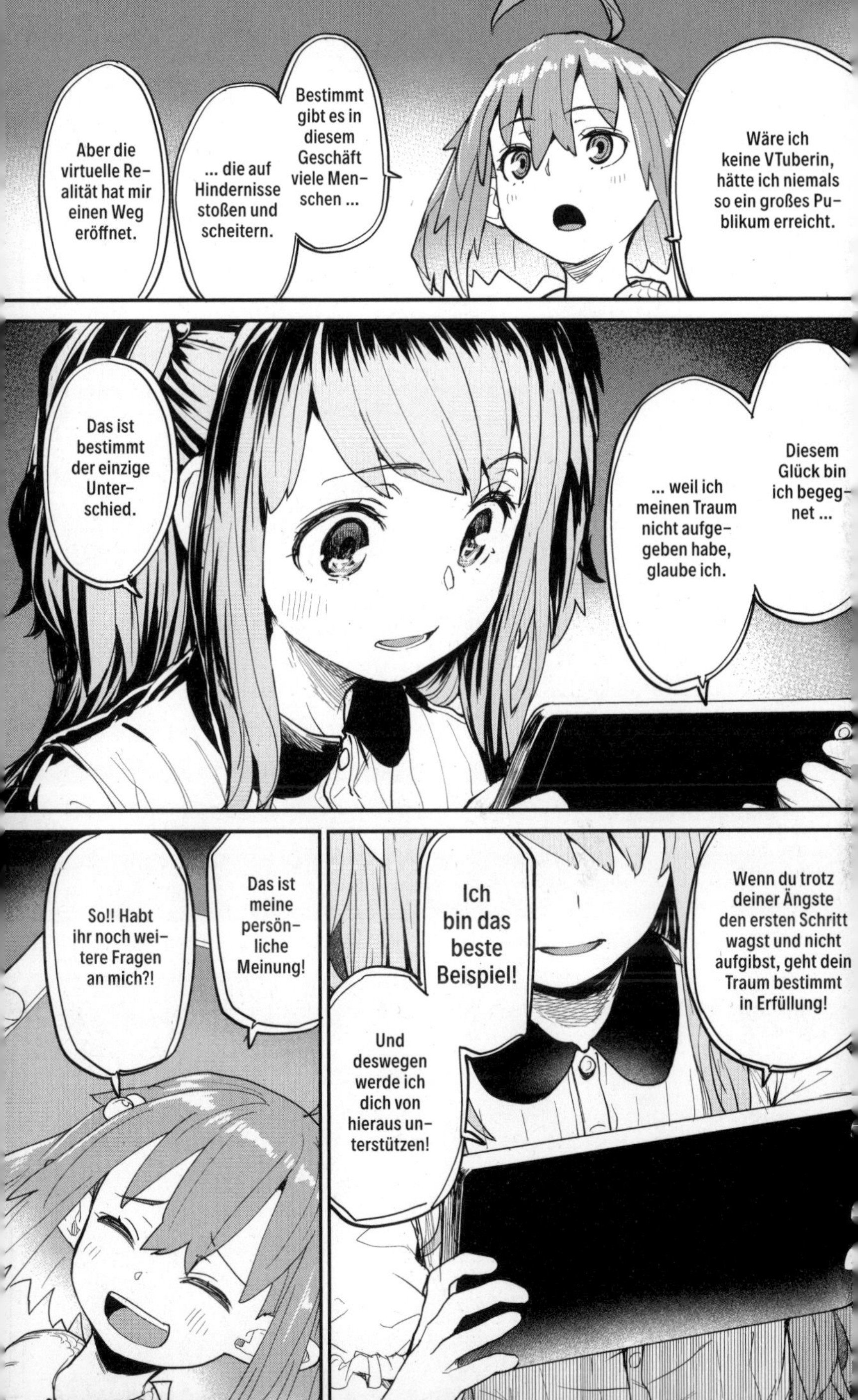
Wäre ich keine VTuberin, hätte ich niemals so ein großes Publikum erreicht.
Bestimmt gibt es in diesem Geschäft viele Menschen ...
... die auf Hindernisse stoßen und scheitern.
Aber die virtuelle Realität hat mir einen Weg eröffnet.
Diesem Glück bin ich begegnet ...
... weil ich meinen Traum nicht aufgegeben habe, glaube ich.
Das ist bestimmt der einzige Unterschied.
Wenn du trotz deiner Ängste den ersten Schritt wagst und nicht aufgibst, geht dein Traum bestimmt in Erfüllung!
Ich bin das beste Beispiel!
Und deswegen werde ich dich von hieraus unterstützen!
Das ist meine persönliche Meinung!
So!! Habt ihr noch weitere Fragen an mich?!

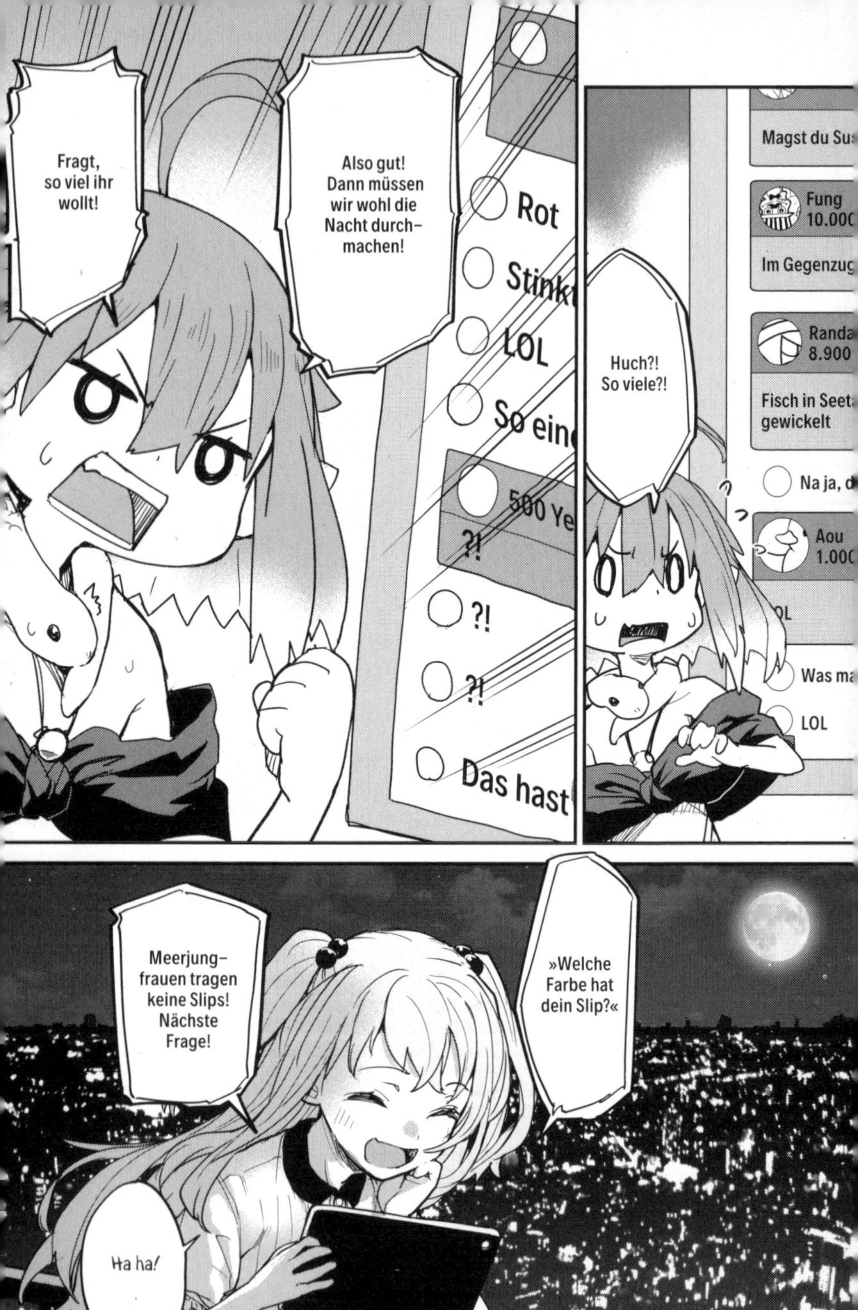
Huch?! So viele?!
Also gut! Dann müssen wir wohl die Nacht durchmachen!
Fragt, so viel ihr wollt!
Rot
LOL
?!
?!
?!
»Welche Farbe hat dein Slip?«
Meerjungfrauen tragen keine Slips! Nächste Frage!
Ha ha!

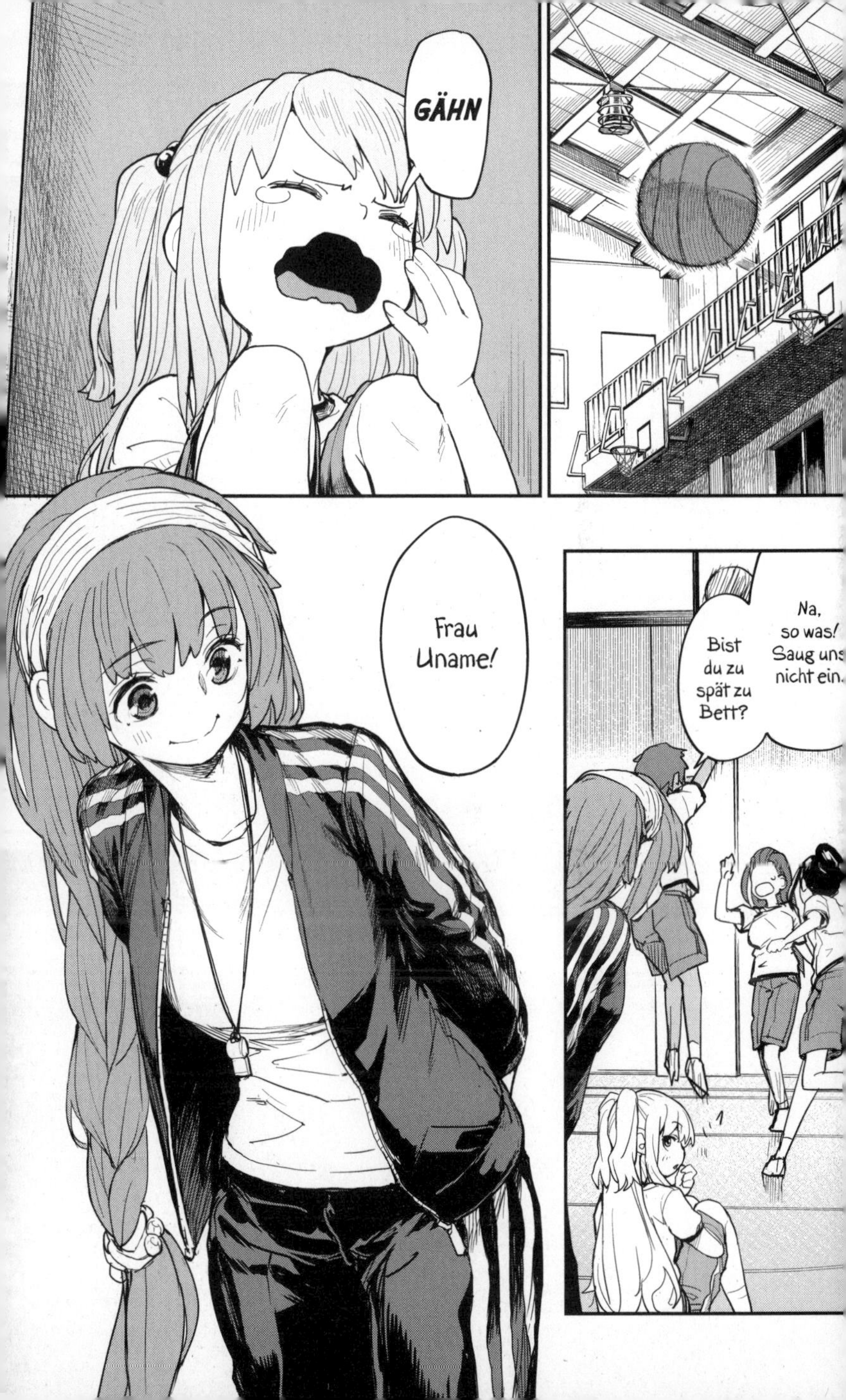
GÄHN
Frau Uname!
Na, so was! Saug uns nicht ein.
Bist du zu spät zu Bett?

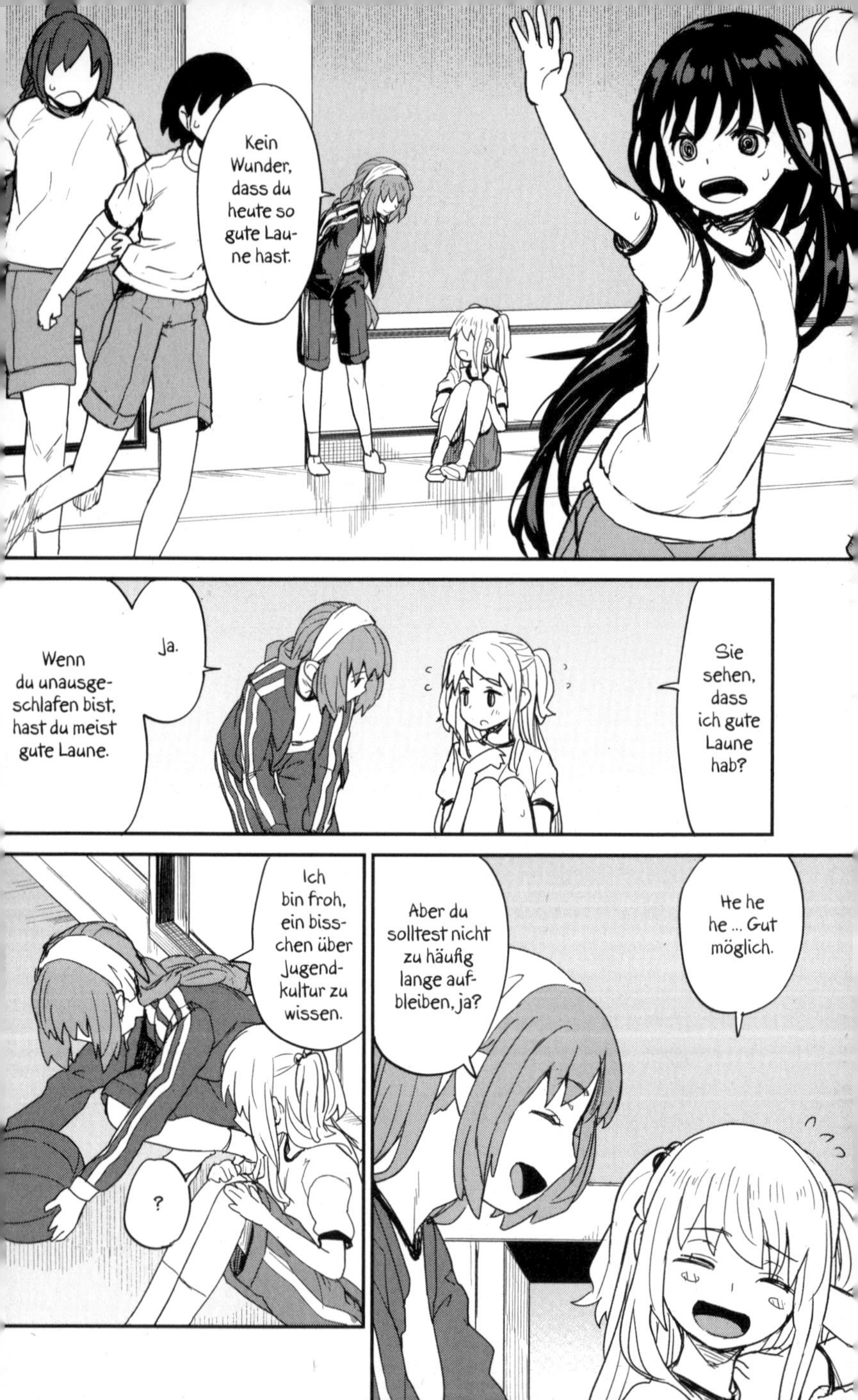
Kein Wunder, dass du heute so gute Laune hast.
Sie sehen, dass ich gute Laune hab?
Ja.
Wenn du unausgeschlafen bist, hast du meist gute Laune.
He he he ... Gut möglich.
Aber du solltest nicht zu häufig lange aufbleiben, ja?
Ich bin froh, ein bisschen über Jugendkultur zu wissen.
?

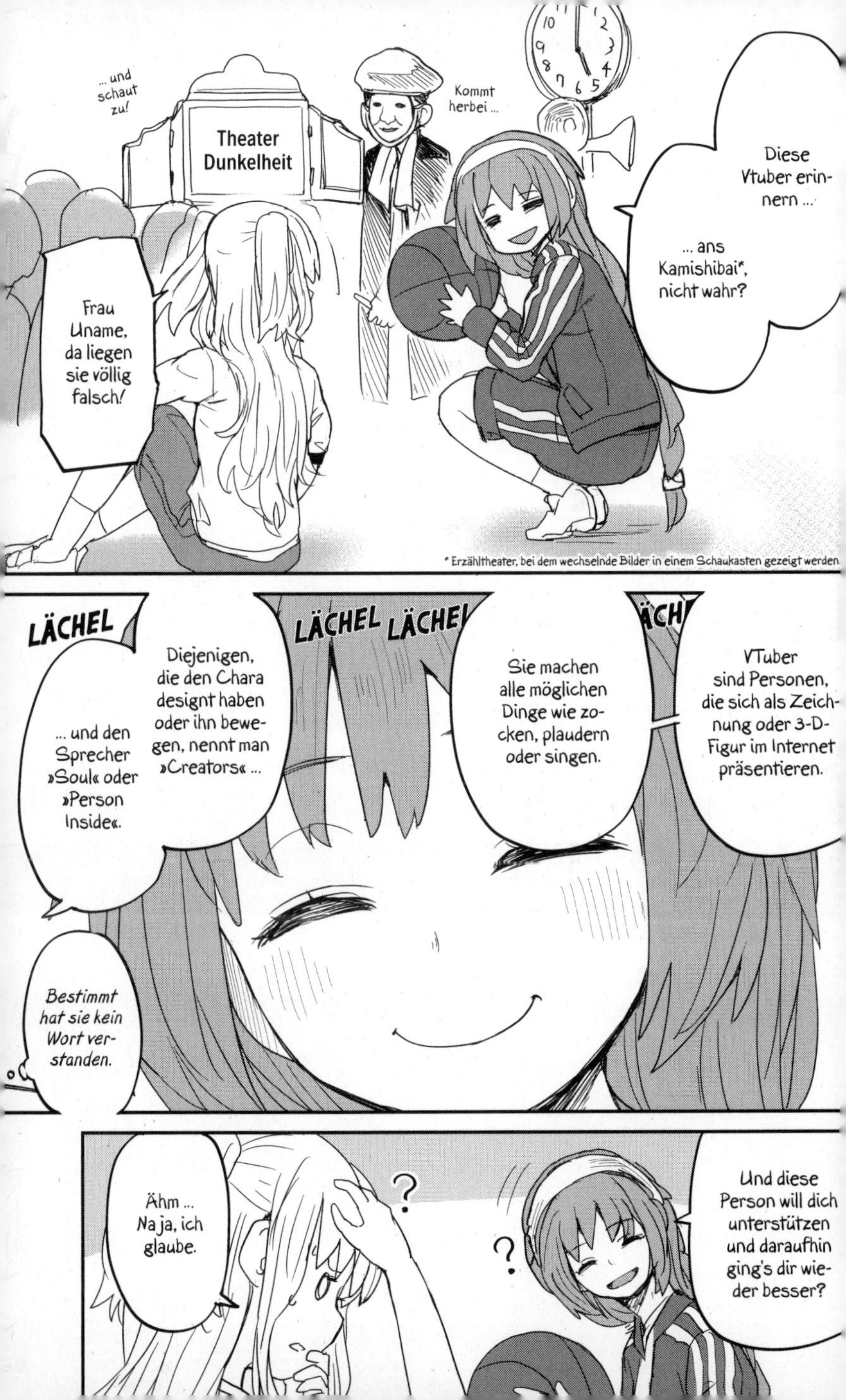

Theater Dunkelheit

Diese Vtuber erinnern ...

... ans Kamishibai*, nicht wahr?

Kommt herbei ...

... und schaut zu!

Frau Uname, da liegen sie völlig falsch!

* Erzähltheater, bei dem wechselnde Bilder in einem Schaukasten gezeigt werden

VTuber sind Personen, die sich als Zeichnung oder 3-D-Figur im Internet präsentieren.

Sie machen alle möglichen Dinge wie zocken, plaudern oder singen.

LÄCHEL LÄCHEL LÄCHEL LÄCHEL

Diejenigen, die den Chara designt haben oder ihn bewegen, nennt man »Creators« ...

... und den Sprecher »Soul« oder »Person Inside«.

Bestimmt hat sie kein Wort verstanden.

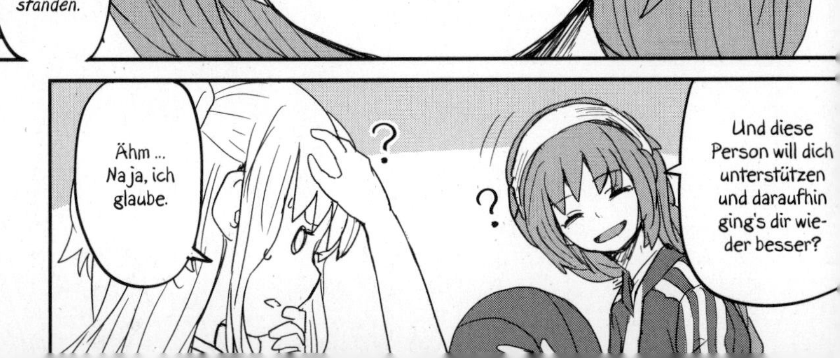

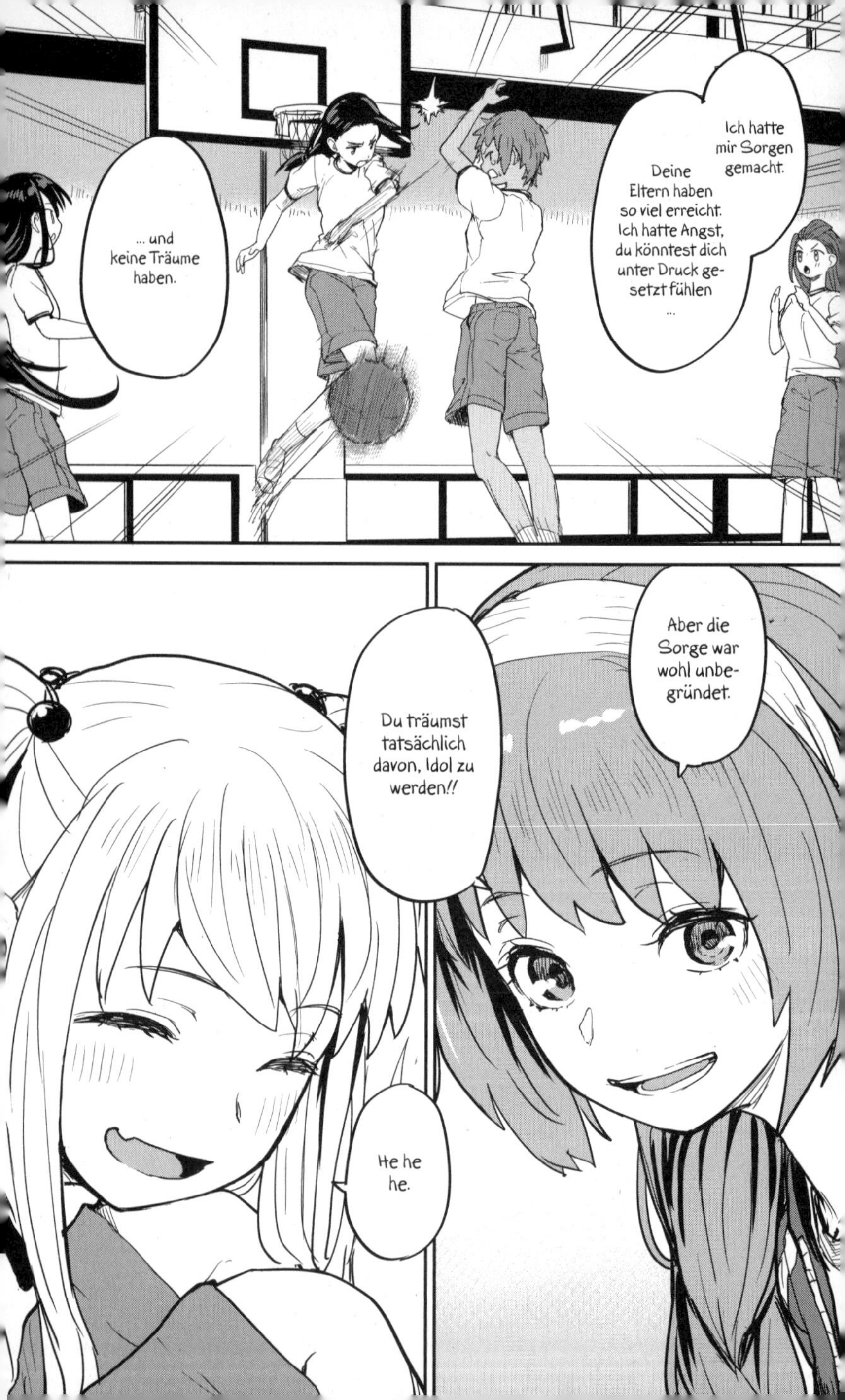
Ich hatte mir Sorgen gemacht.
Deine Eltern haben so viel erreicht. Ich hatte Angst, du könntest dich unter Druck gesetzt fühlen ...
... und keine Träume haben.
Aber die Sorge war wohl unbegründet.
Du träumst tatsächlich davon, Idol zu werden!!
He he he.

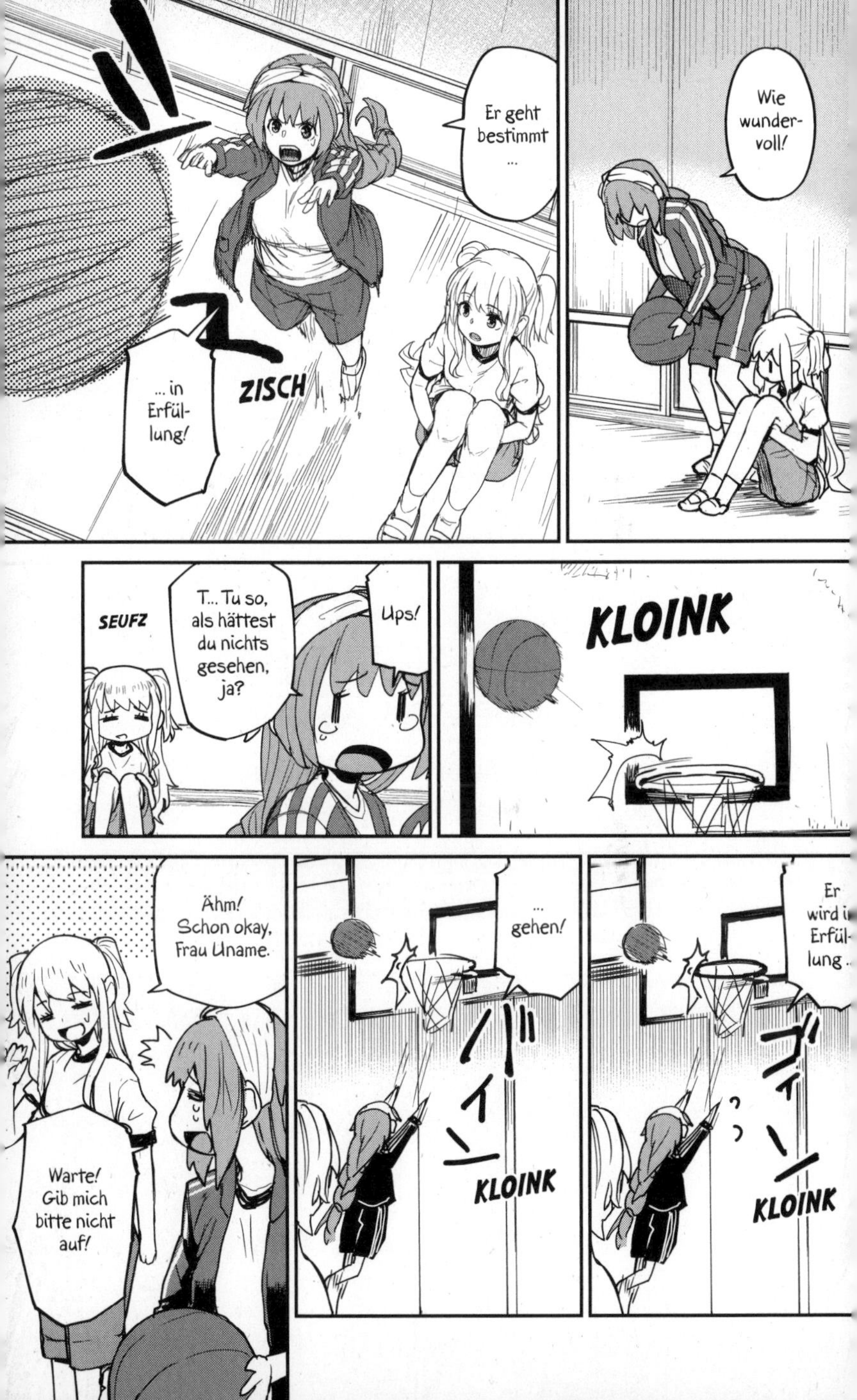
Wie wunder-voll!
Er geht bestimmt ...
... in Erfül-lung!
ZISCH
KLOINK
Ups!
T... Tu so, als hättest du nichts gesehen, ja?
SEUFZ
Er wird i Erfül-lung ..
KLOINK
... gehen!
KLOINK
Ähm! Schon okay, Frau Uname.
Warte! Gib mich bitte nicht auf!

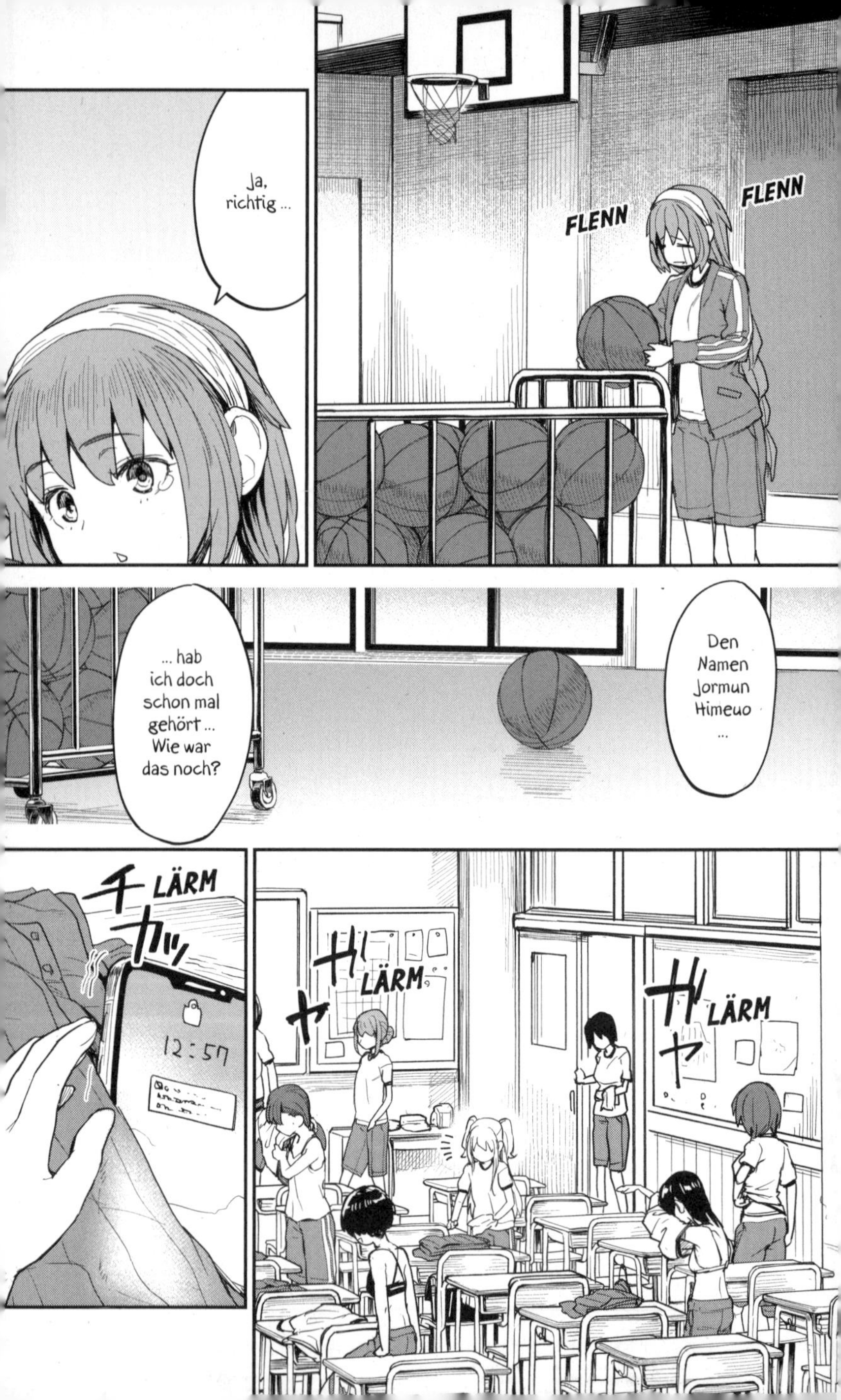
FLENN
FLENN
Ja, richtig ...
Den Namen Jormun Himeuo ...
... hab ich doch schon mal gehört ... Wie war das noch?
LÄRM
LÄRM
LÄRM
12:57

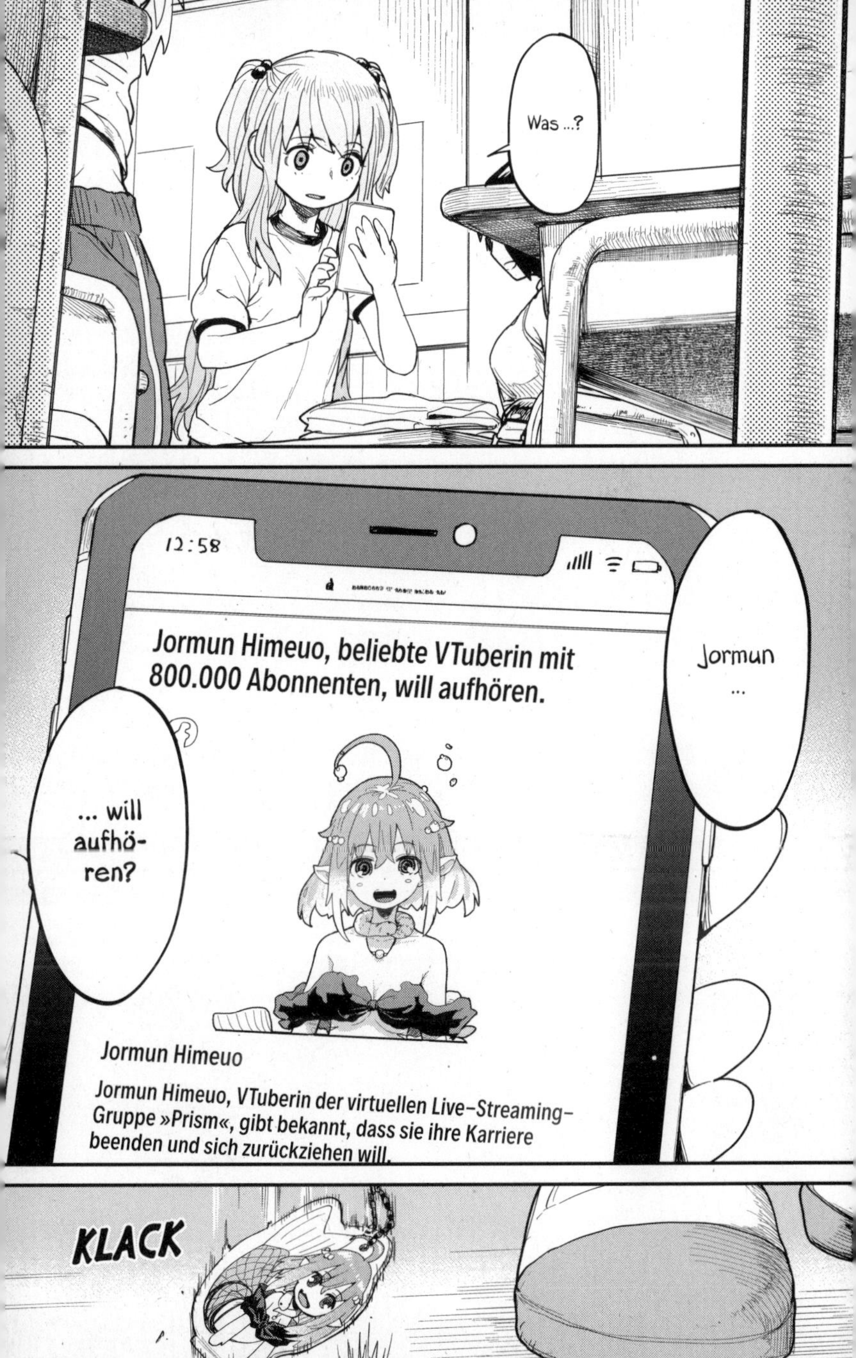
Was ...?
Jormun ...
12:58
Jormun Himeuo, beliebte VTuberin mit 800.000 Abonnenten, will aufhören.
Jormun Himeuo
Jormun Himeuo, VTuberin der virtuellen Live-Streaming-Gruppe »Prism«, gibt bekannt, dass sie ihre Karriere beenden und sich zurückziehen will.
... will aufhören?
KLACK

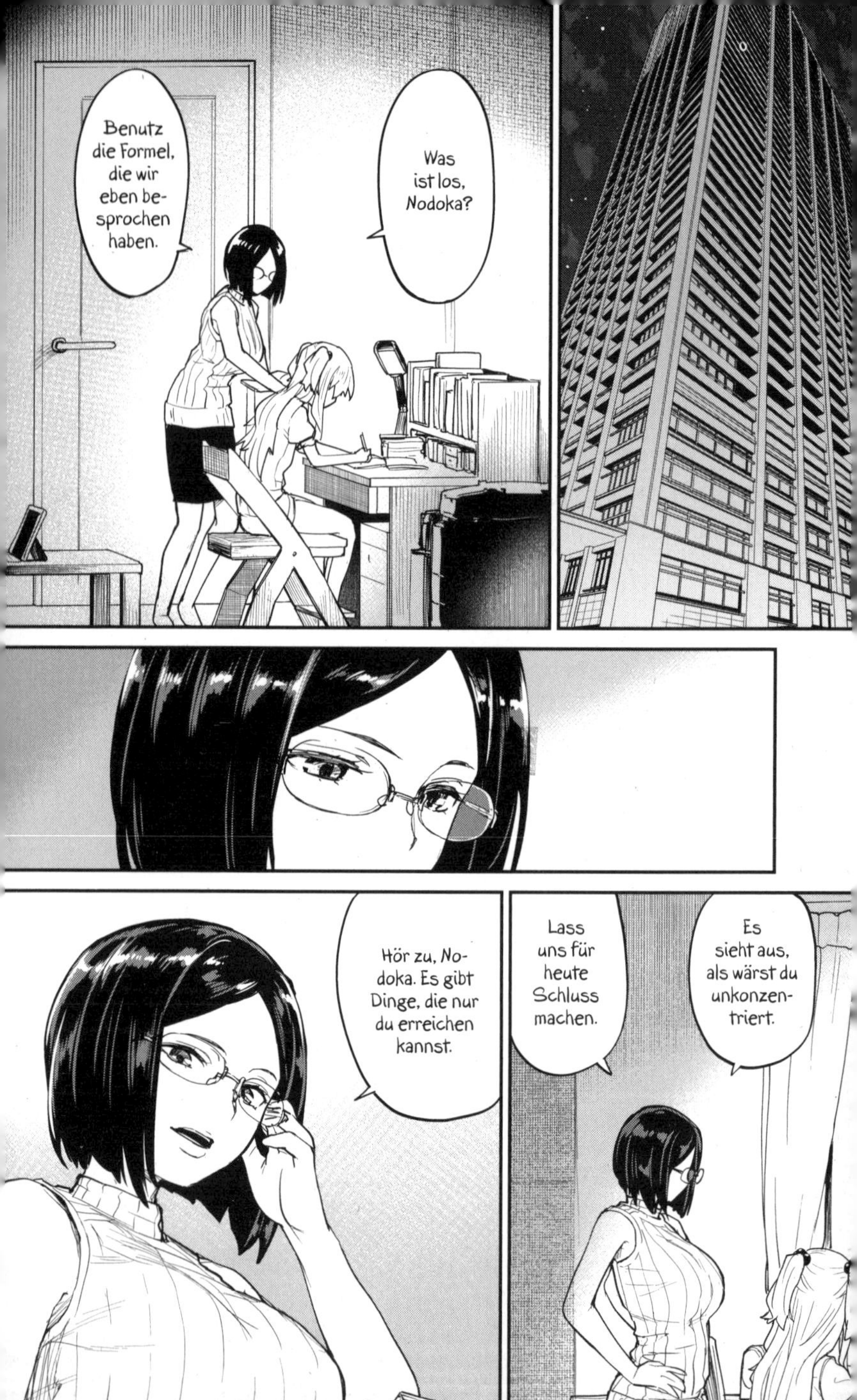
Was ist los, Nodoka?
Benutz die Formel, die wir eben besprochen haben.
Es sieht aus, als wärst du unkonzentriert.
Lass uns für heute Schluss machen.
Hör zu, Nodoka. Es gibt Dinge, die nur du erreichen kannst.

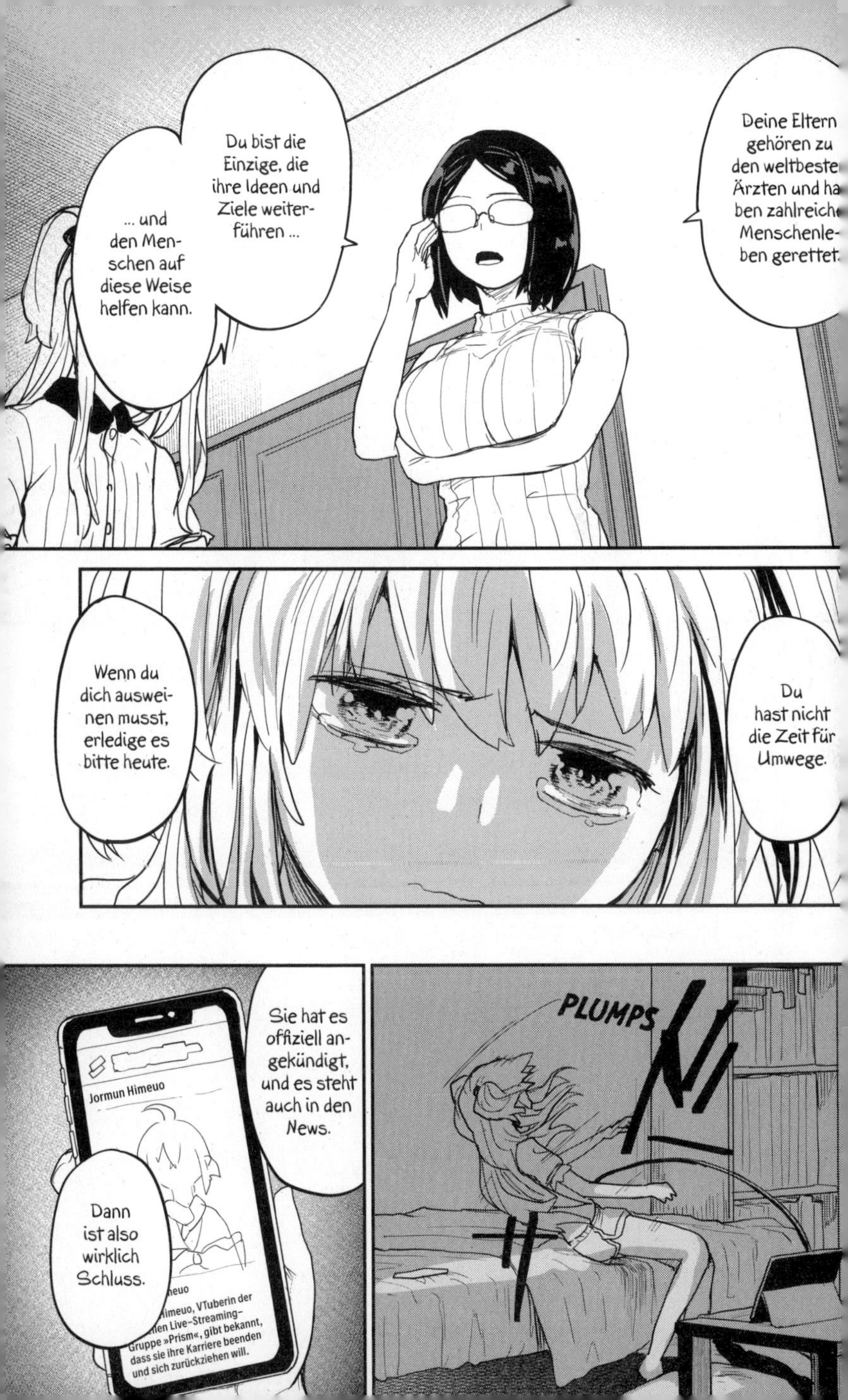

Deine Eltern gehören zu den weltbeste Ärzten und haben zahlreich Menschenleben gerettet.

Du bist die Einzige, die ihre Ideen und Ziele weiterführen ...

... und den Menschen auf diese Weise helfen kann.

Du hast nicht die Zeit für Umwege.

Wenn du dich ausweinen musst, erledige es bitte heute.

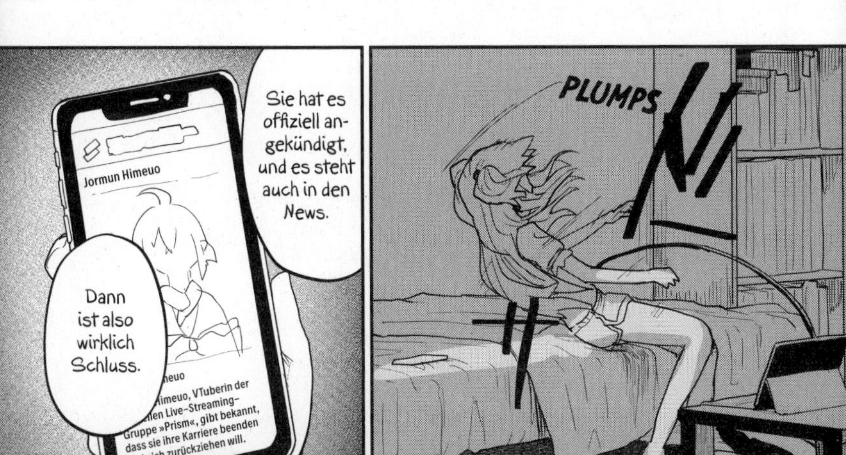

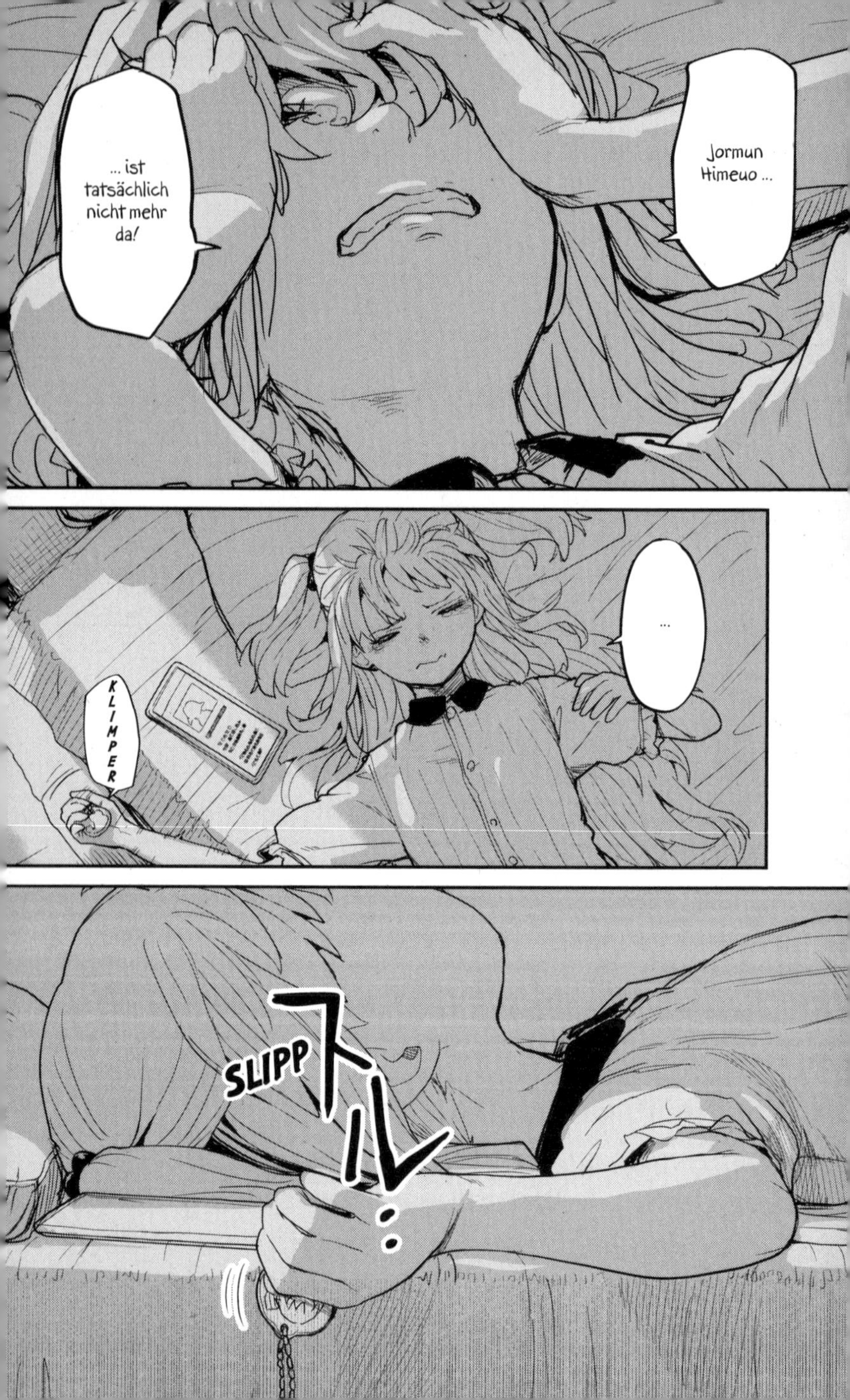
Jormun Himeuo ...
... ist tatsächlich nicht mehr da!
...
KLIMPER
SLIPP

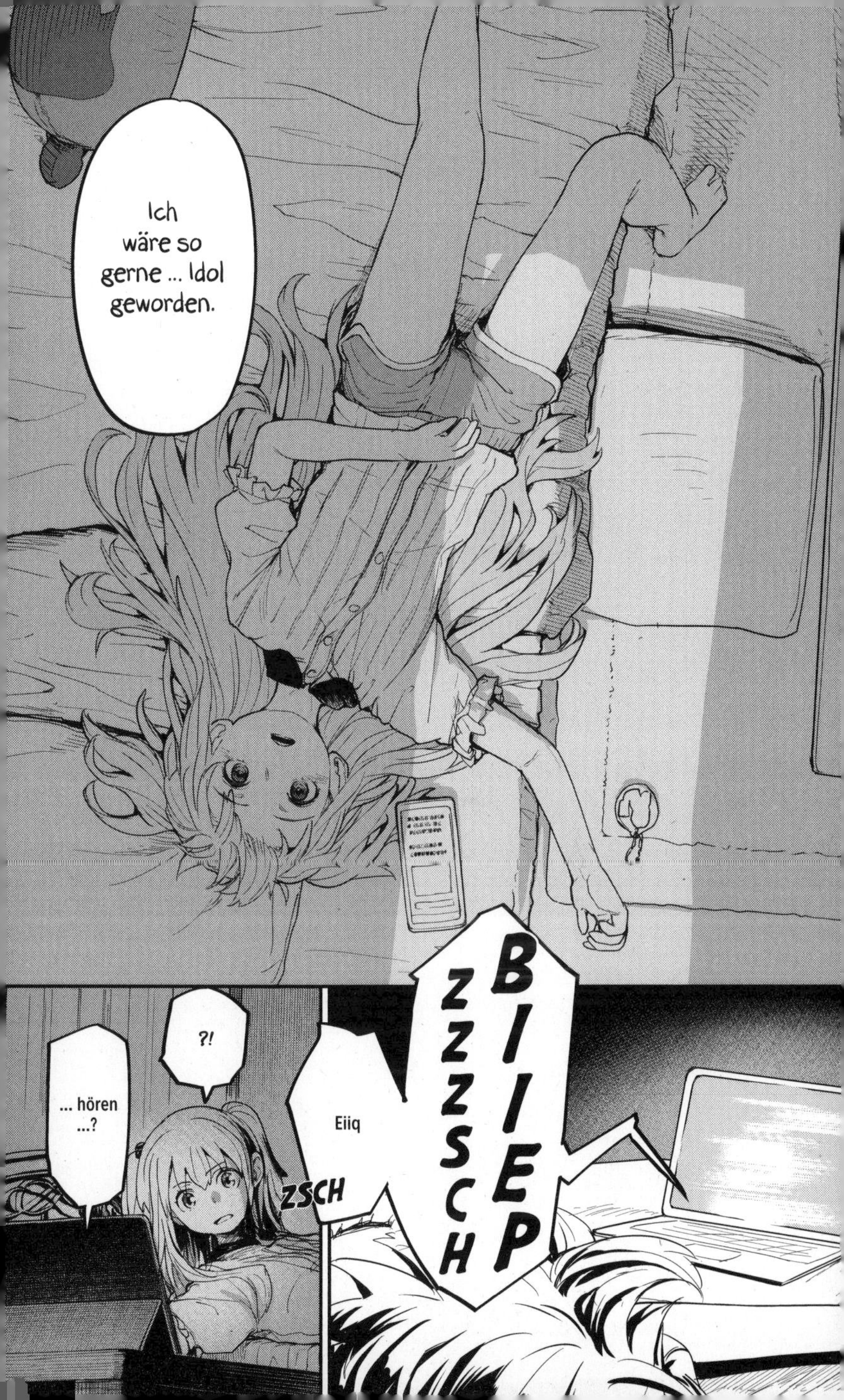
Ich wäre so gerne ... Idol geworden.
BIIEP
ZZZSCH
Eiiq
ZSCH
?!
... hören ...?

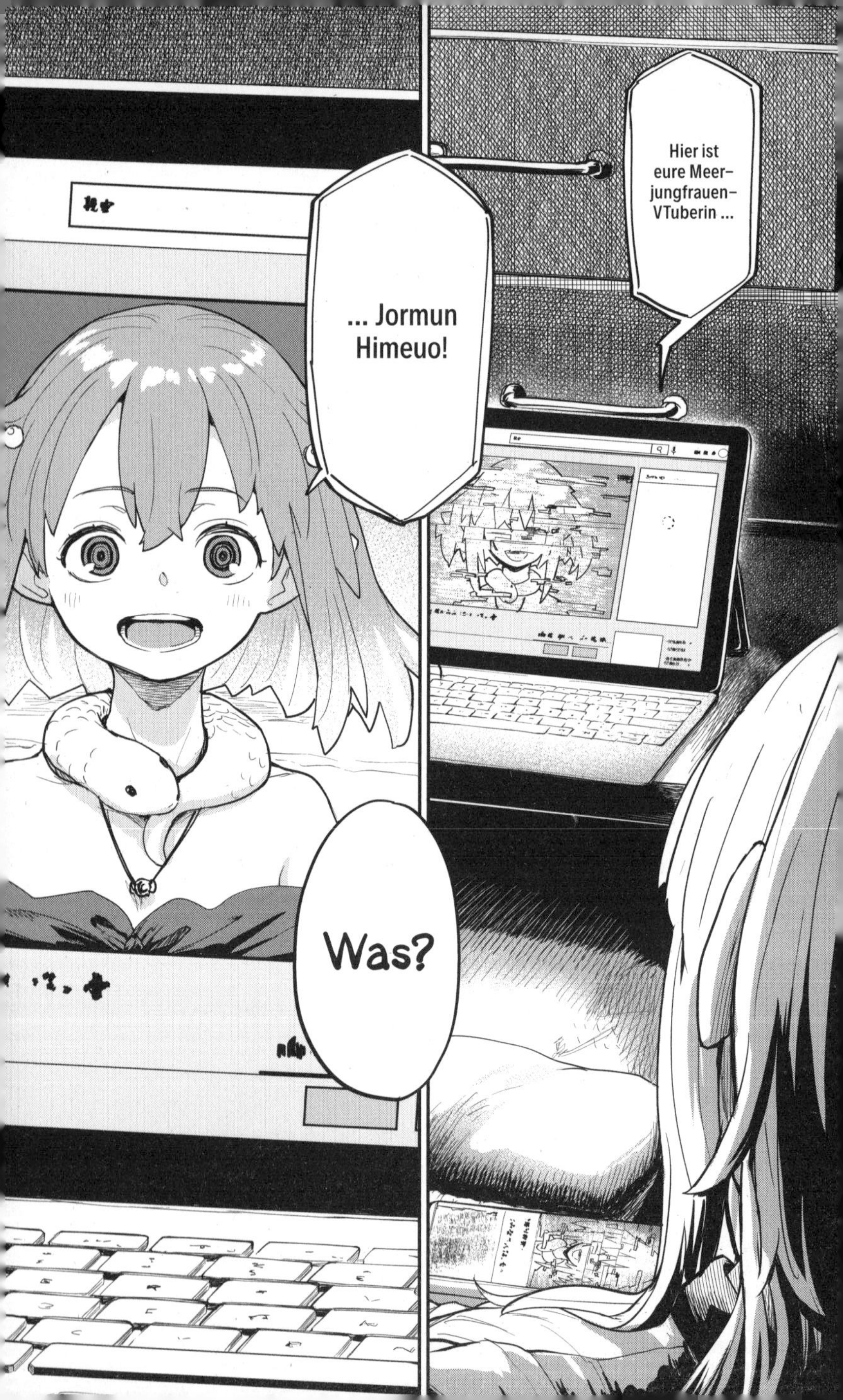

Hier ist eure Meer-jungfrauen-VTuberin ...
... Jormun Himeuo!
Was?

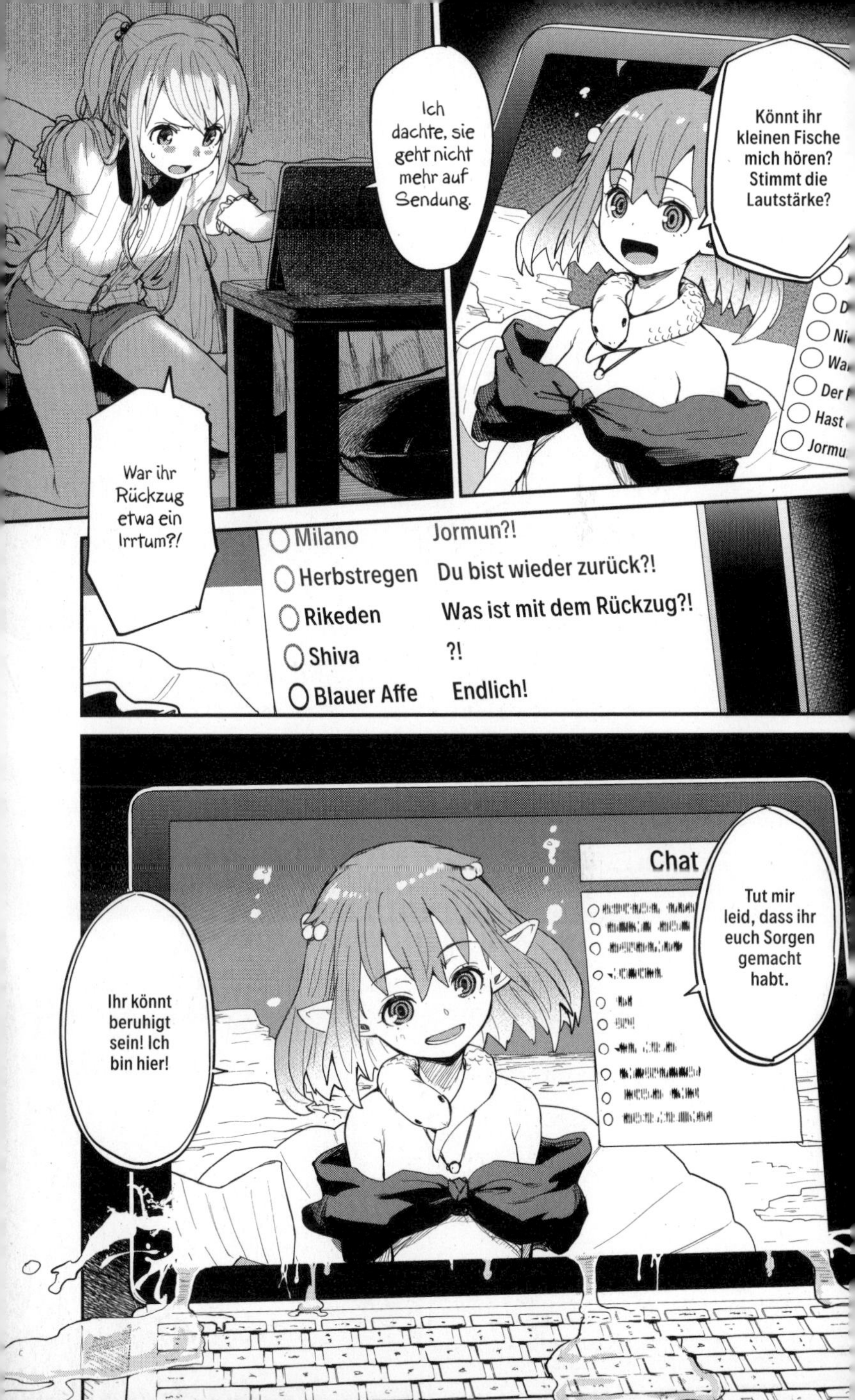
Könnt ihr kleinen Fische mich hören? Stimmt die Lautstärke?
Ich dachte, sie geht nicht mehr auf Sendung.
War ihr Rückzug etwa ein Irrtum?!
Milano Jormun?!
Herbstregen Du bist wieder zurück?!
Rikeden Was ist mit dem Rückzug?!
Shiva ?!
Blauer Affe Endlich!
Chat
Tut mir leid, dass ihr euch Sorgen gemacht habt.
Ihr könnt beruhigt sein! Ich bin hier!

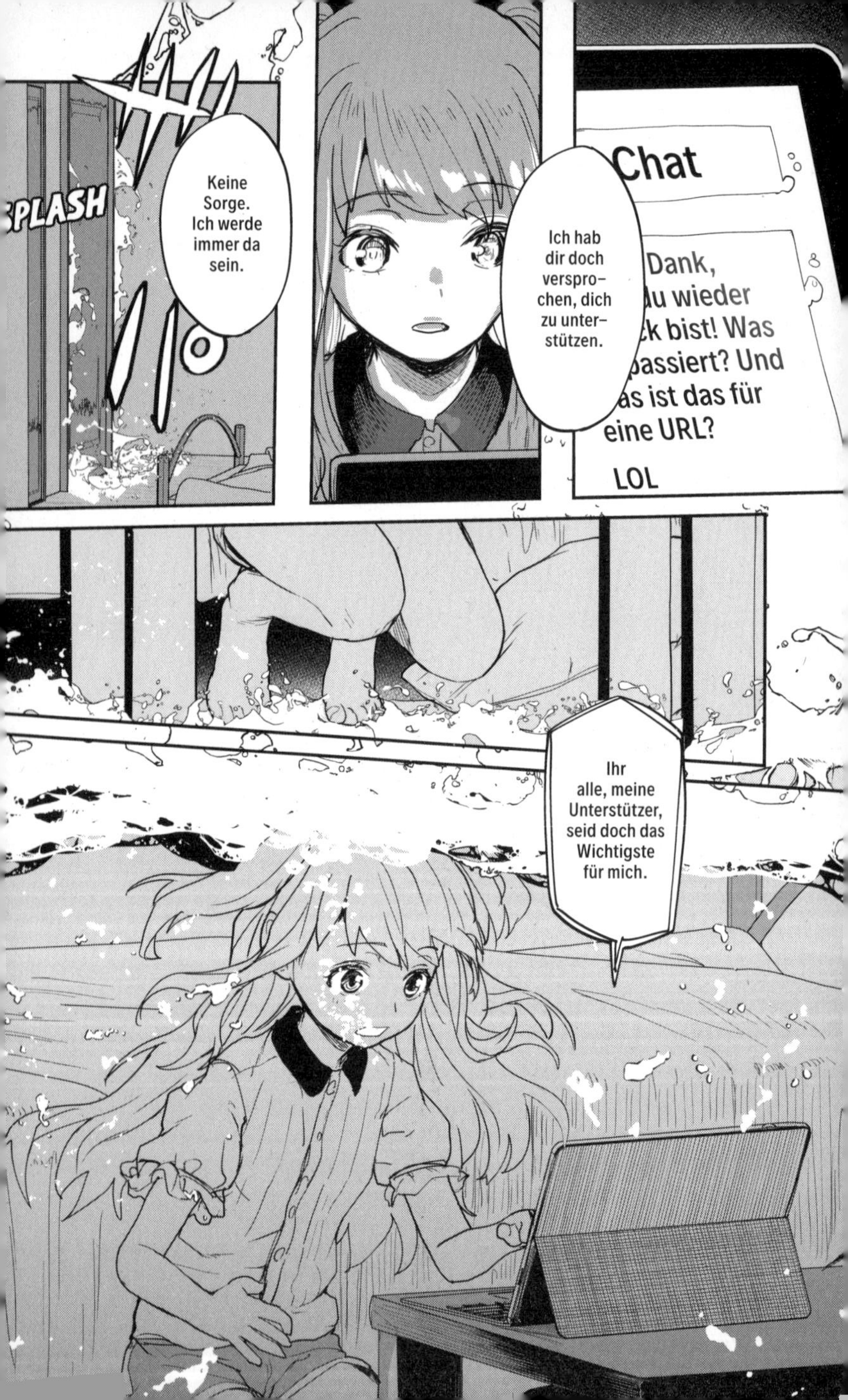
Chat
Dank,
du wieder
ck bist! Was
passiert? Und
as ist das für
eine URL?
LOL
Ich hab dir doch versprochen, dich zu unterstützen.
Keine Sorge. Ich werde immer da sein.
SPLASH
Ihr alle, meine Unterstützer, seid doch das Wichtigste für mich.

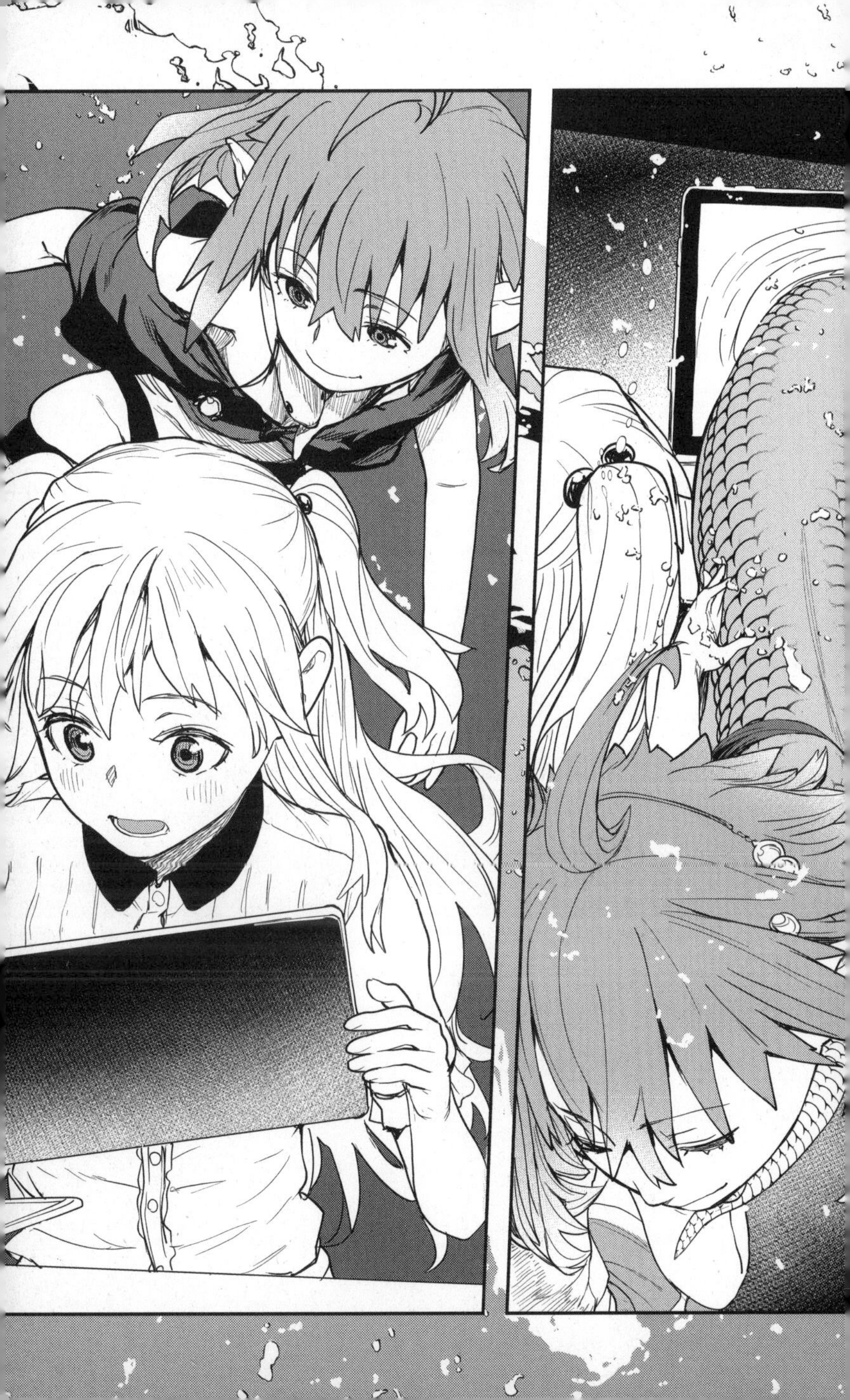

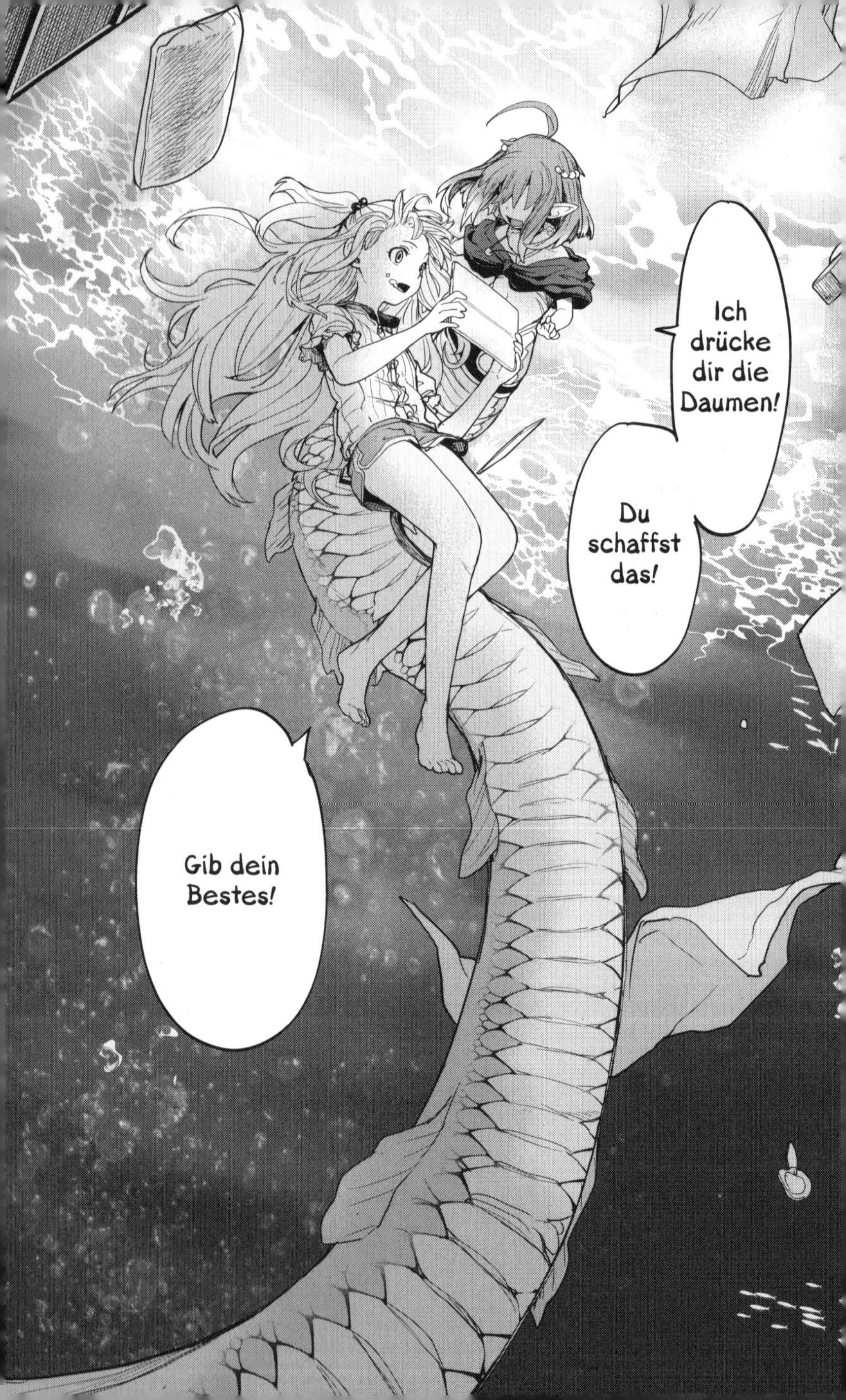
Ich drücke dir die Daumen!
Du schaffst das!
Gib dein Bestes!

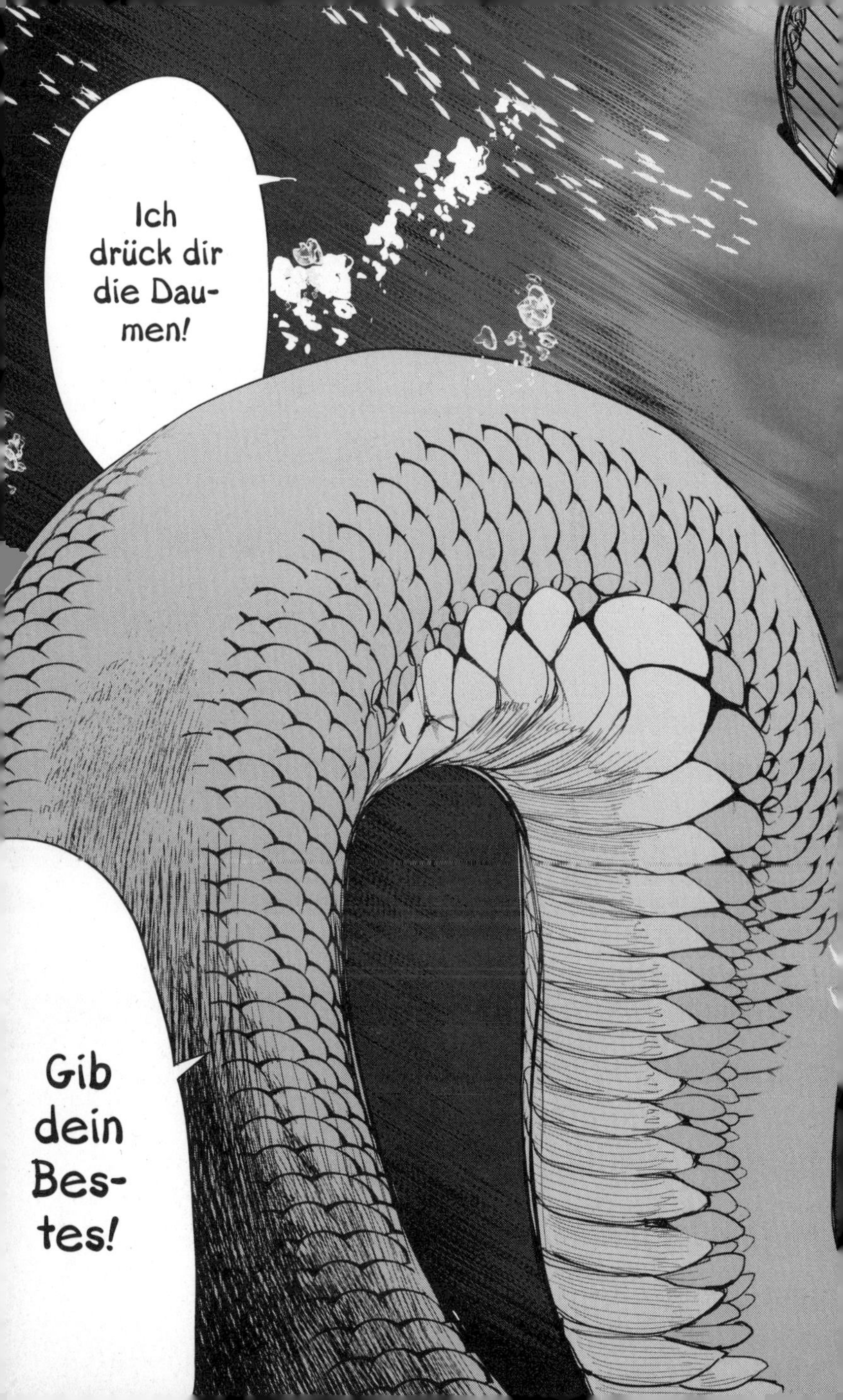
Ich drück dir die Daumen!
Gib dein Bestes!

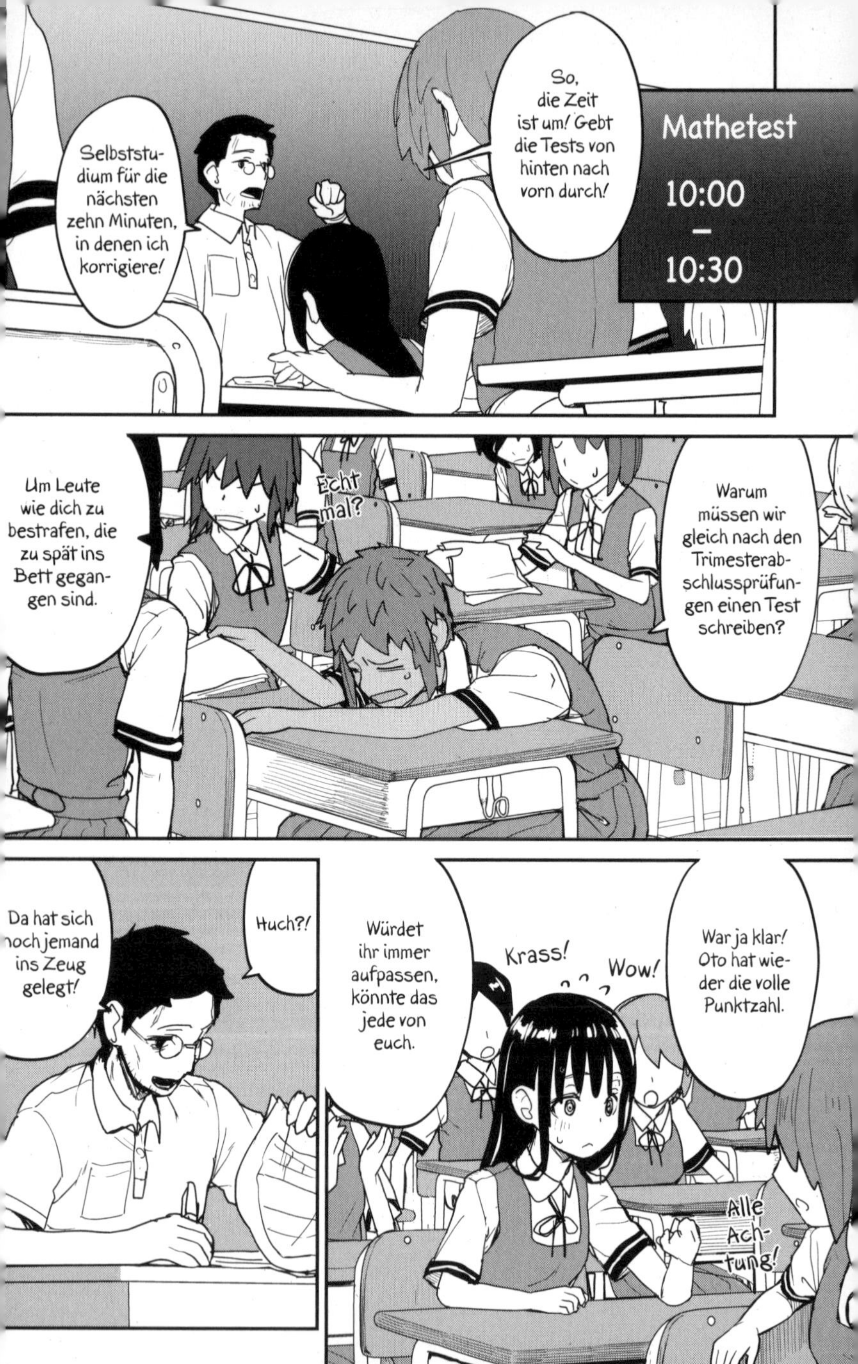
Mathetest
10:00
–
10:30
So, die Zeit ist um! Gebt die Tests von hinten nach vorn durch!
Selbststudium für die nächsten zehn Minuten, in denen ich korrigiere!
Warum müssen wir gleich nach den Trimesterabschlussprüfungen einen Test schreiben?
Echt mal?
Um Leute wie dich zu bestrafen, die zu spät ins Bett gegangen sind.
War ja klar! Oto hat wieder die volle Punktzahl.
Wow!
Krass!
Alle Achtung!
Würdet ihr immer aufpassen, könnte das jede von euch.
Huch?!
Da hat sich noch jemand ins Zeug gelegt!

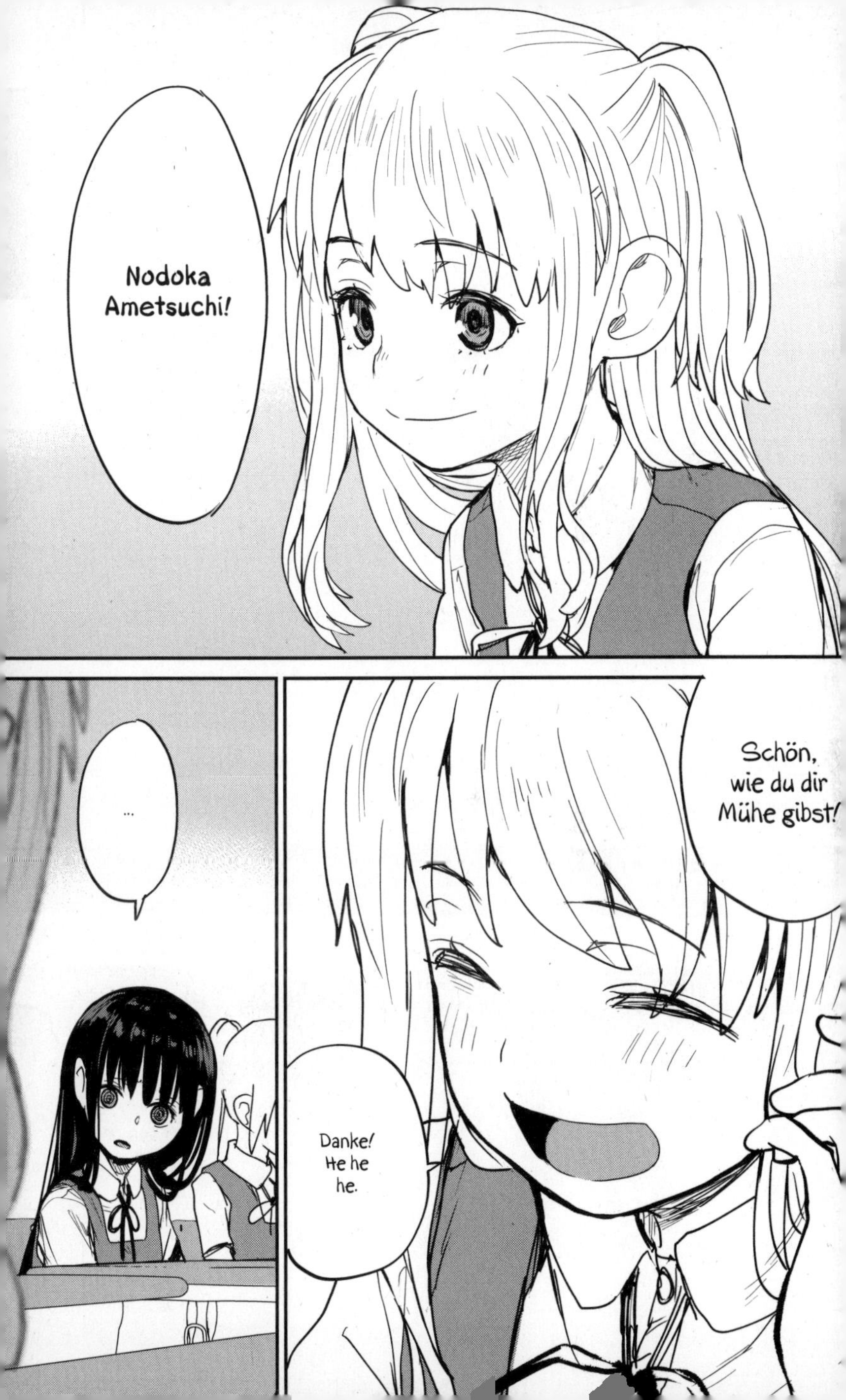

Nodoka Ametsuchi!
Schön, wie du dir Mühe gibst!
Danke! He he he.
...

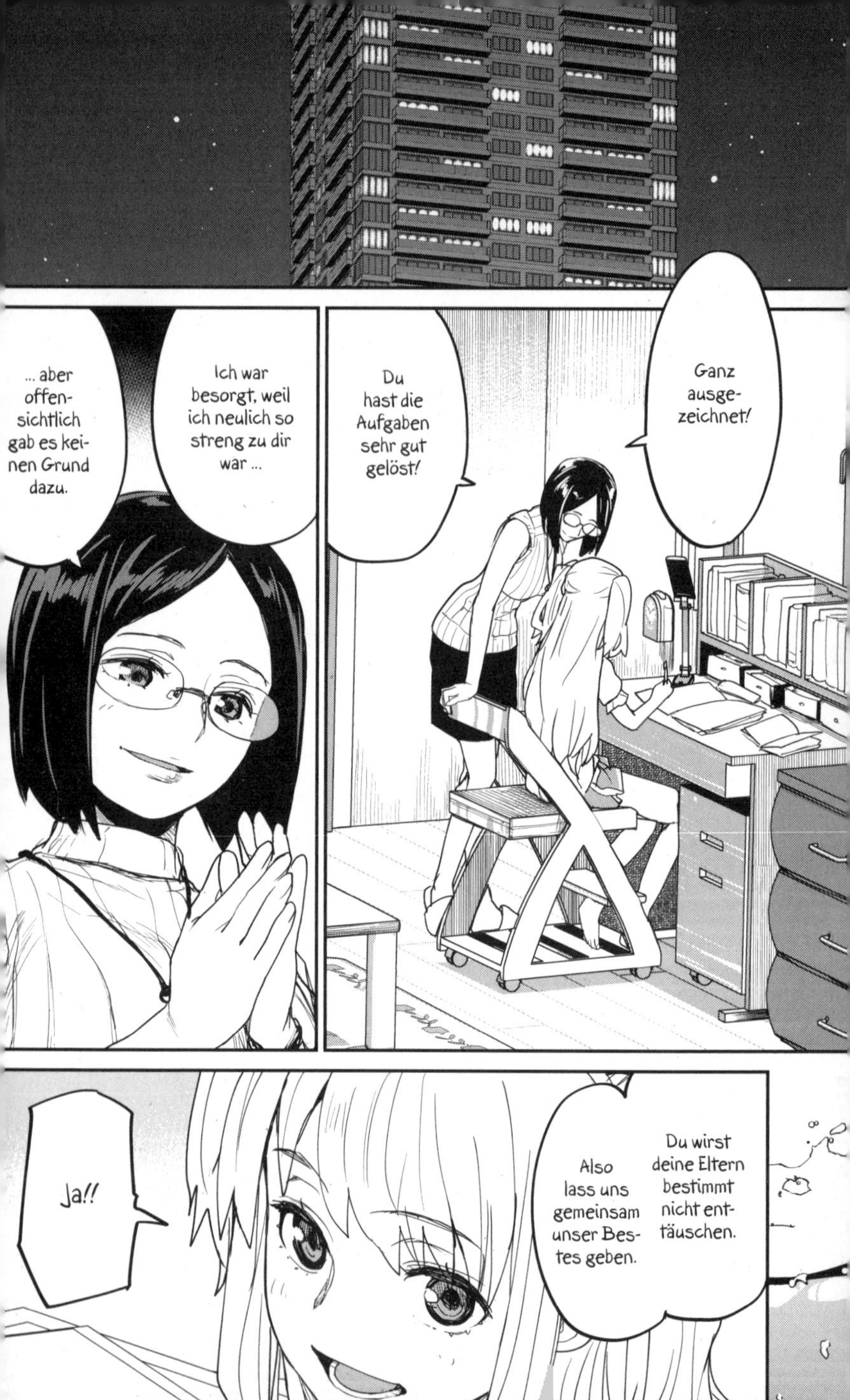
Ganz ausgezeichnet!
Du hast die Aufgaben sehr gut gelöst!
Ich war besorgt, weil ich neulich so streng zu dir war ...
... aber offensichtlich gab es keinen Grund dazu.
Du wirst deine Eltern bestimmt nicht enttäuschen.
Also lass uns gemeinsam unser Bestes geben.
Ja!!

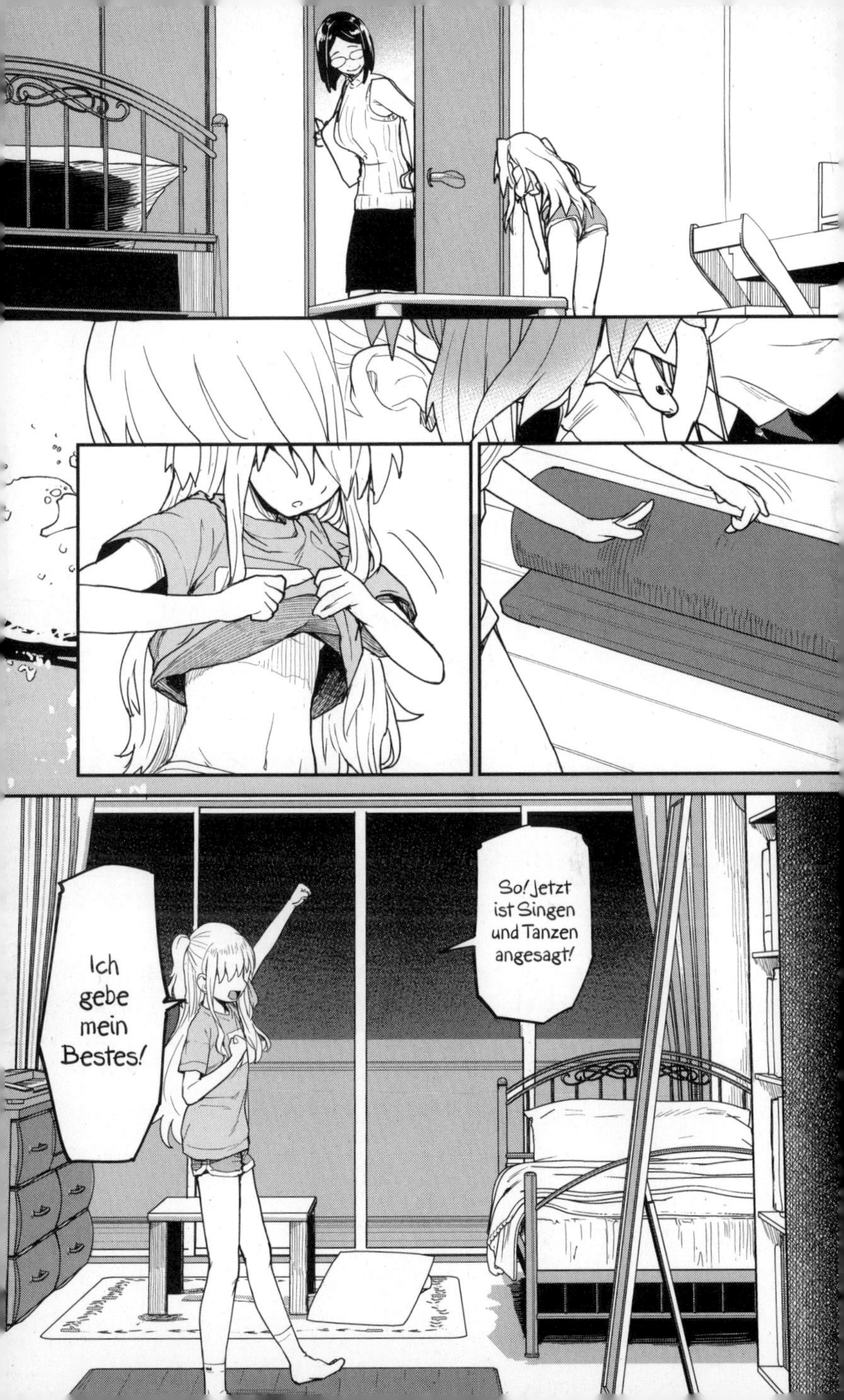
So! Jetzt ist Singen und Tanzen angesagt!
Ich gebe mein Bestes!

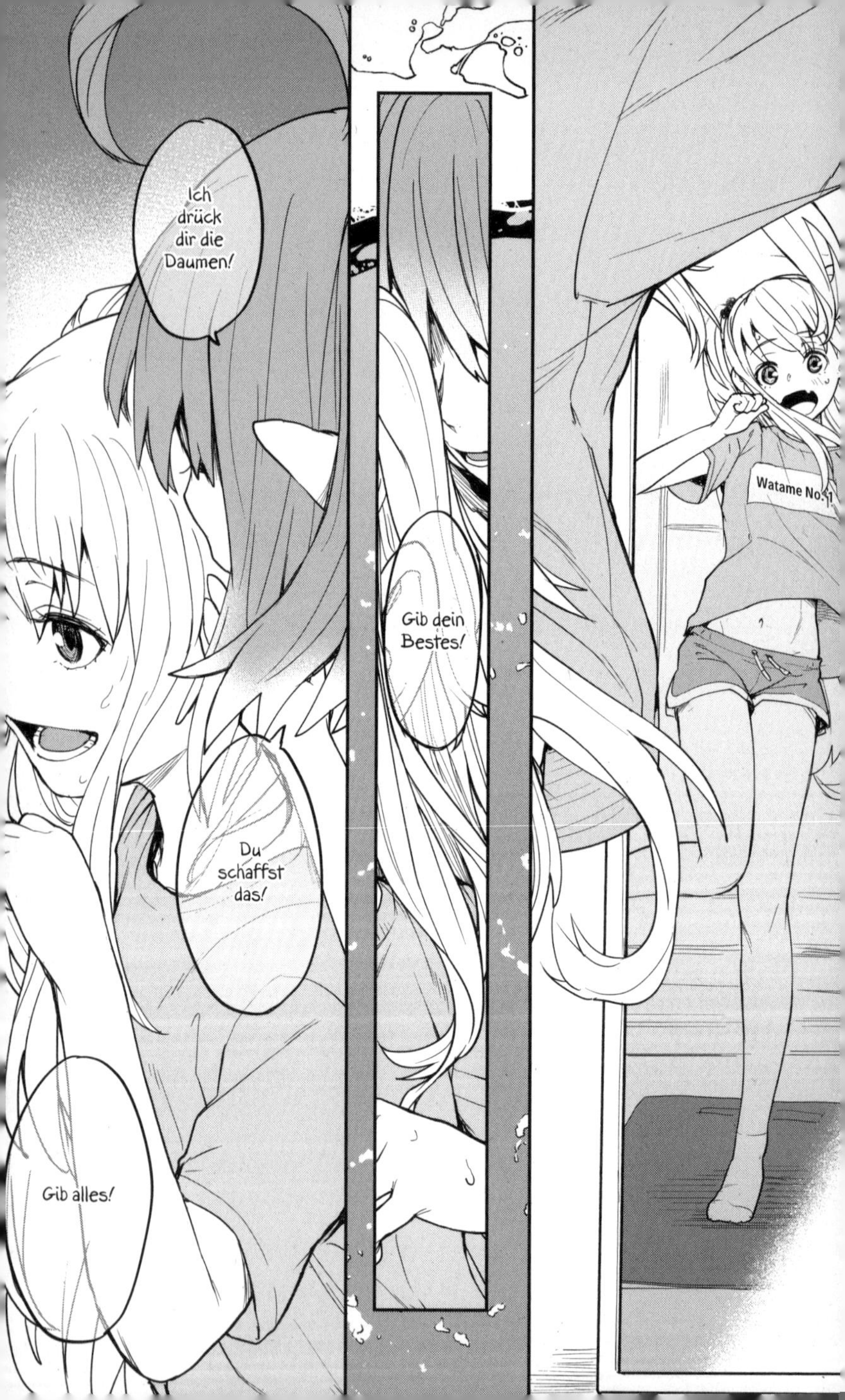
Watame No. 1
Ich drück dir die Daumen!
Gib dein Bestes!
Du schaffst das!
Gib alles!

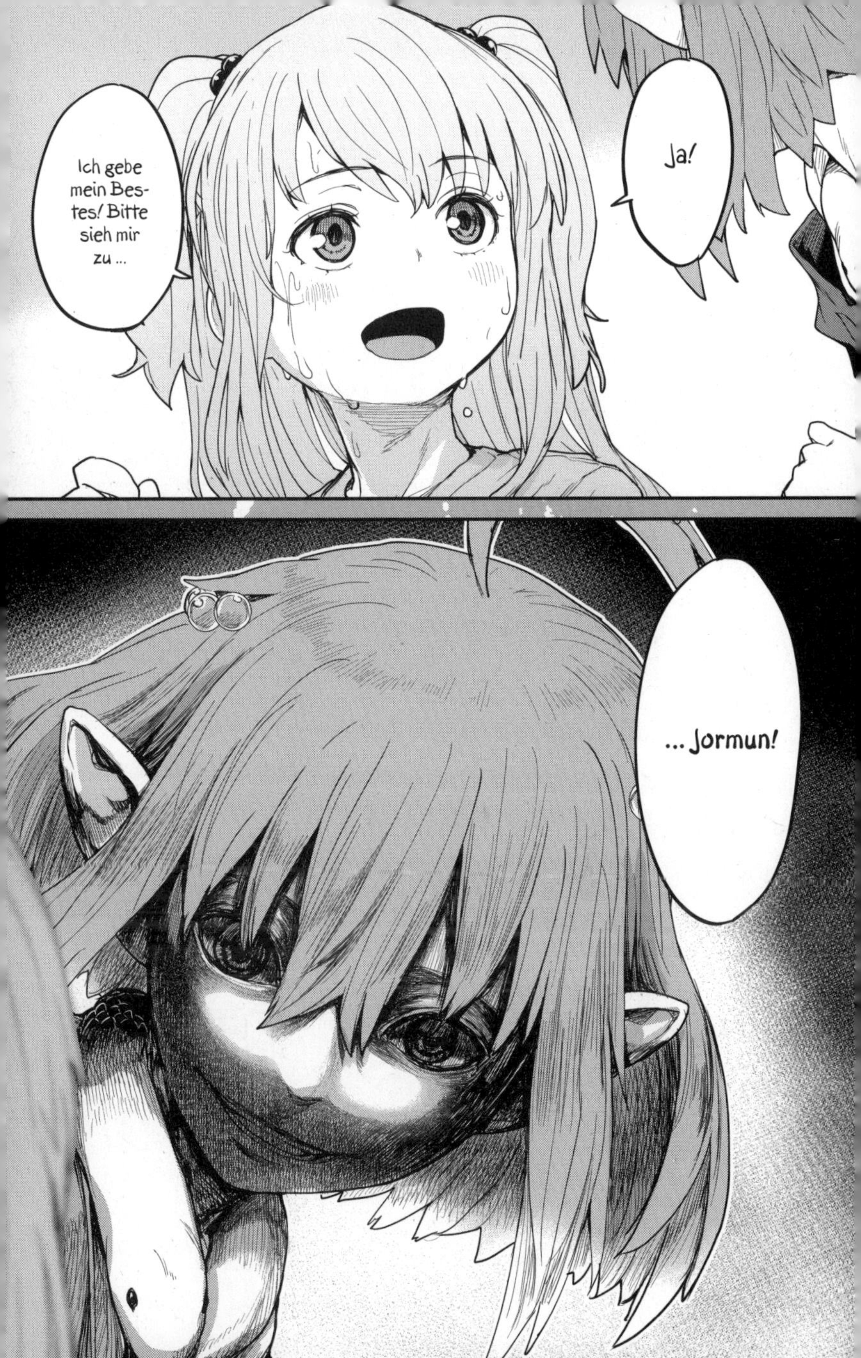
Ja!
Ich gebe mein Bestes! Bitte sieh mir zu ...
... Jormun!

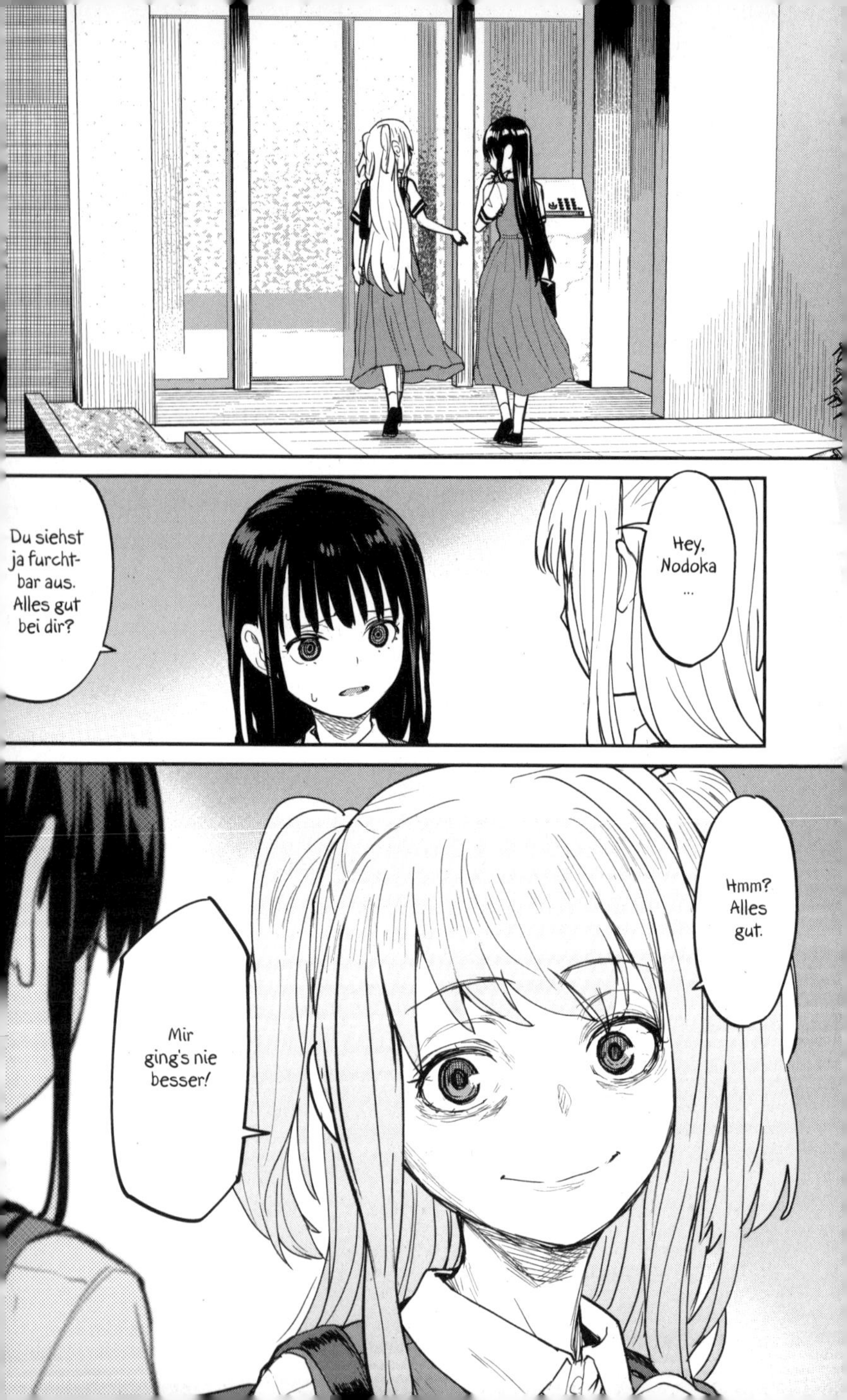

Hey, Nodoka ...

Du siehst ja furchtbar aus. Alles gut bei dir?

Hmm? Alles gut.

Mir ging's nie besser!

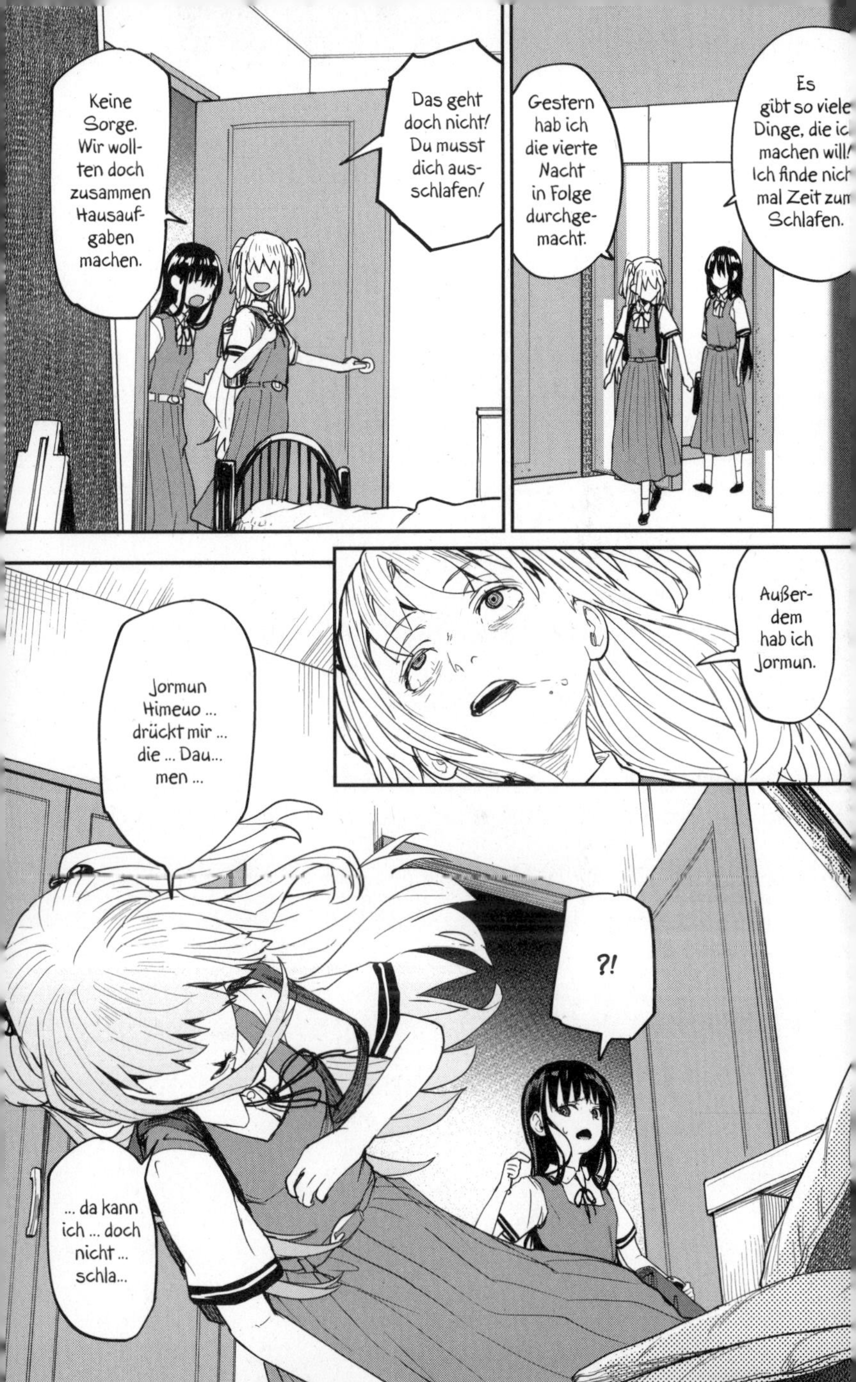
Keine Sorge. Wir wollten doch zusammen Hausaufgaben machen.
Das geht doch nicht! Du musst dich ausschlafen!
Es gibt so viele Dinge, die ic machen will! Ich finde nich mal Zeit zum Schlafen.
Gestern hab ich die vierte Nacht in Folge durchgemacht.
Außerdem hab ich Jormun.
Jormun Himeuo ... drückt mir ... die ... Dau... men ...
?!
... da kann ich ... doch nicht ... schla...

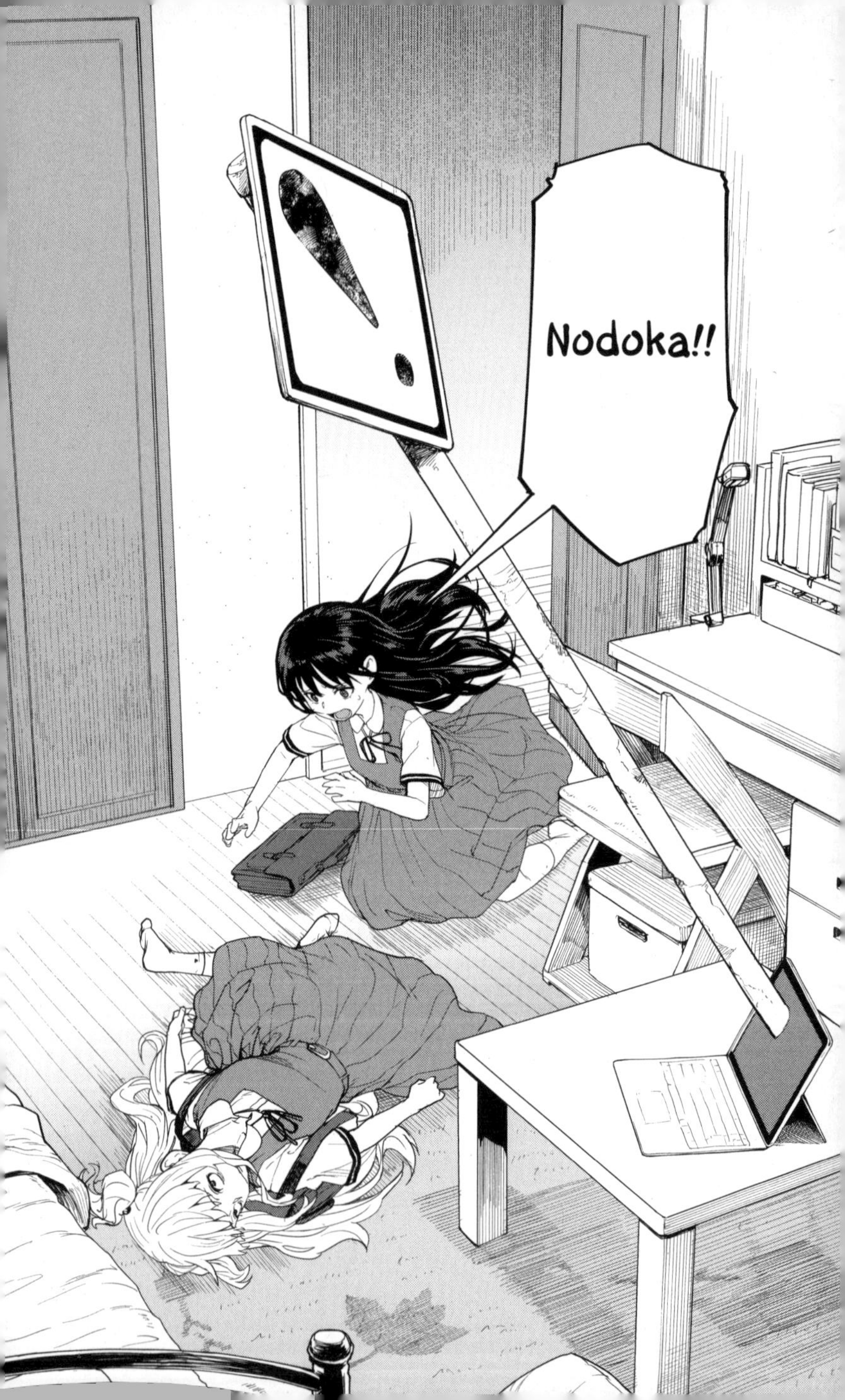
Nodoka!!

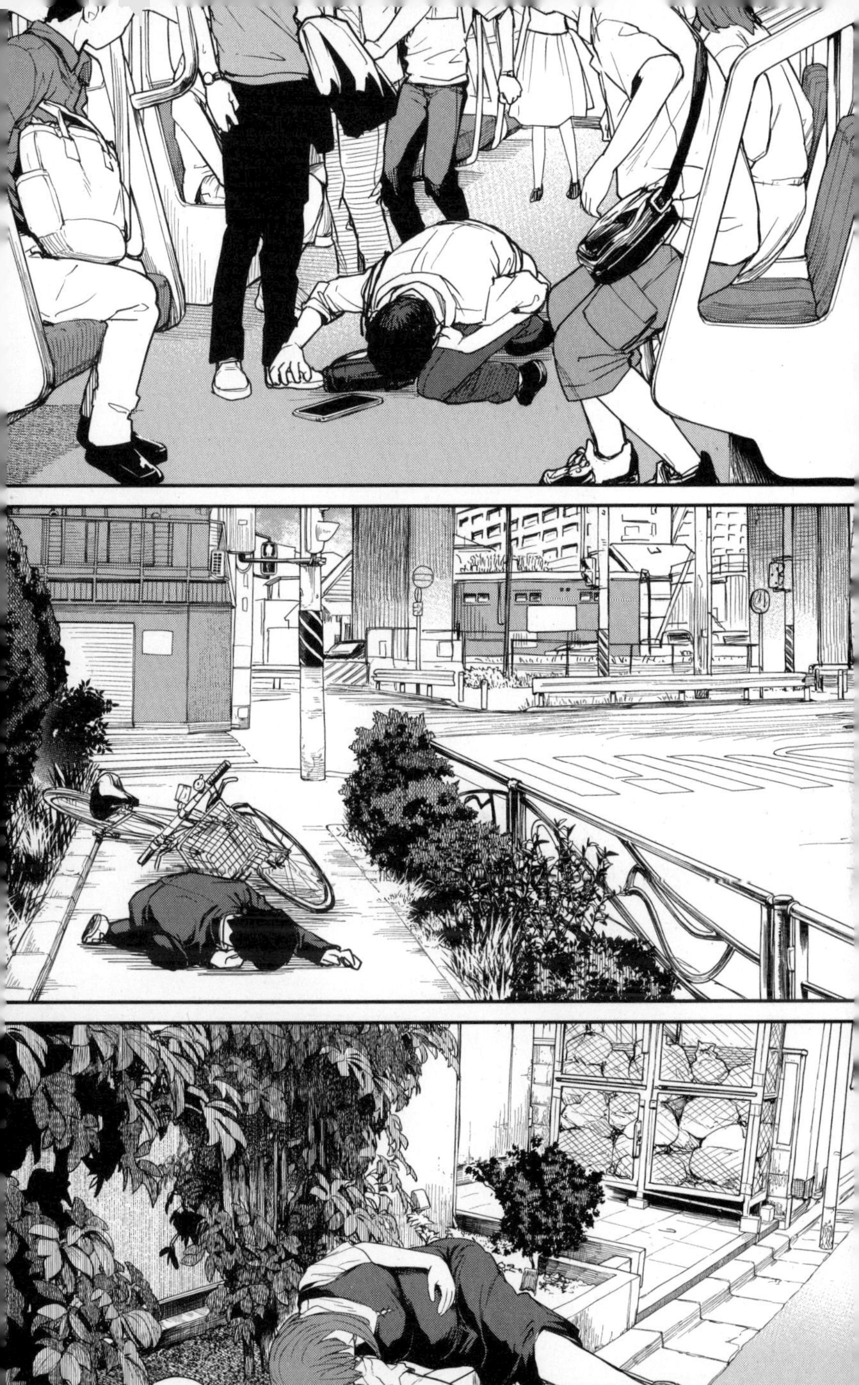

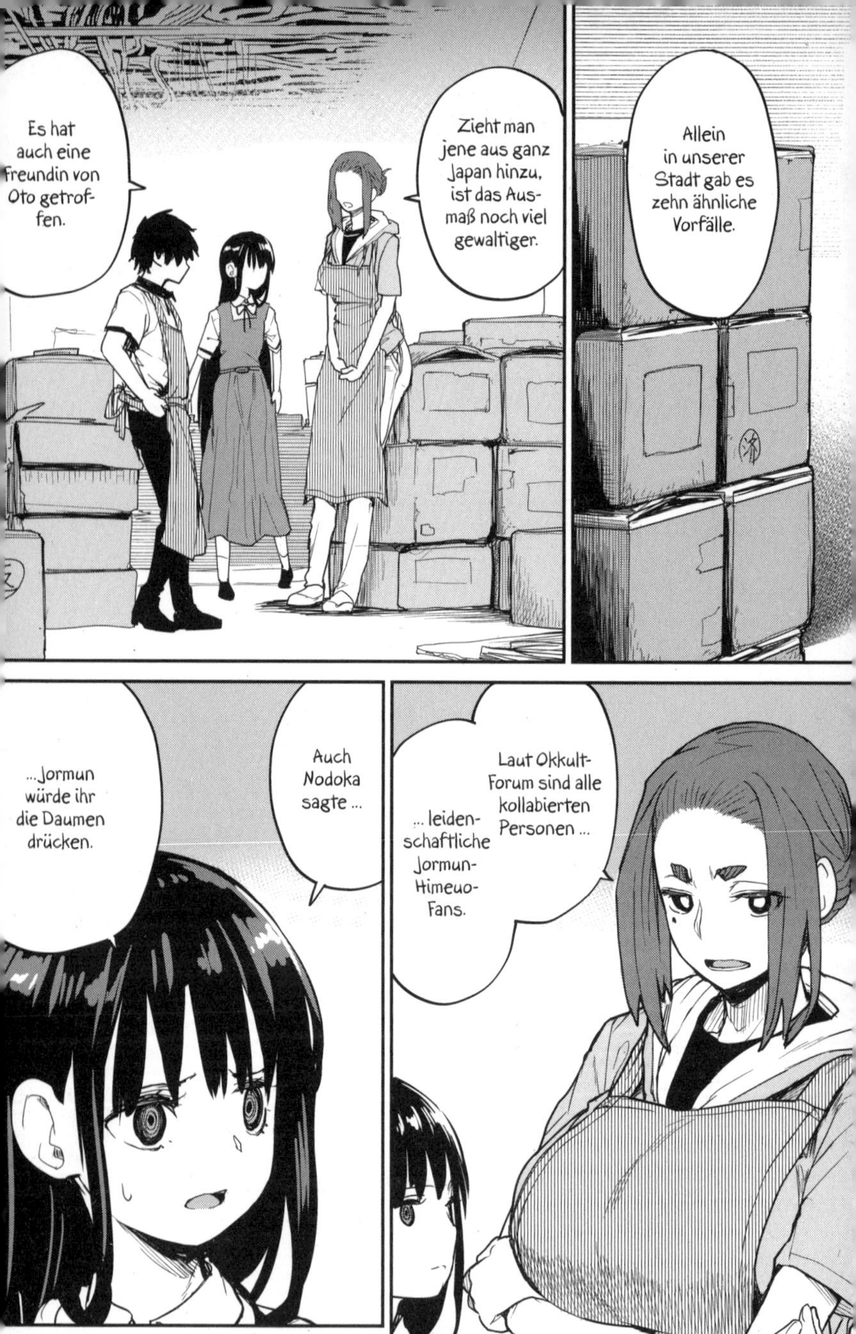

Allein in unserer Stadt gab es zehn ähnliche Vorfälle.
Zieht man jene aus ganz Japan hinzu, ist das Ausmaß noch viel gewaltiger.
Es hat auch eine Freundin von Oto getroffen.
Laut Okkult-Forum sind alle kollabierten Personen ...
... leidenschaftliche Jormun-Himeuo-Fans.
Auch Nodoka sagte ...
...Jormun würde ihr die Daumen drücken.

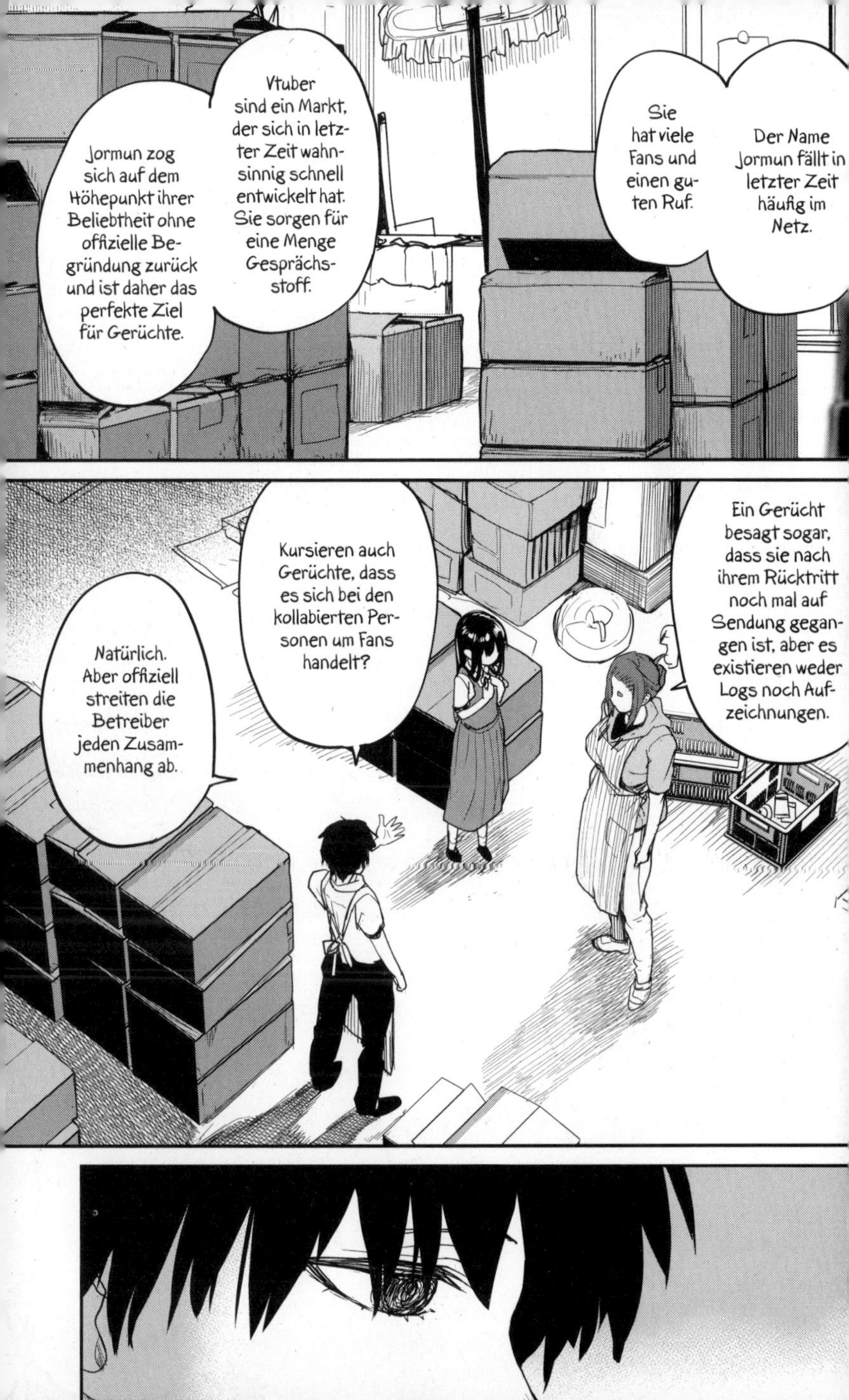
Der Name Jormun fällt in letzter Zeit häufig im Netz.
Sie hat viele Fans und einen guten Ruf.
Vtuber sind ein Markt, der sich in letzter Zeit wahnsinnig schnell entwickelt hat. Sie sorgen für eine Menge Gesprächsstoff.
Jormun zog sich auf dem Höhepunkt ihrer Beliebtheit ohne offizielle Begründung zurück und ist daher das perfekte Ziel für Gerüchte.
Ein Gerücht besagt sogar, dass sie nach ihrem Rücktritt noch mal auf Sendung gegangen ist, aber es existieren weder Logs noch Aufzeichnungen.
Kursieren auch Gerüchte, dass es sich bei den kollabierten Personen um Fans handelt?
Natürlich. Aber offiziell streiten die Betreiber jeden Zusammenhang ab.

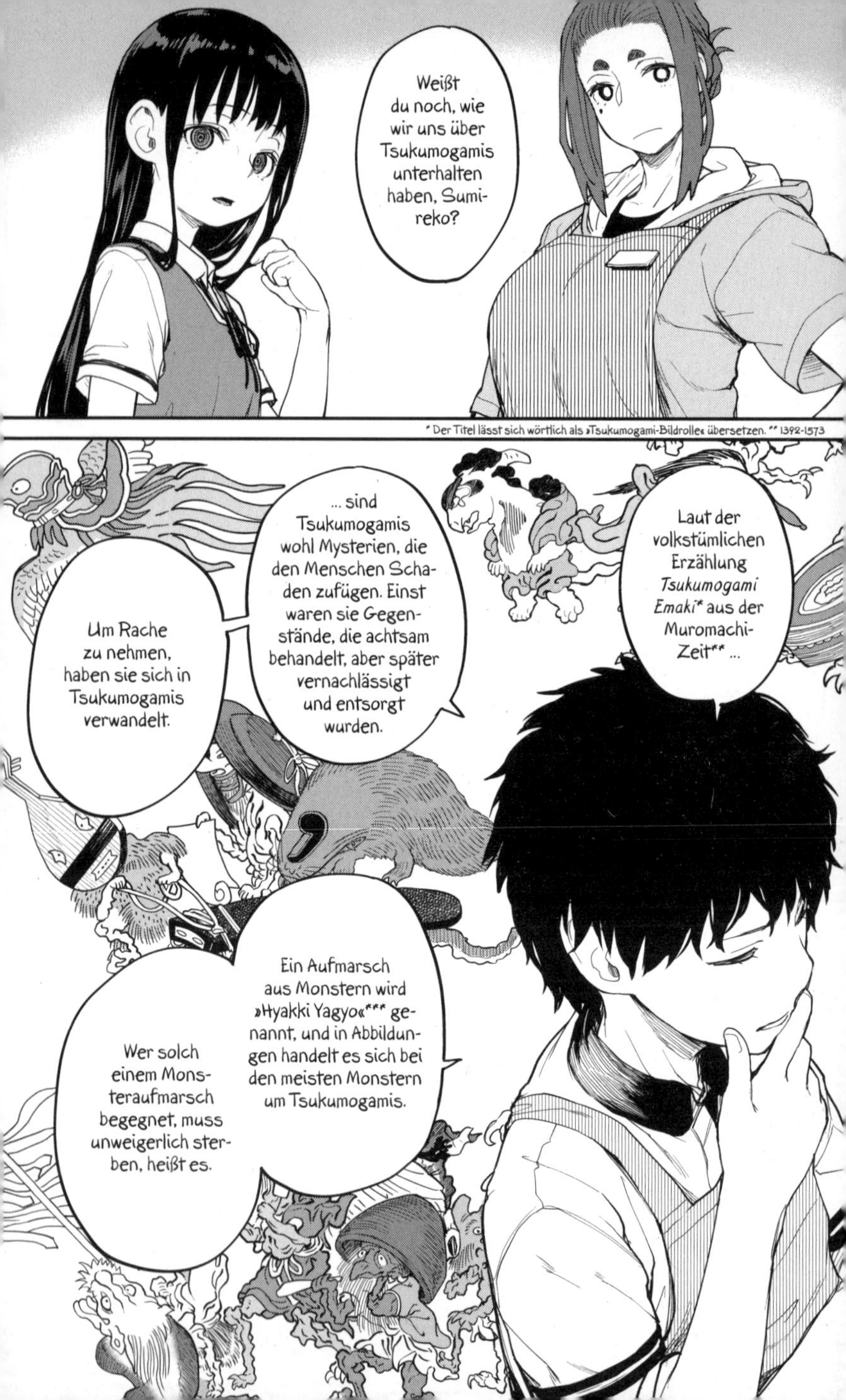

* Der Titel lässt sich wörtlich als »Tsukumogami-Bildrolle« übersetzen. ** 1392-1573

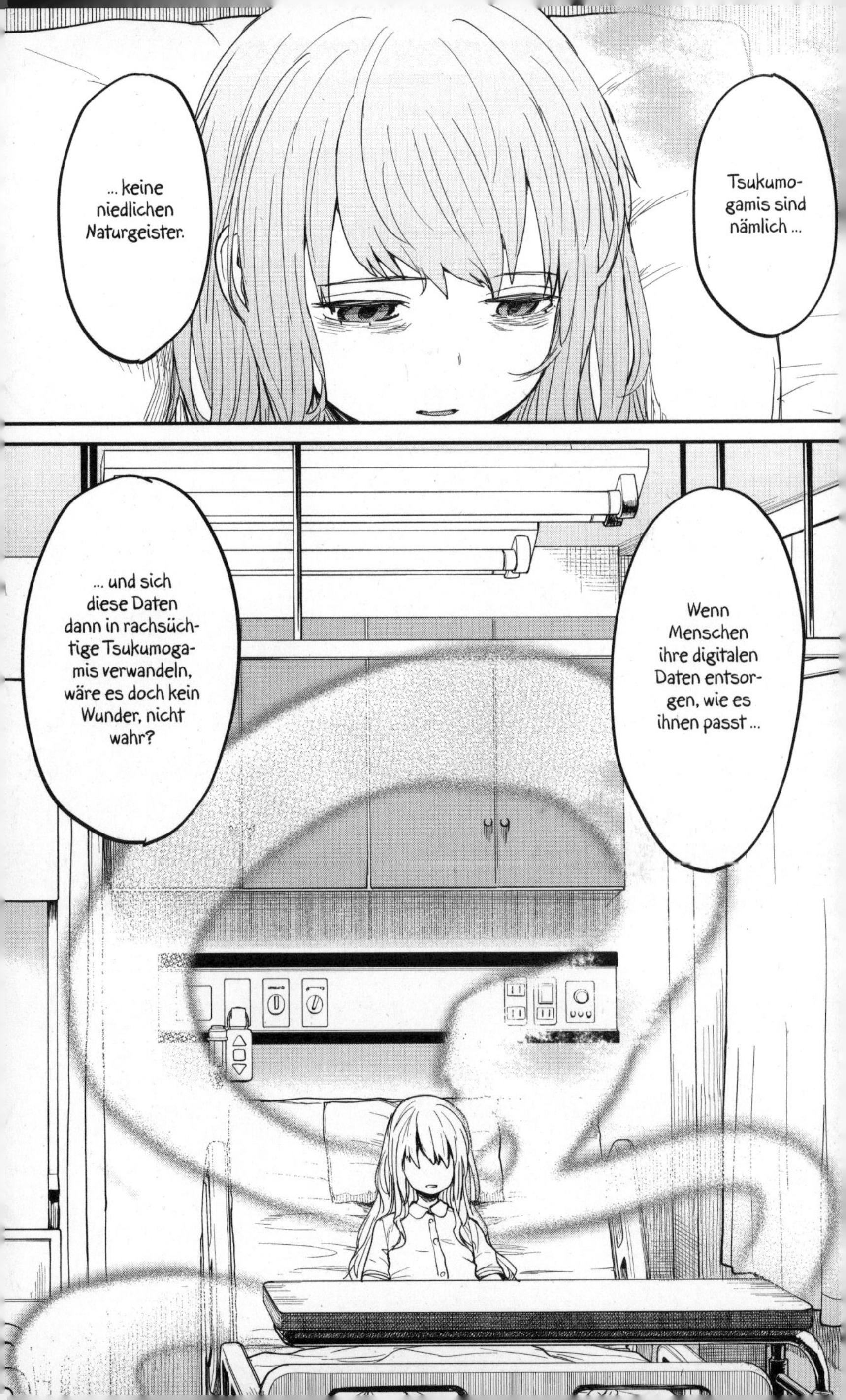
Tsukumogamis sind nämlich ...
... keine niedlichen Naturgeister.
Wenn Menschen ihre digitalen Daten entsorgen, wie es ihnen passt ...
... und sich diese Daten dann in rachsüchtige Tsukumogamis verwandeln, wäre es doch kein Wunder, nicht wahr?

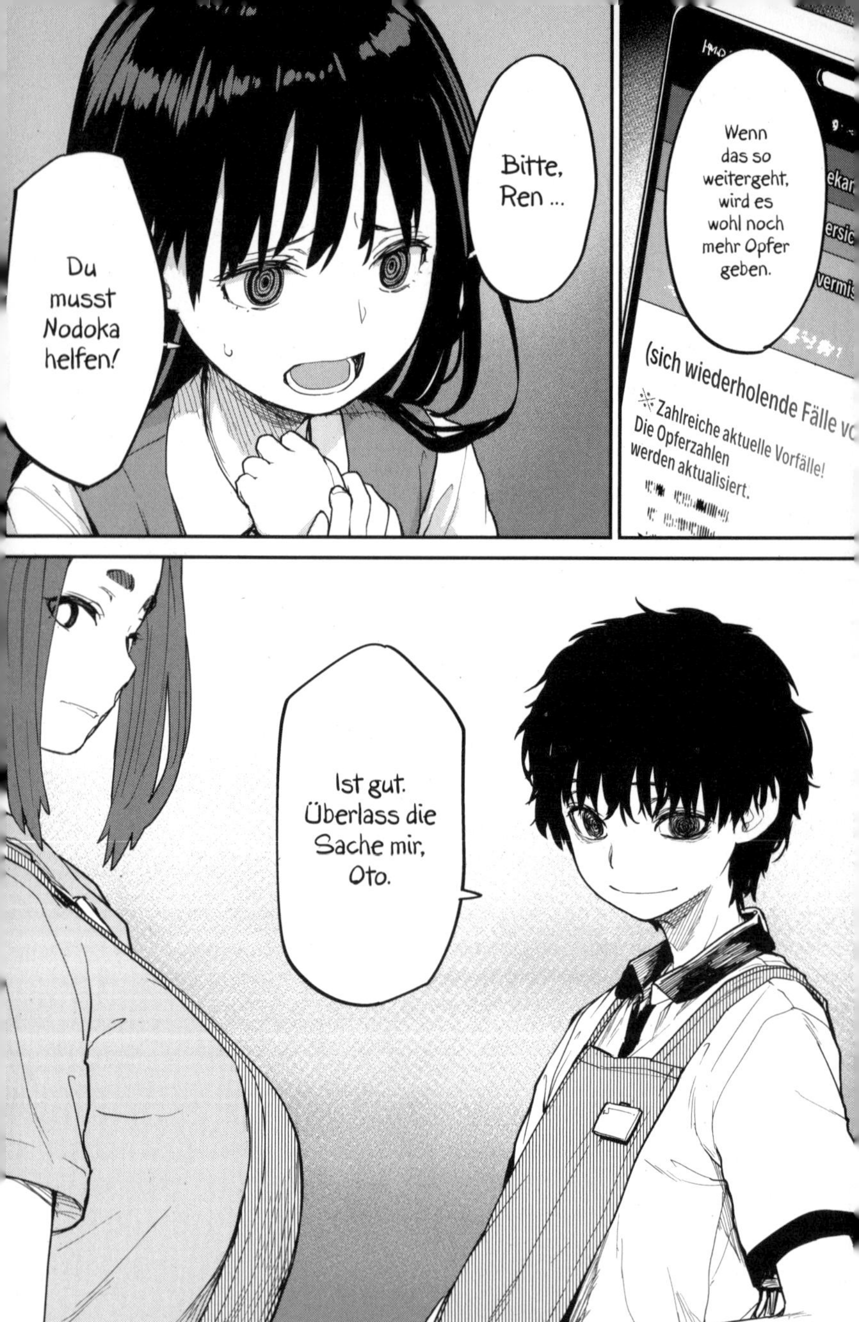
Wenn das so weitergeht, wird es wohl noch mehr Opfer geben.
(sich wiederholende Fälle vo
※Zahlreiche aktuelle Vorfälle! Die Opferzahlen werden aktualisiert.
Bitte, Ren ...
Du musst Nodoka helfen!
Ist gut. Überlass die Sache mir, Oto.

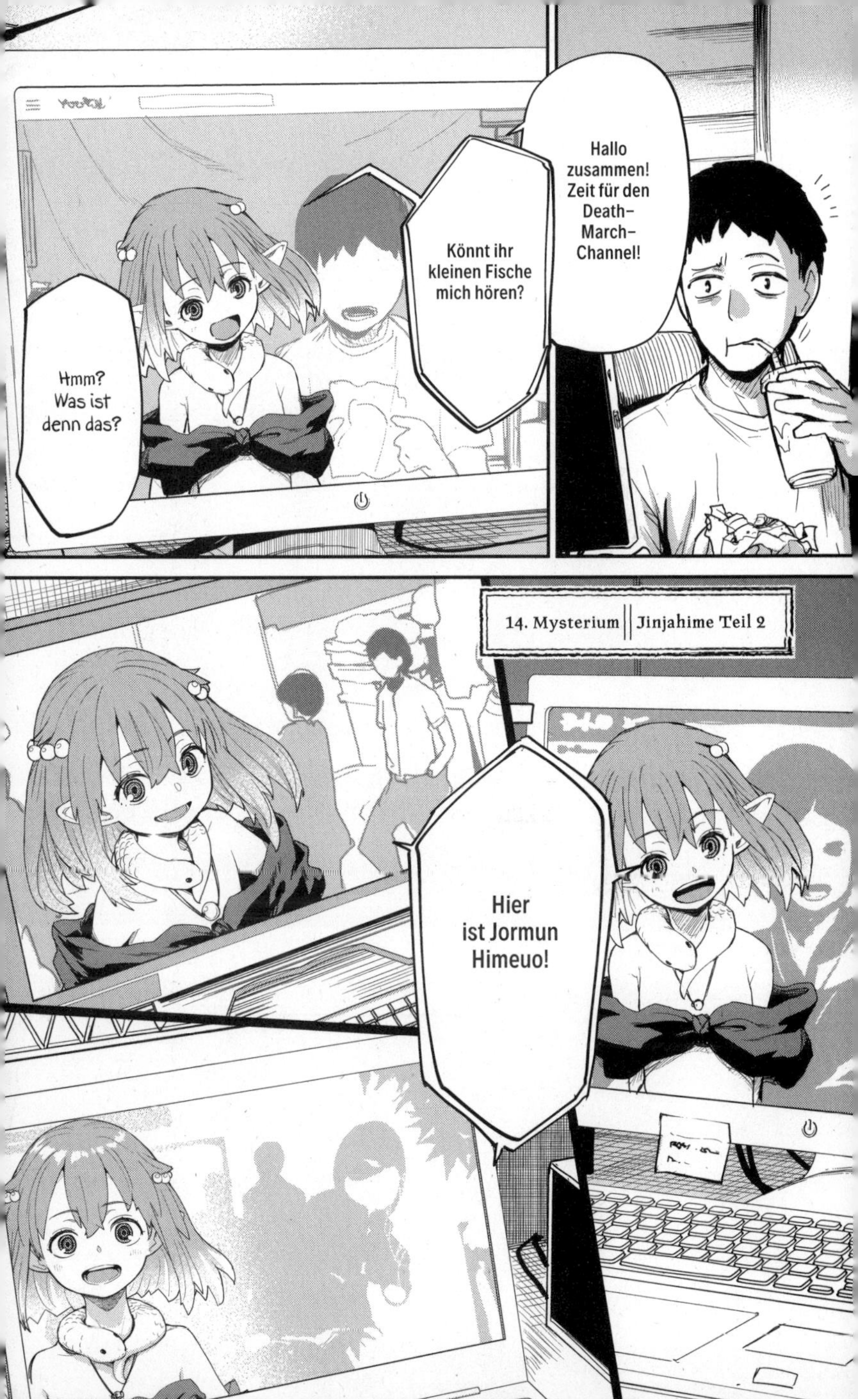
Hallo zusammen! Zeit für den Death-March-Channel!
Könnt ihr kleinen Fische mich hören?
Hmm? Was ist denn das?
14. Mysterium Jinjahime Teil 2
Hier ist Jormun Himeuo!

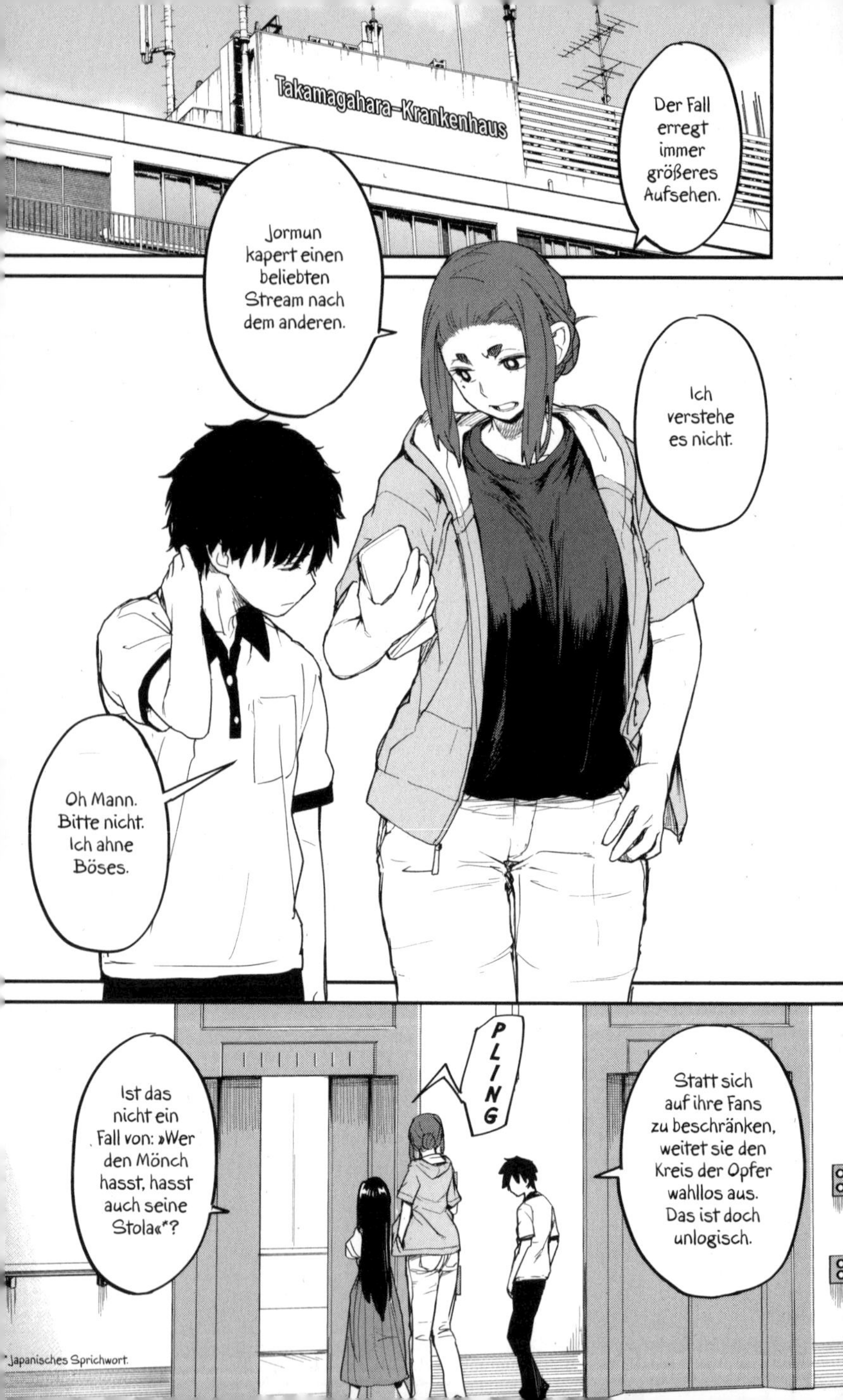

* Japanisches Sprichwort.

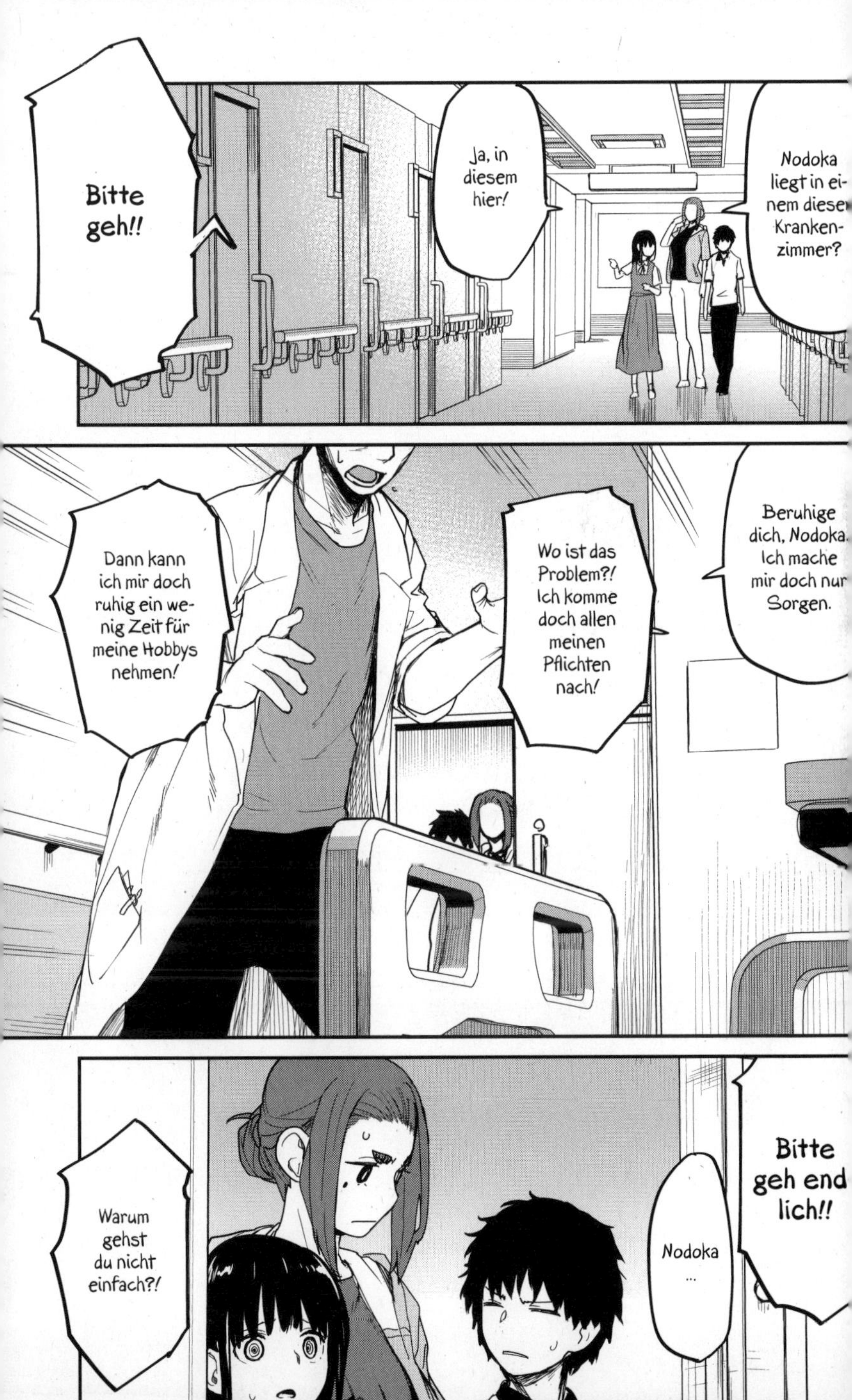
Nodoka liegt in einem diese Krankenzimmer?
Ja, in diesem hier!
Bitte geh!!
Beruhige dich, Nodoka. Ich mache mir doch nur Sorgen.
Wo ist das Problem?! Ich komme doch allen meinen Pflichten nach!
Dann kann ich mir doch ruhig ein wenig Zeit für meine Hobbys nehmen!
Bitte geh endlich!!
Nodoka ...
Warum gehst du nicht einfach?!

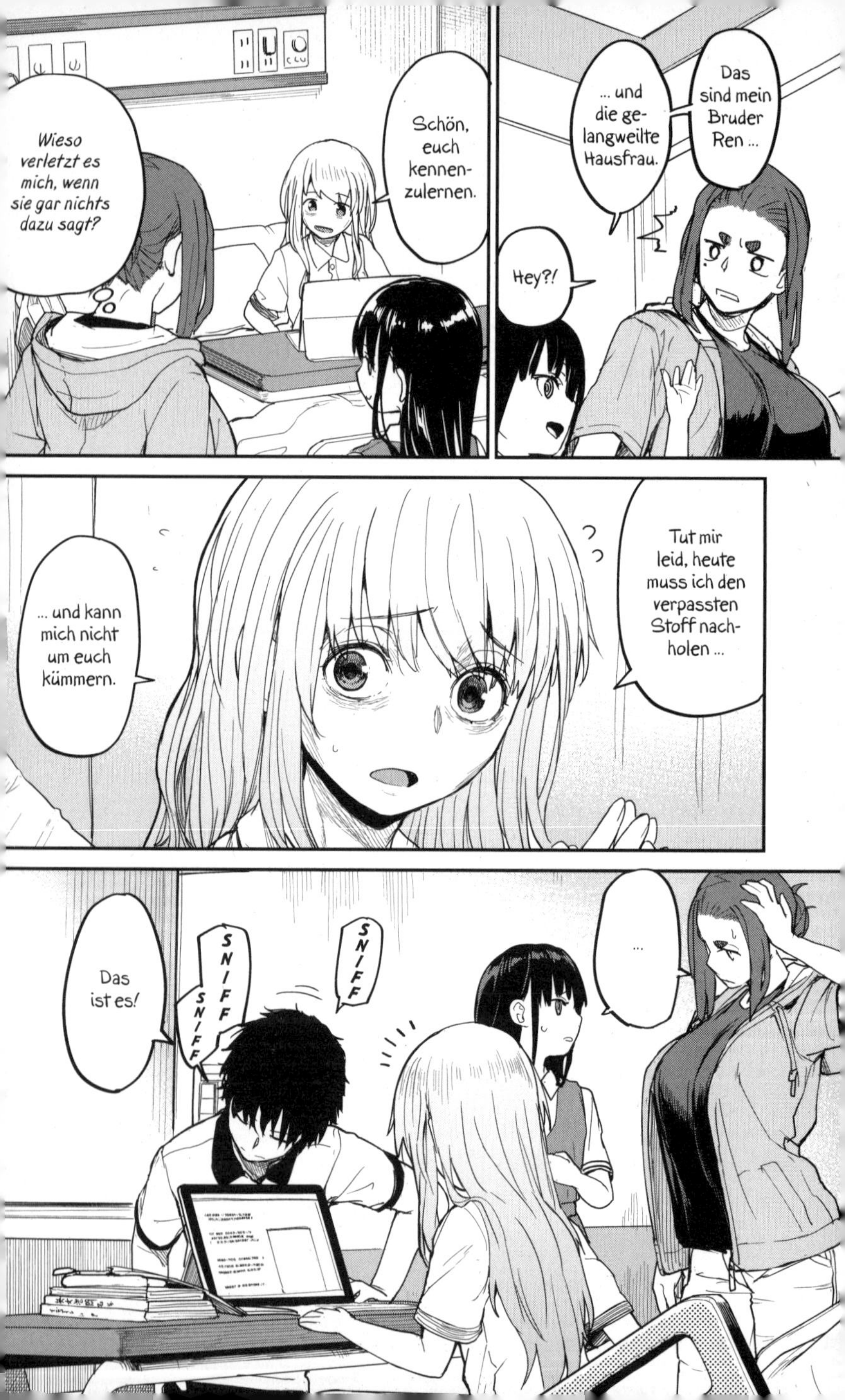

Das sind mein Bruder Ren ...

... und die gelangweilte Hausfrau.

Hey?!

Schön, euch kennenzulernen.

Wieso verletzt es mich, wenn sie gar nichts dazu sagt?

Tut mir leid, heute muss ich den verpassten Stoff nachholen ...

... und kann mich nicht um euch kümmern.

...

SNIFF

SNIFF

SNIFF

Das ist es!

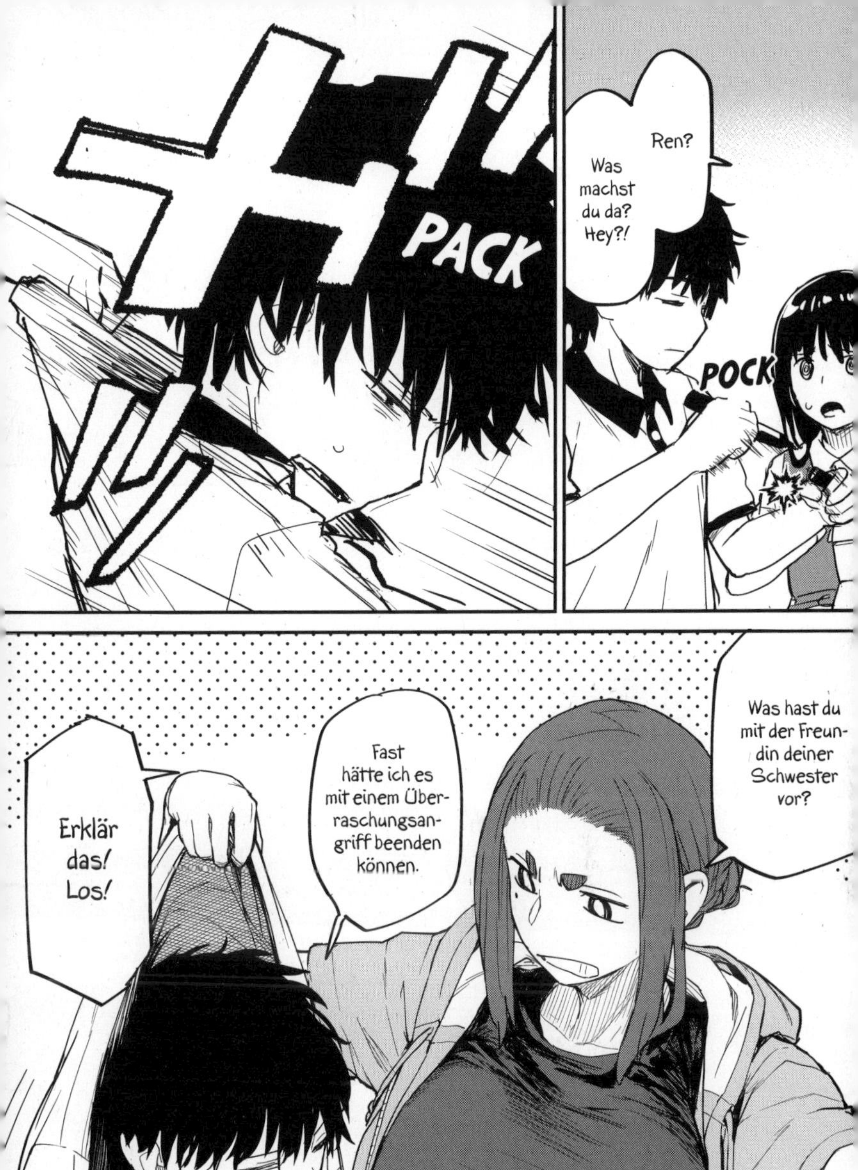

Ren?
Was machst du da? Hey?!
POCK
PACK
Was hast du mit der Freundin deiner Schwester vor?
Fast hätte ich es mit einem Überraschungsangriff beenden können.
Erklär das! Los!

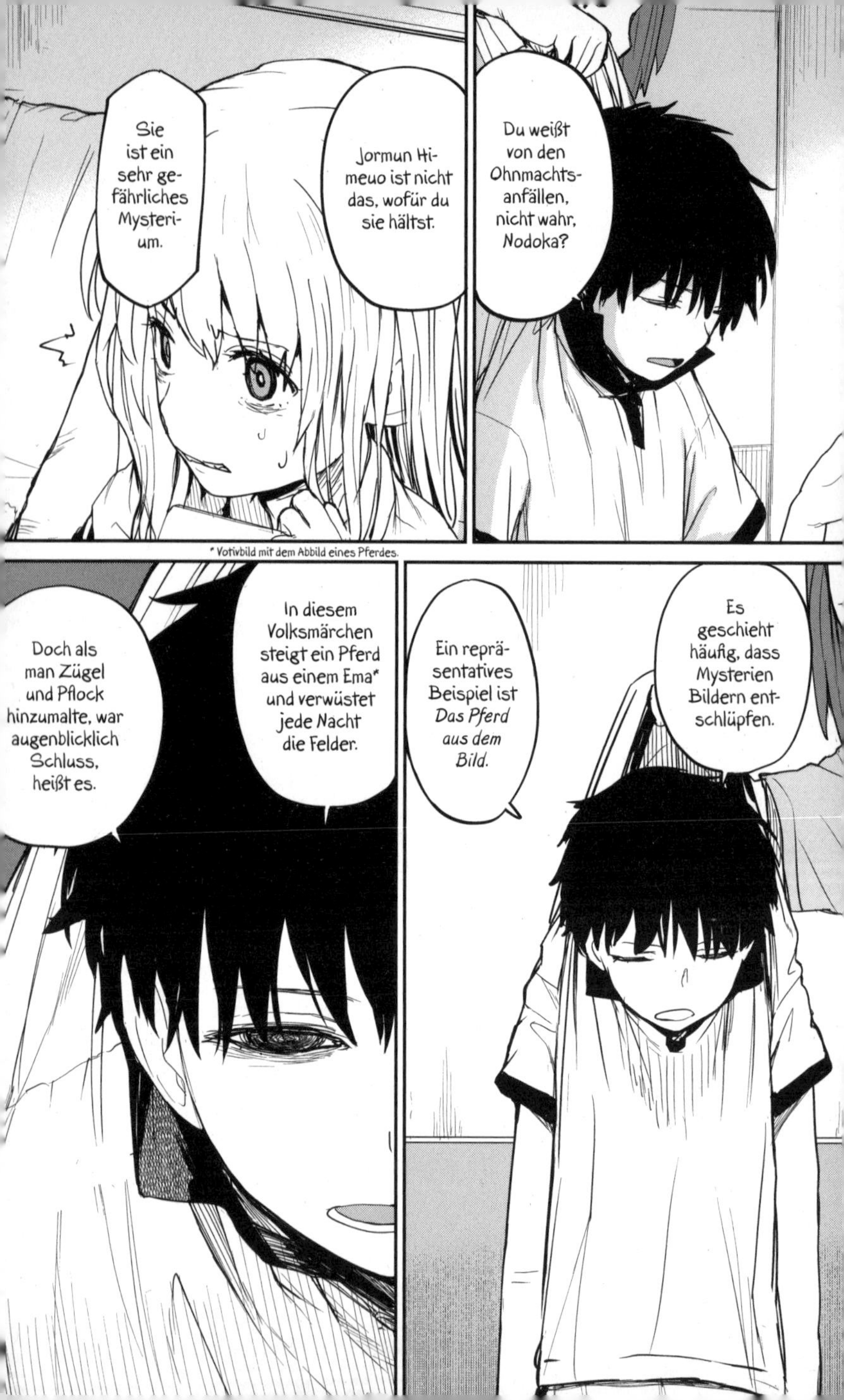

* Votivbild mit dem Abbild eines Pferdes.

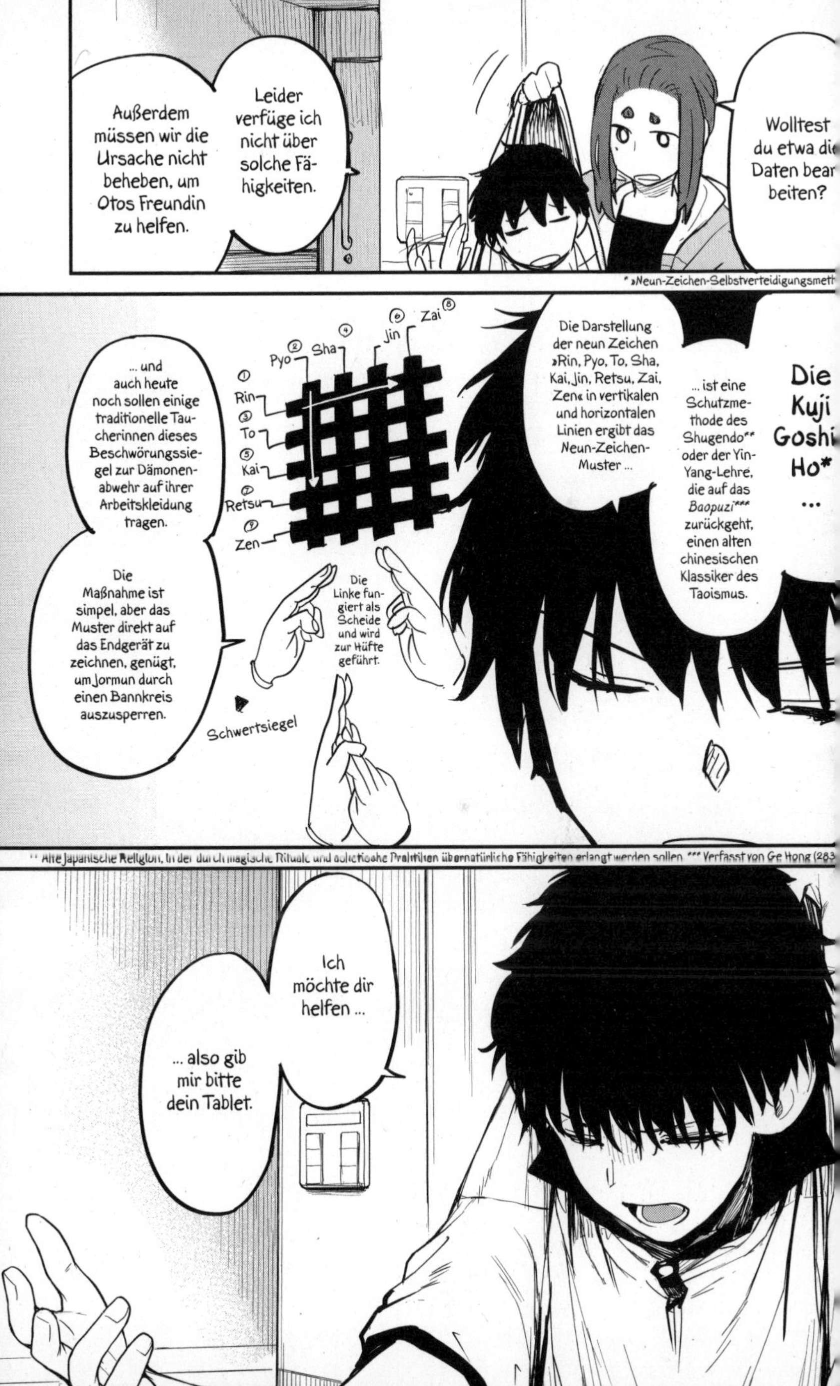

Wolltest du etwa di Daten bear beiten?
Leider verfüge ich nicht über solche Fähigkeiten.
Außerdem müssen wir die Ursache nicht beheben, um Otos Freundin zu helfen.
* »Neun-Zeichen-Selbstverteidigungsmeth
Die Kuji Goshi Ho* …
… ist eine Schutzmethode des Shugendo** oder der Yin-Yang-Lehre, die auf das *Baopuzi**** zurückgeht, einen alten chinesischen Klassiker des Taoismus.
Die Darstellung der neun Zeichen »Rin, Pyo, To, Sha, Kai, Jin, Retsu, Zai, Zen« in vertikalen und horizontalen Linien ergibt das Neun-Zeichen-Muster …
① Rin
② Pyo
③ To
④ Sha
⑤ Kai
⑥ Jin
⑦ Retsu
⑧ Zai
⑨ Zen
… und auch heute noch sollen einige traditionelle Taucherinnen dieses Beschwörungssiegel zur Dämonenabwehr auf ihrer Arbeitskleidung tragen.
Die Maßnahme ist simpel, aber das Muster direkt auf das Endgerät zu zeichnen, genügt, um Jormun durch einen Bannkreis auszusperren.
Die Linke fungiert als Scheide und wird zur Hüfte geführt.
Schwertsiegel
** Alte japanische Religion, in der durch magische Rituale und asketische Praktiken übernatürliche Fähigkeiten erlangt werden sollen. *** Verfasst von Ge Hong (283
Ich möchte dir helfen …
… also gib mir bitte dein Tablet.

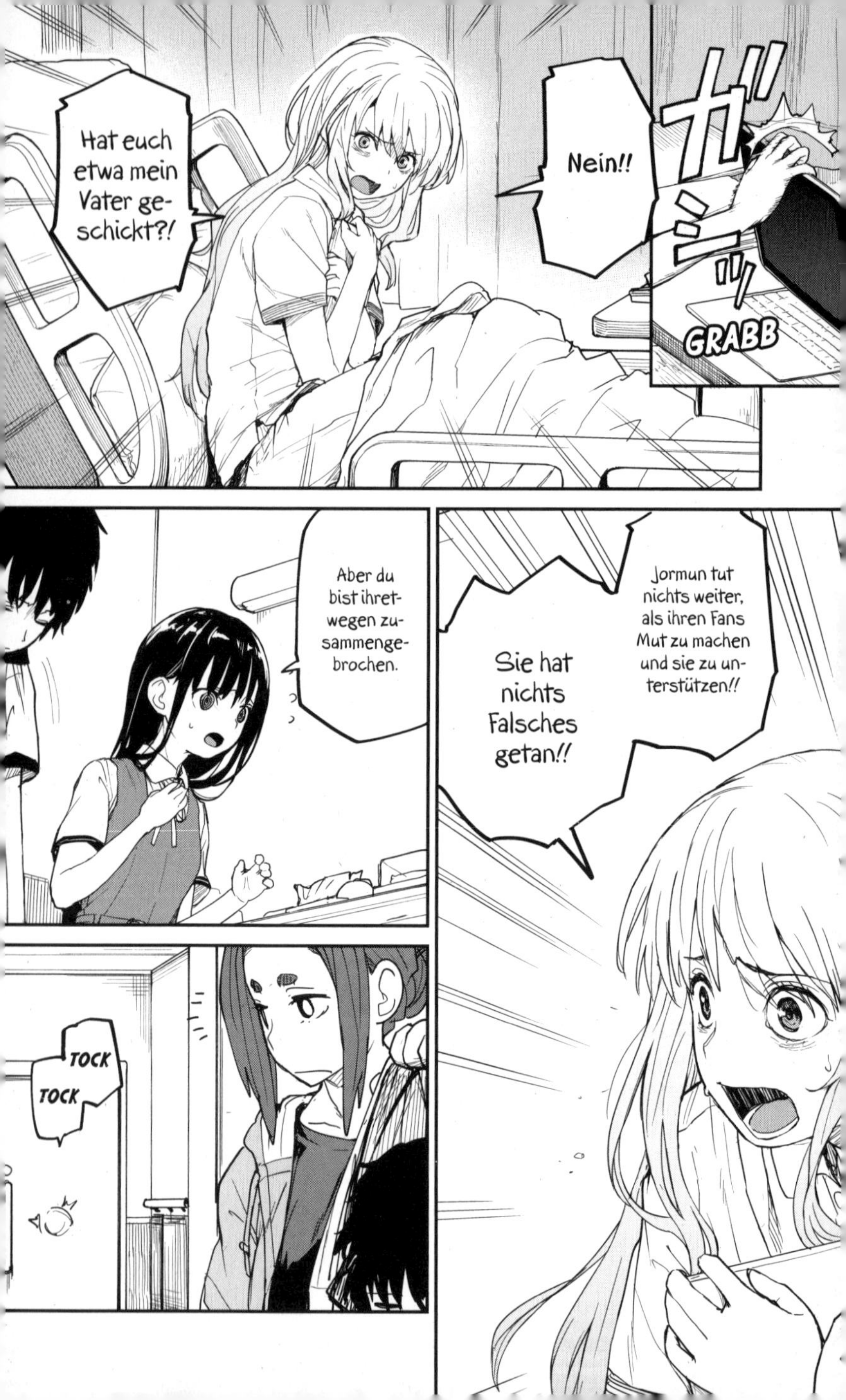
GRABB
Nein!!
Hat euch etwa mein Vater geschickt?!
Jormun tut nichts weiter, als ihren Fans Mut zu machen und sie zu unterstützen!!
Sie hat nichts Falsches getan!!
Aber du bist ihretwegen zusammengebrochen.
TOCK
TOCK

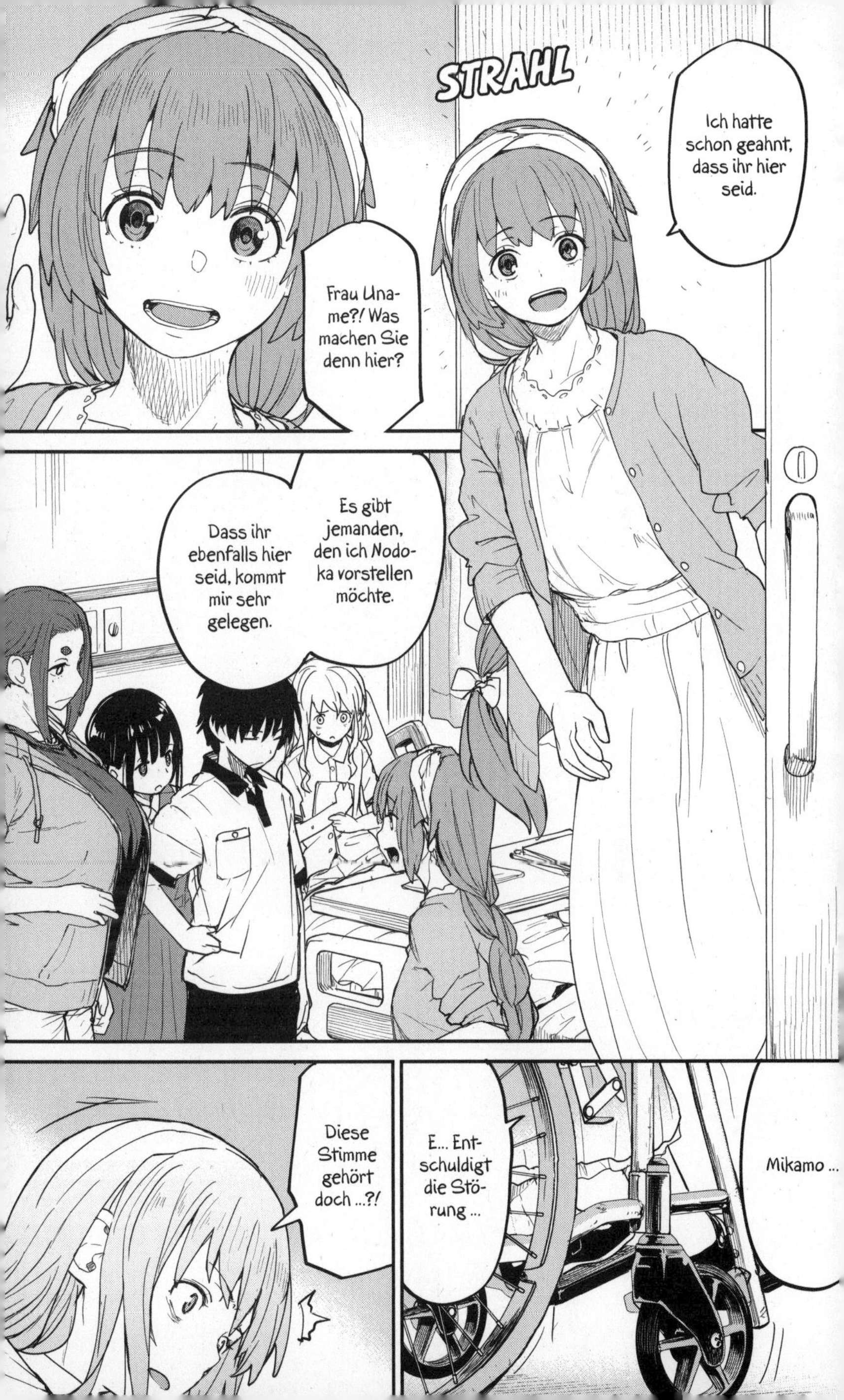
STRAHL
Ich hatte schon geahnt, dass ihr hier seid.
Frau Uname?! Was machen Sie denn hier?
Es gibt jemanden, den ich Nodoka vorstellen möchte.
Dass ihr ebenfalls hier seid, kommt mir sehr gelegen.
Mikamo ...
E... Entschuldigt die Störung ...
Diese Stimme gehört doch ...?!

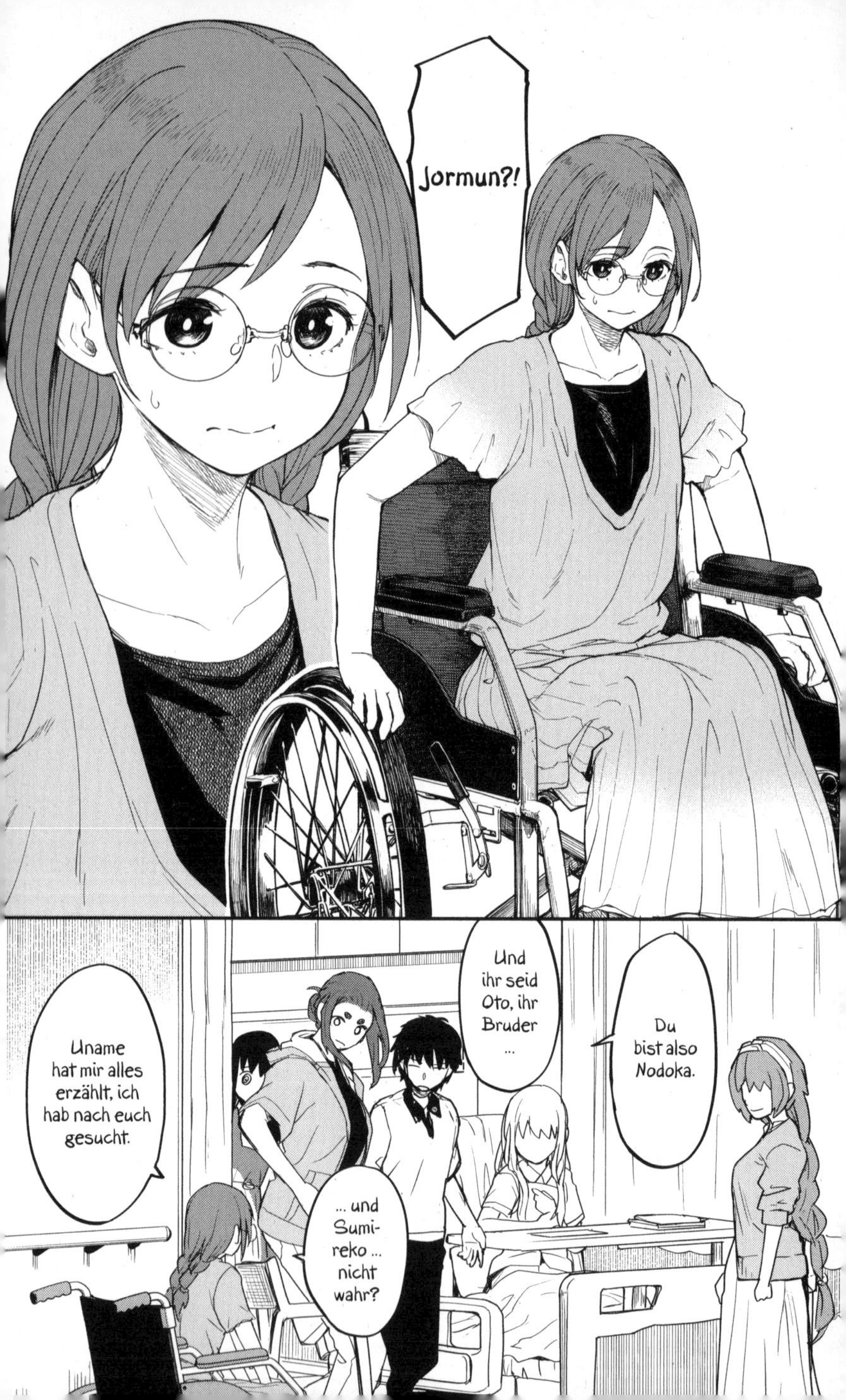
Jormun?!
Du bist also Nodoka.
Und ihr seid Oto, ihr Bruder ...
... und Sumireko ... nicht wahr?
Uname hat mir alles erzählt, ich hab nach euch gesucht.

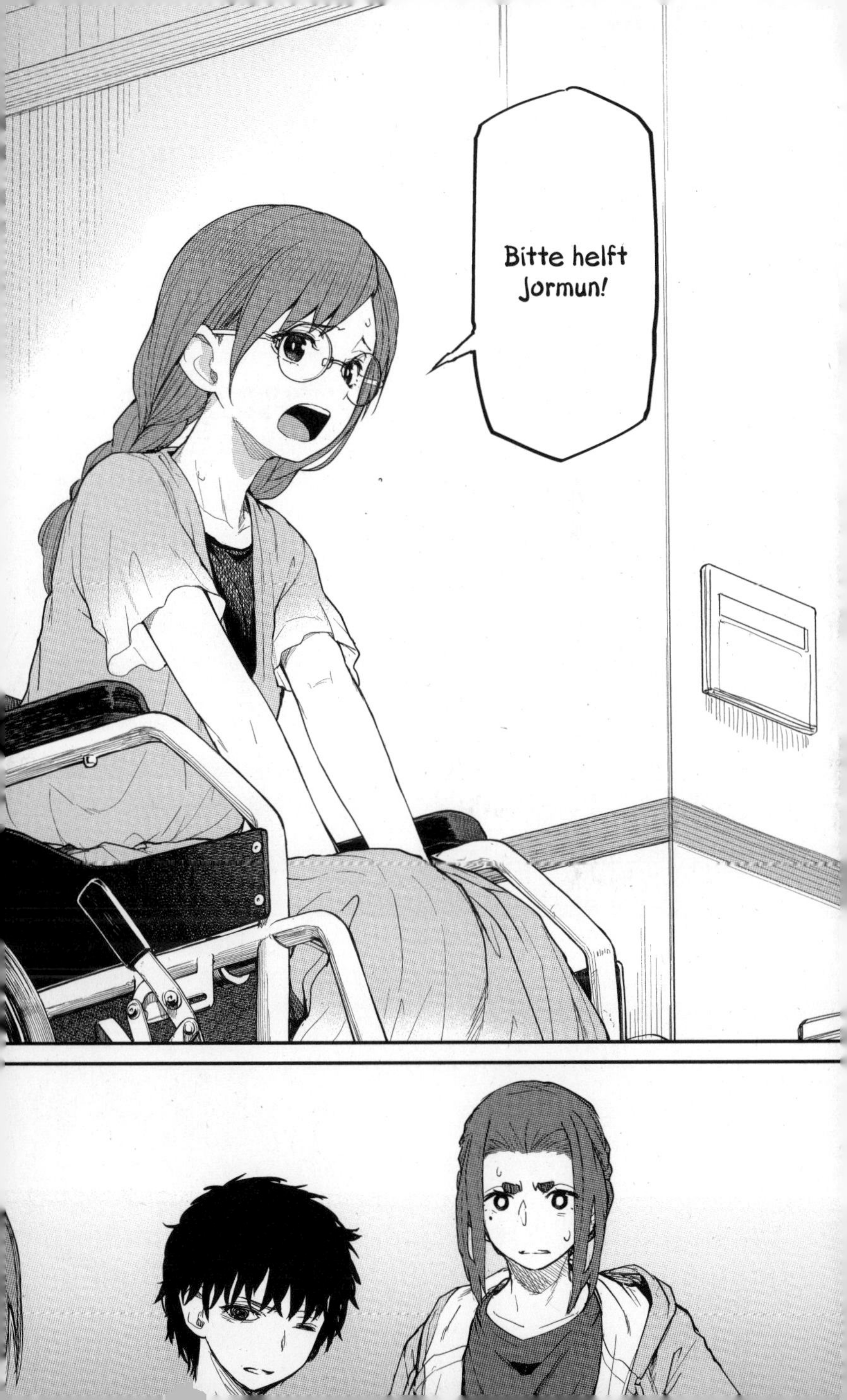

Bitte helft Jormun!

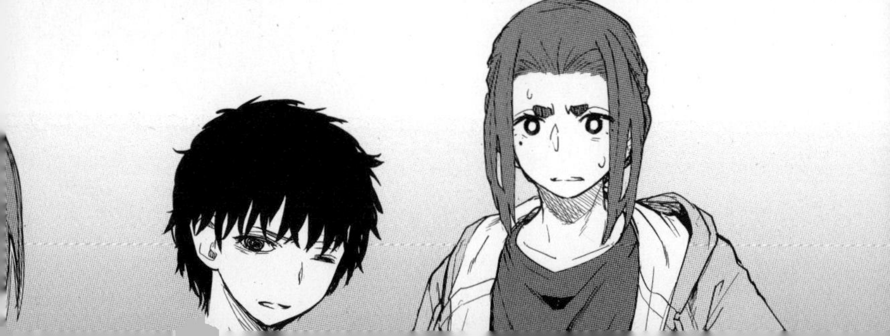

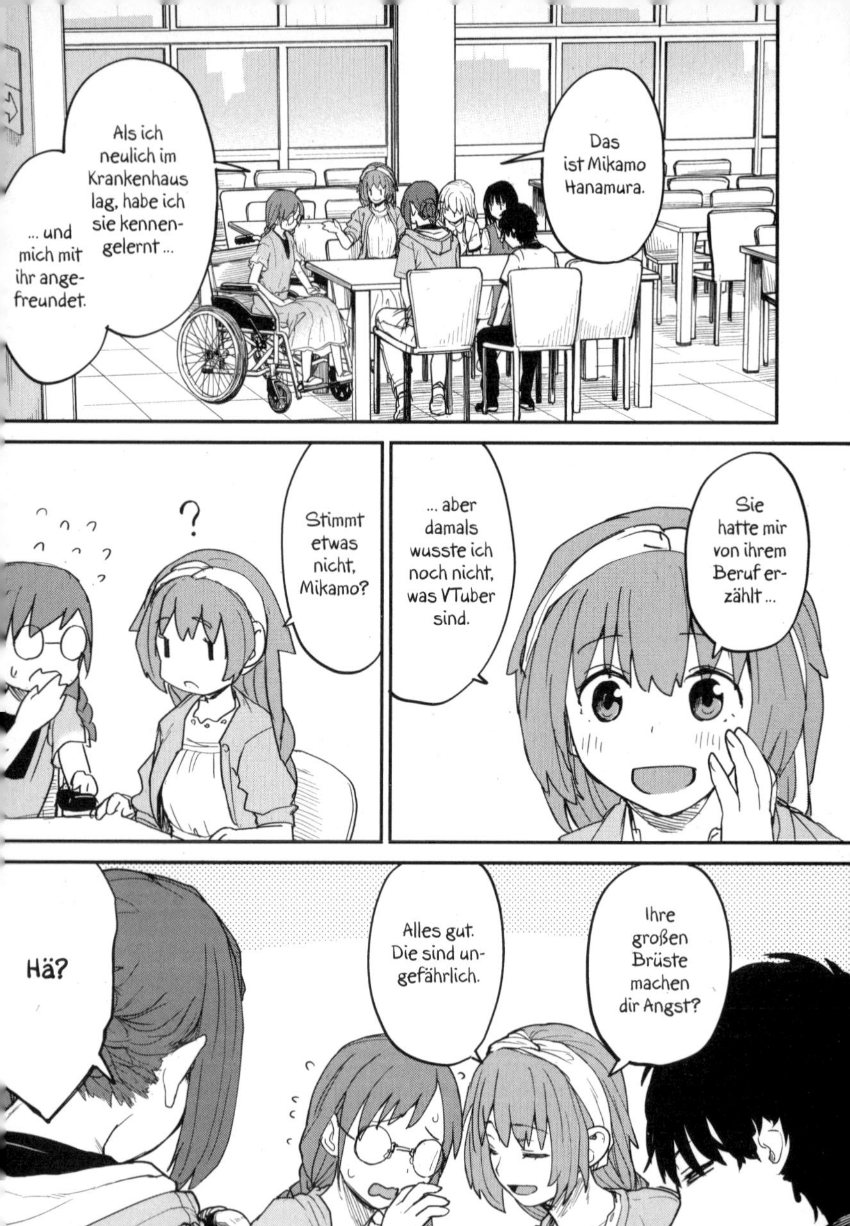
Das ist Mikamo Hanamura.
Als ich neulich im Krankenhaus lag, habe ich sie kennengelernt ...
... und mich mit ihr angefreundet.
Sie hatte mir von ihrem Beruf erzählt ...
... aber damals wusste ich noch nicht, was VTuber sind.
Stimmt etwas nicht, Mikamo?
?
Ihre großen Brüste machen dir Angst?
Alles gut. Die sind ungefährlich.
Hä?
PRUST

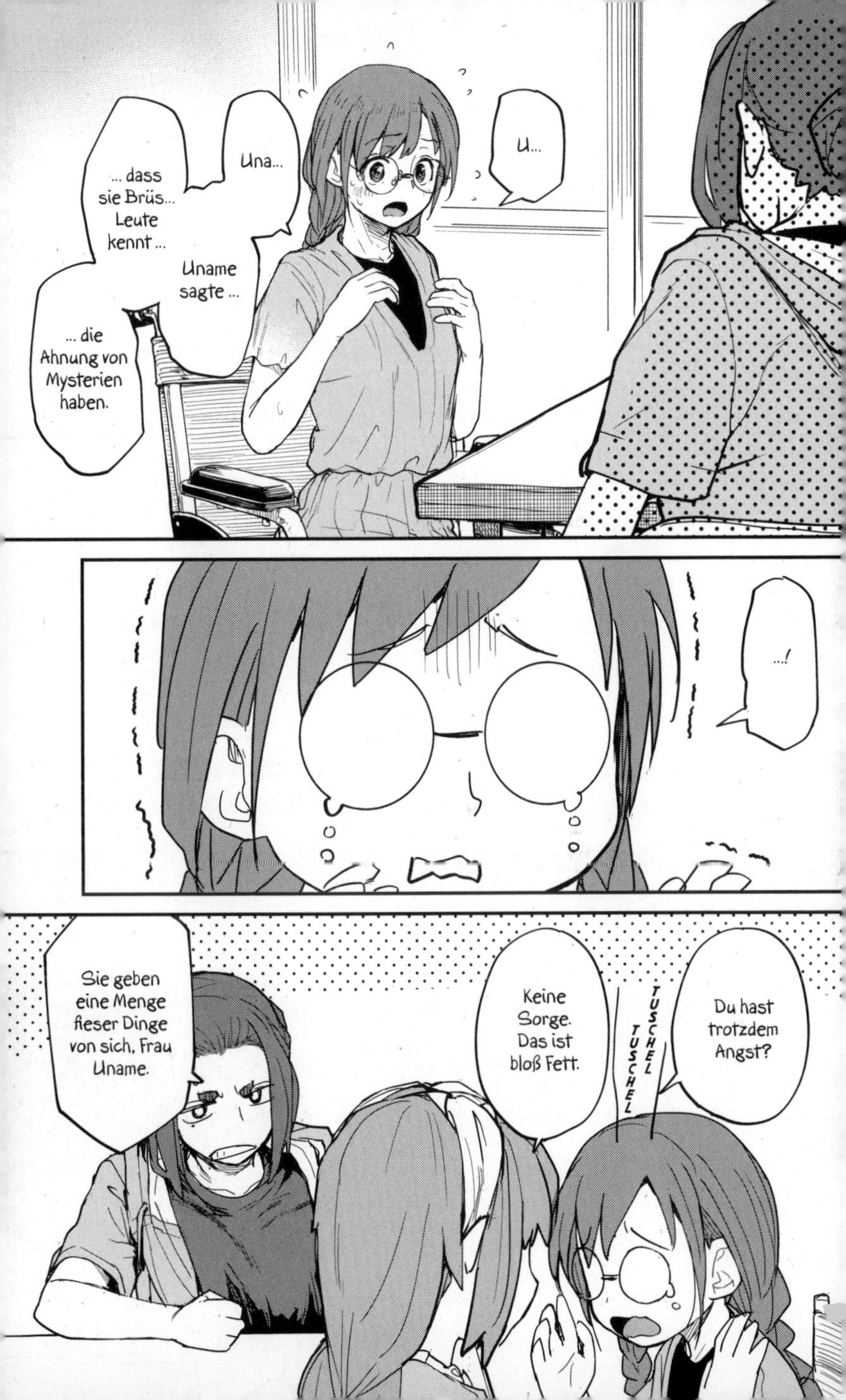

U...
Una...
Uname sagte ...
... dass sie Brüs... Leute kennt ...
... die Ahnung von Mysterien haben.
...!
Du hast trotzdem Angst?
TUSCHEL TUSCHEL
Keine Sorge. Das ist bloß Fett.
Sie geben eine Menge fieser Dinge von sich, Frau Uname.

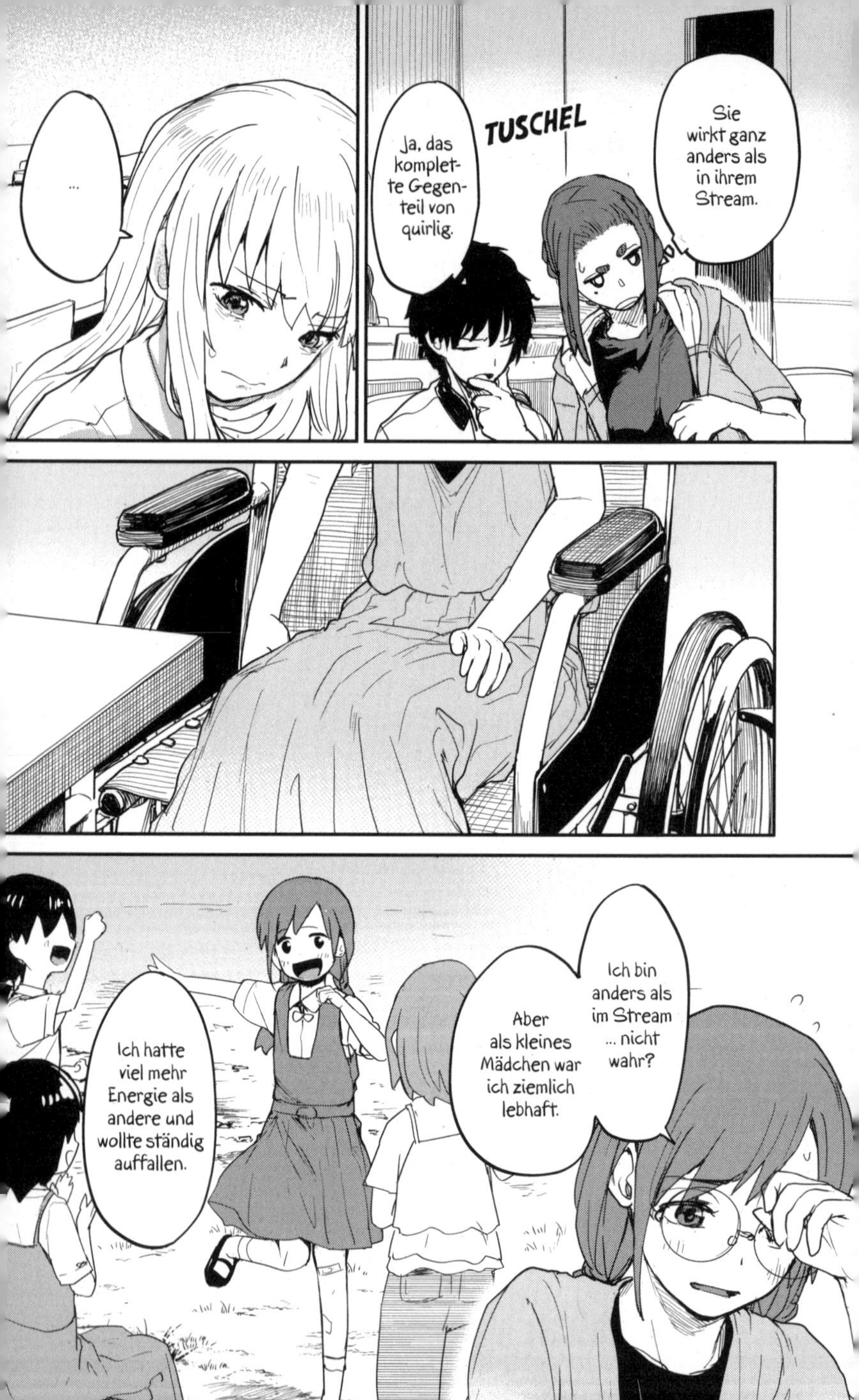
Sie wirkt ganz anders als in ihrem Stream.
TUSCHEL
Ja, das komplet-te Gegen-teil von quirlig.
...
Ich bin anders als im Stream ... nicht wahr?
Aber als kleines Mädchen war ich ziemlich lebhaft.
Ich hatte viel mehr Energie als andere und wollte ständig auffallen.

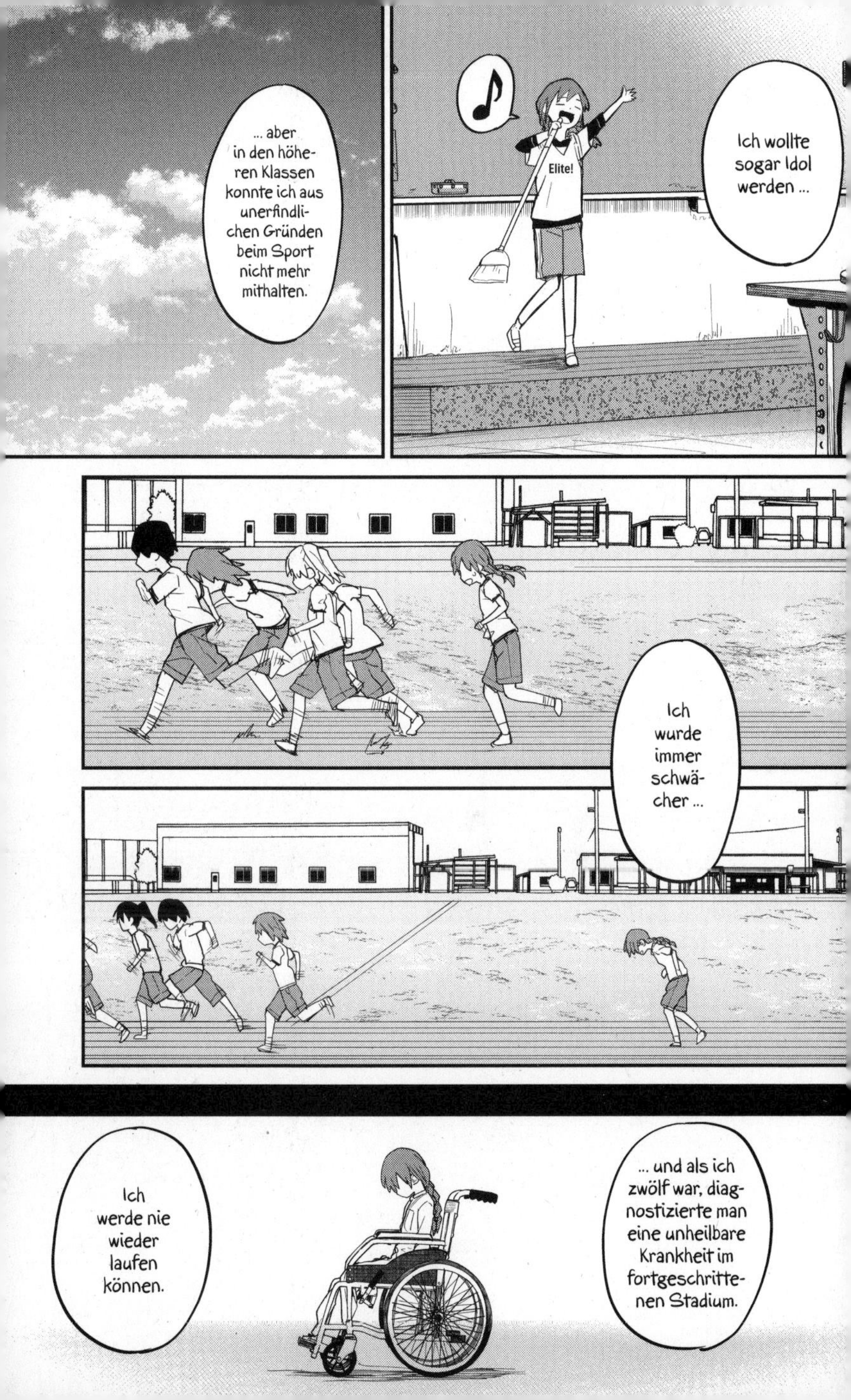

Ich wollte sogar Idol werden ...

Elite!

... aber in den höheren Klassen konnte ich aus unerfindlichen Gründen beim Sport nicht mehr mithalten.

Ich wurde immer schwächer ...

... und als ich zwölf war, diagnostizierte man eine unheilbare Krankheit im fortgeschrittenen Stadium.

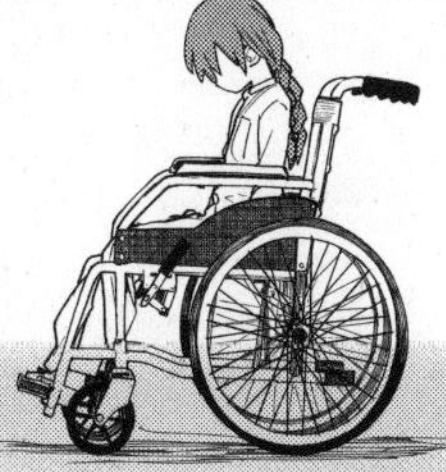

Ich werde nie wieder laufen können.

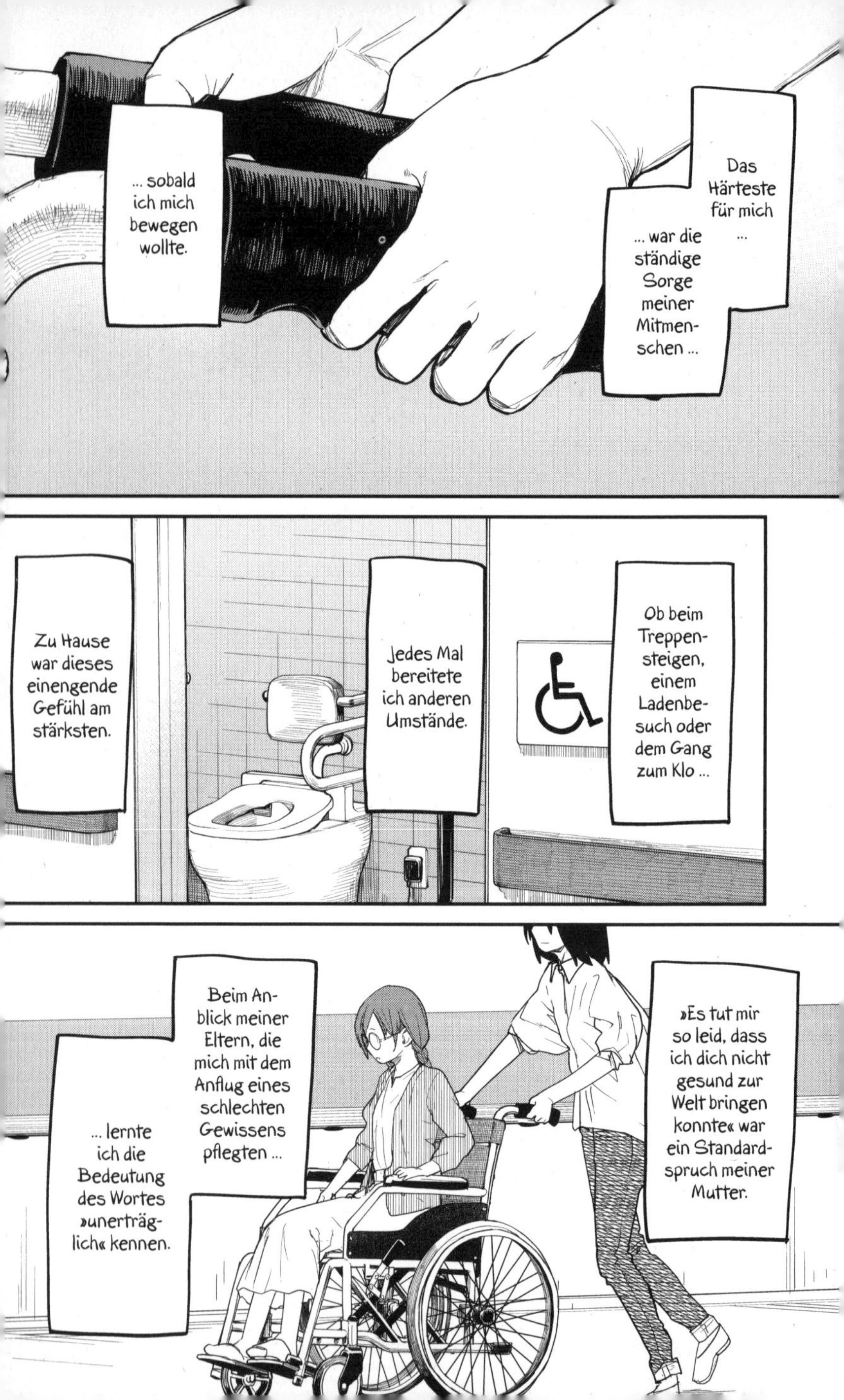

Das Härteste für mich ...

... war die ständige Sorge meiner Mitmenschen ...

... sobald ich mich bewegen wollte.

Ob beim Treppensteigen, einem Ladenbesuch oder dem Gang zum Klo ...

Jedes Mal bereitete ich anderen Umstände.

Zu Hause war dieses einengende Gefühl am stärksten.

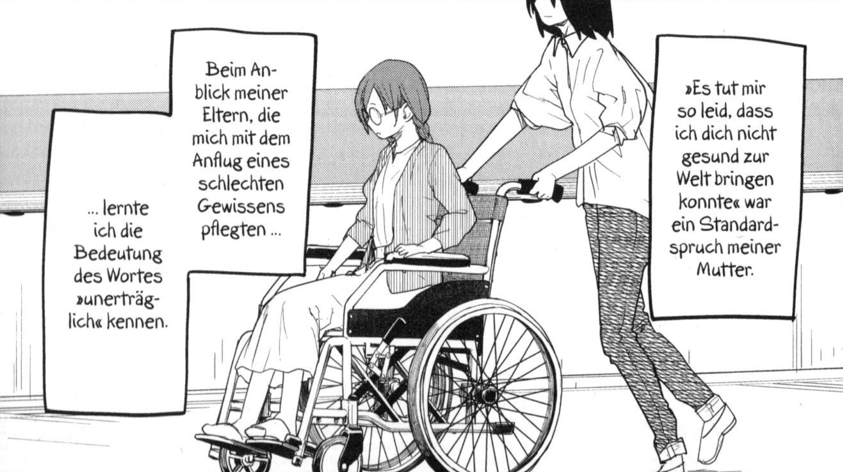

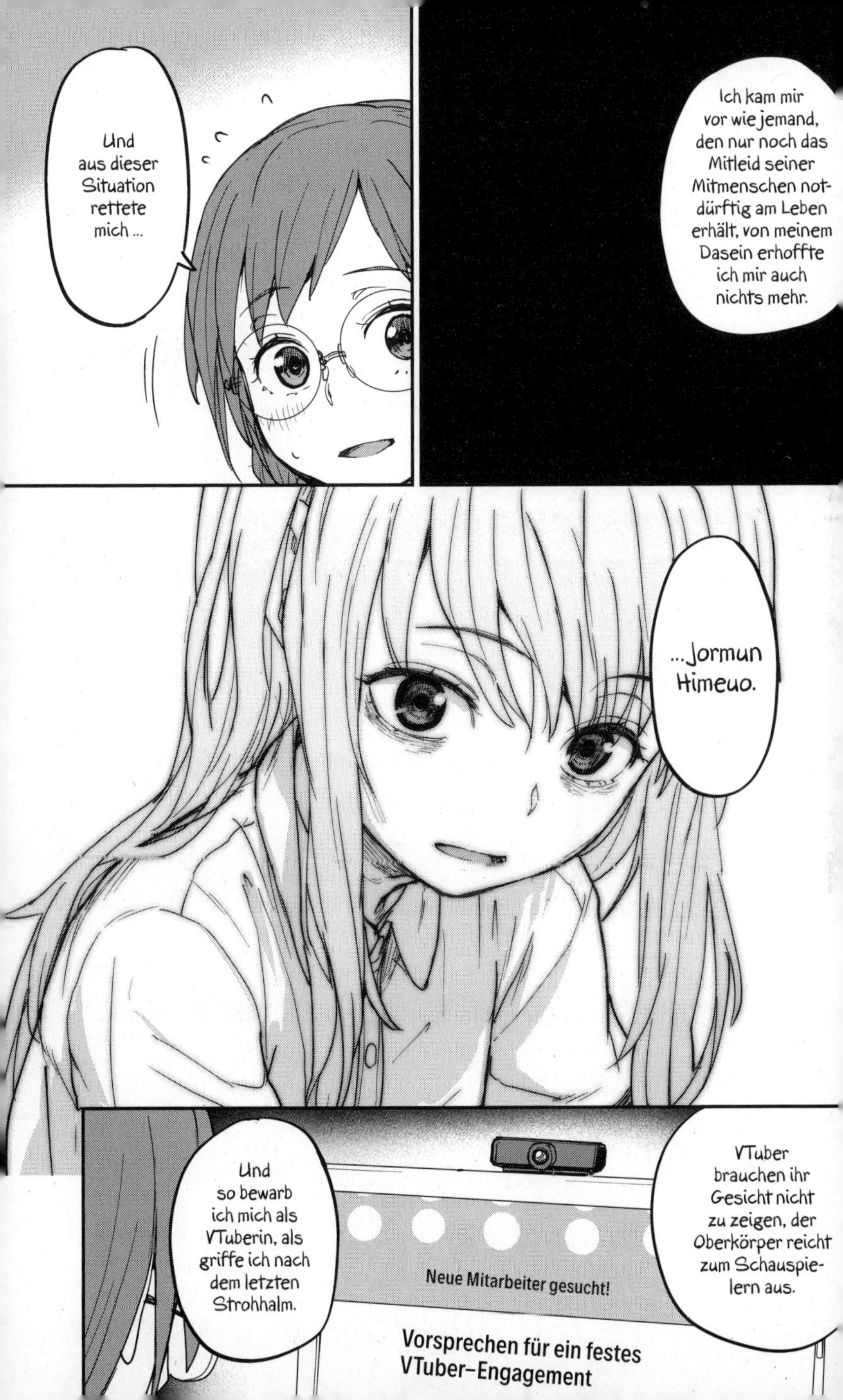
Ich kam mir vor wie jemand, den nur noch das Mitleid seiner Mitmenschen notdürftig am Leben erhält, von meinem Dasein erhoffte ich mir auch nichts mehr.
Und aus dieser Situation rettete mich ...
...Jormun Himeuo.
VTuber brauchen ihr Gesicht nicht zu zeigen, der Oberkörper reicht zum Schauspielern aus.
Und so bewarb ich mich als VTuberin, als griffe ich nach dem letzten Strohhalm.
Neue Mitarbeiter gesucht!
Vorsprechen für ein festes VTuber-Engagement

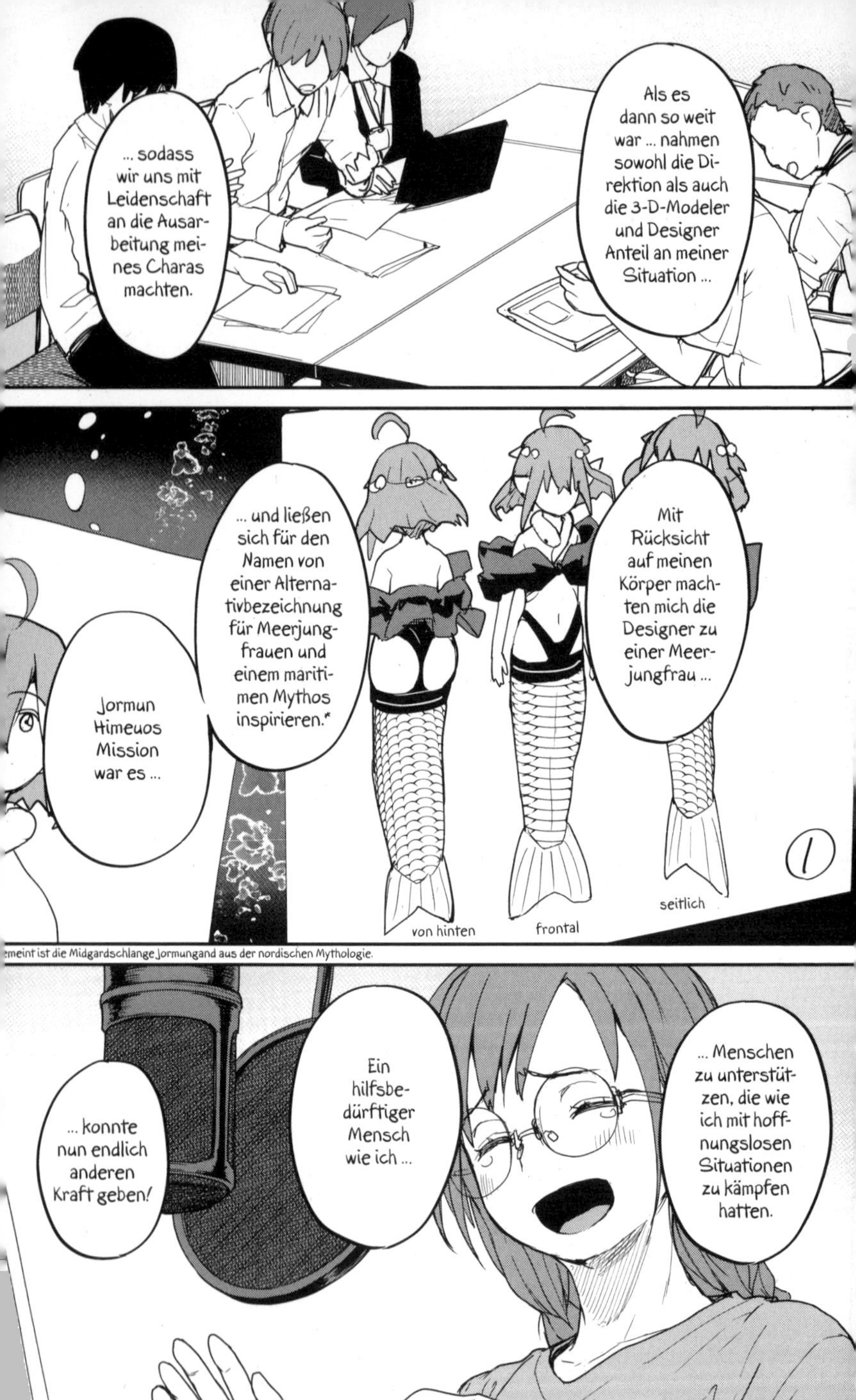

emeint ist die Midgardschlange Jormungand aus der nordischen Mythologie.

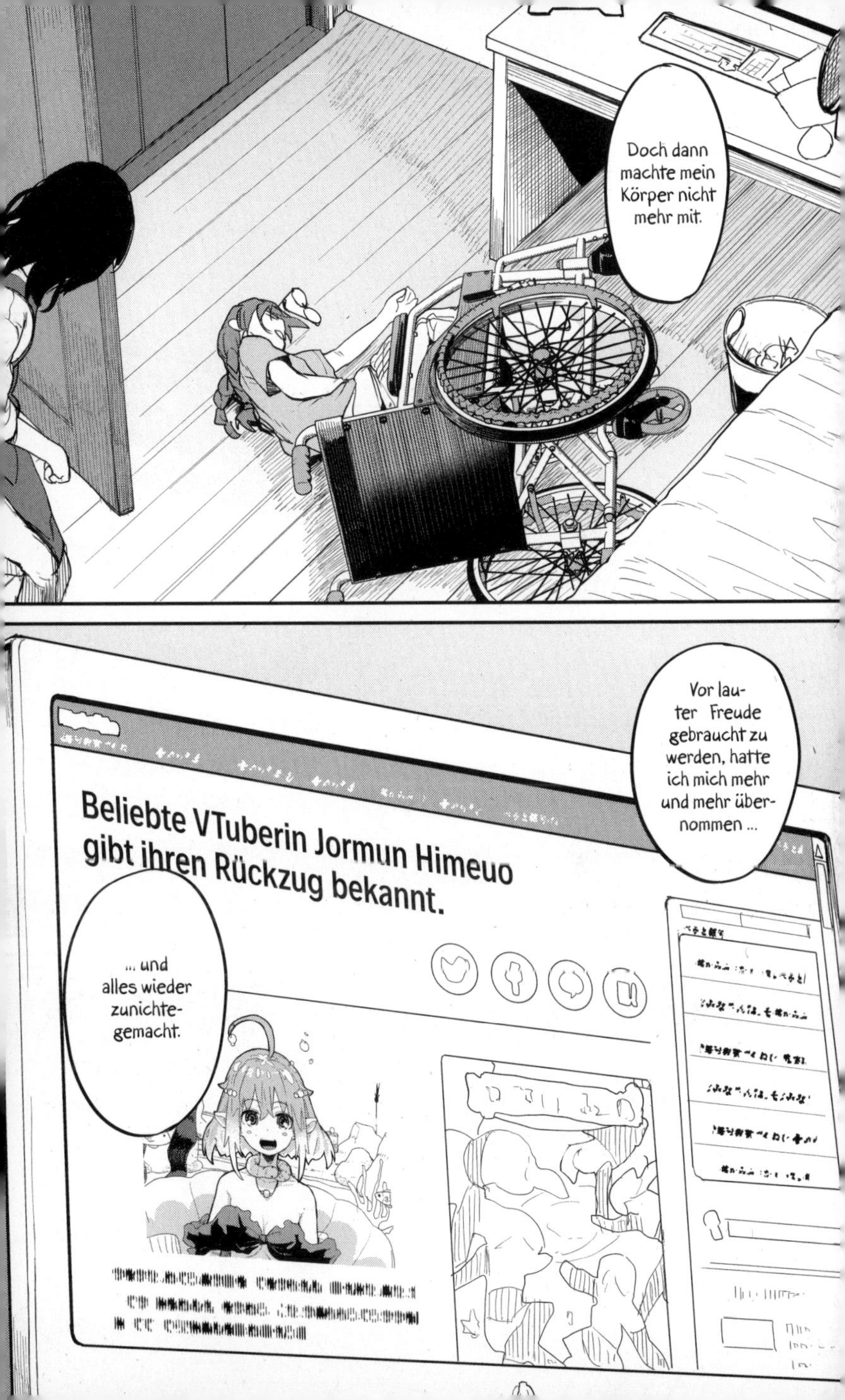

Doch dann machte mein Körper nicht mehr mit.

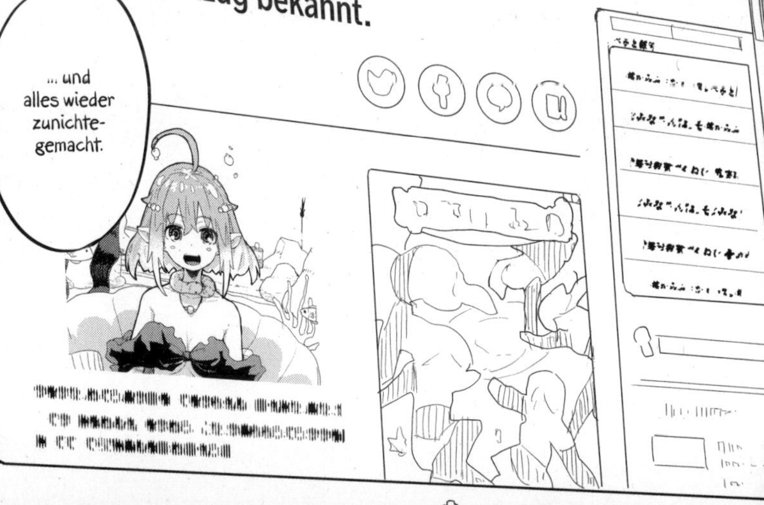

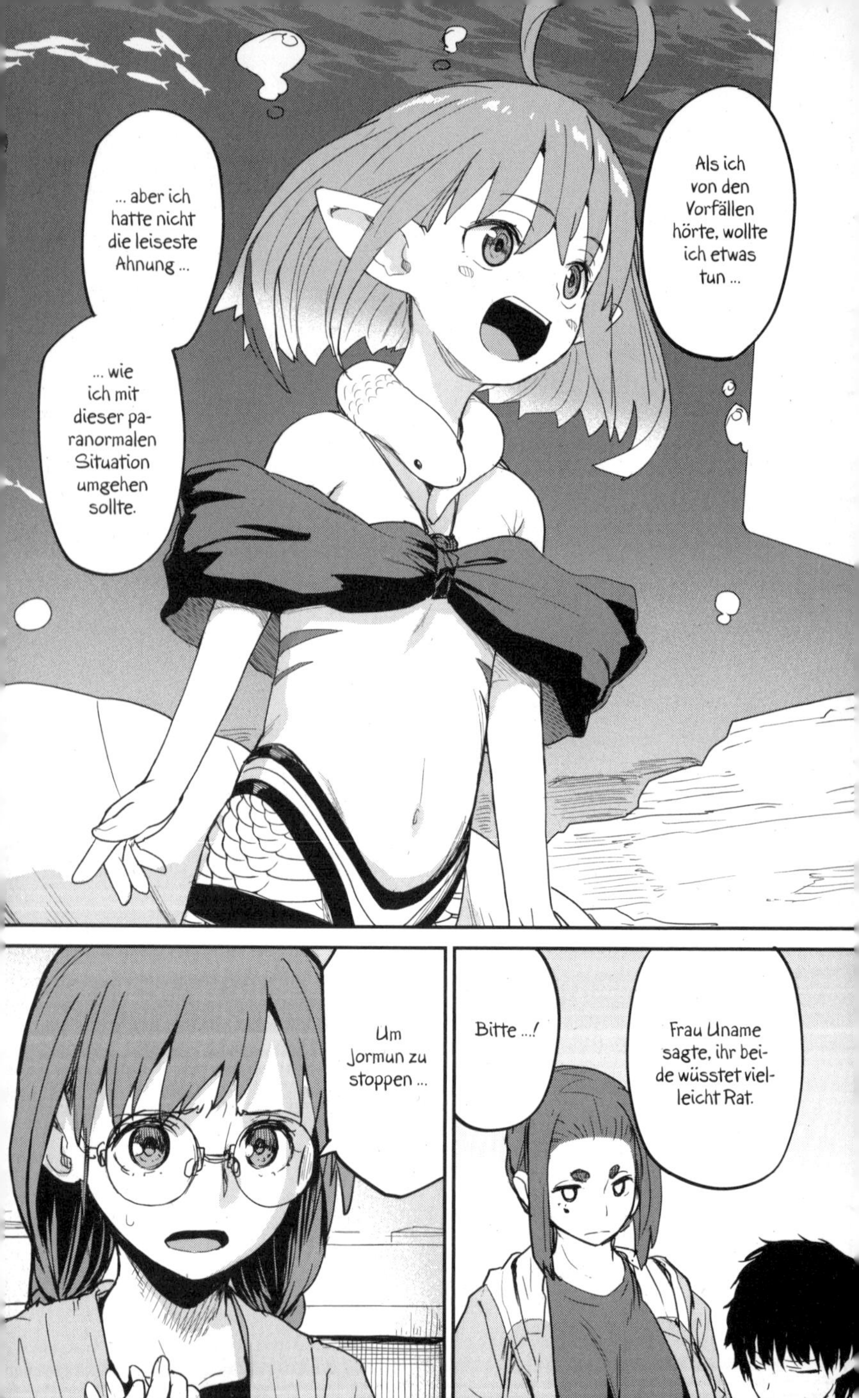
Als ich von den Vorfällen hörte, wollte ich etwas tun ...
... aber ich hatte nicht die leiseste Ahnung ...
... wie ich mit dieser paranormalen Situation umgehen sollte.
Frau Uname sagte, ihr beide wüsstet vielleicht Rat.
Bitte ...!
Um Jormun zu stoppen ...

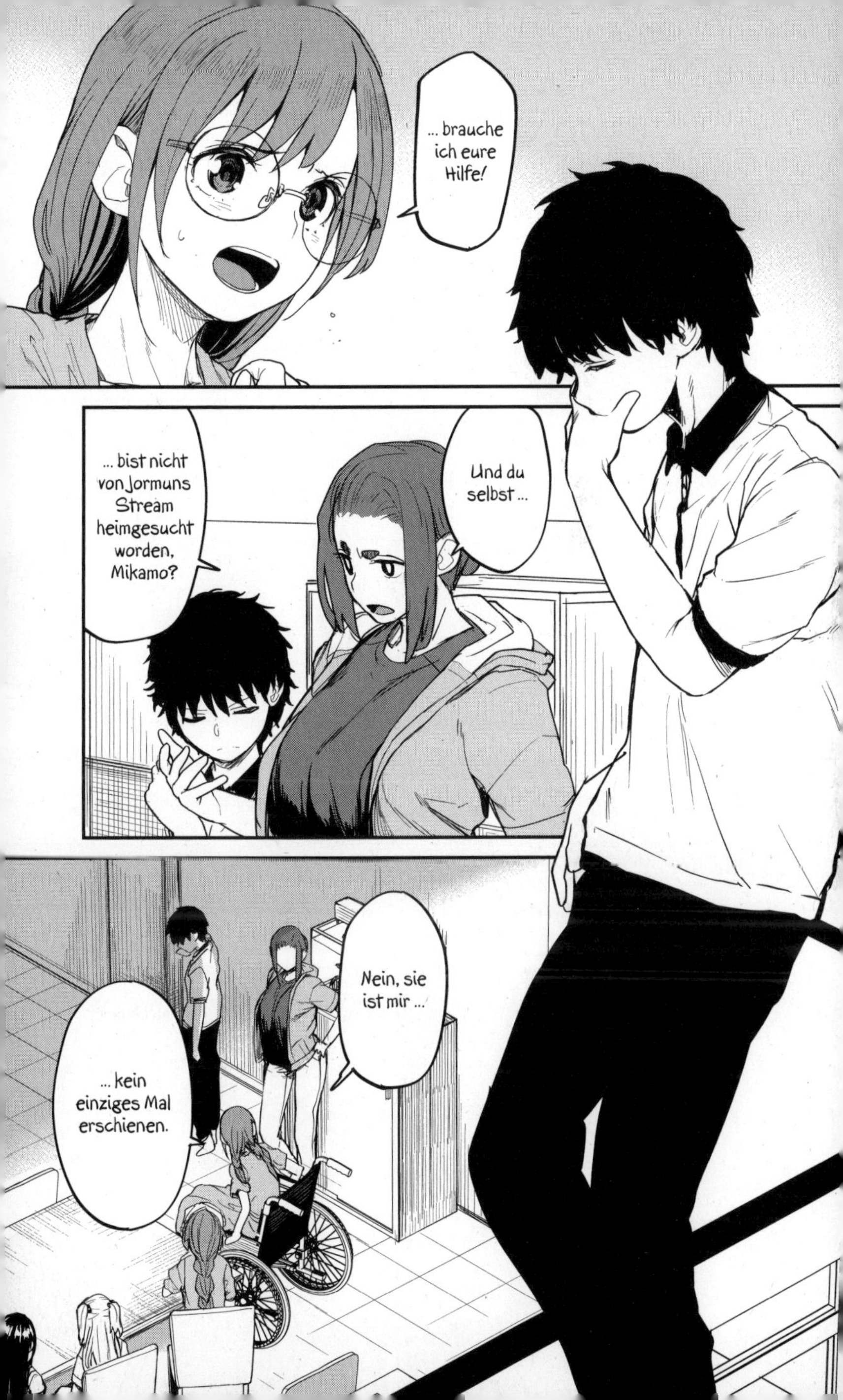
... brauche ich eure Hilfe!
Und du selbst ...
... bist nicht von Jormuns Stream heimgesucht worden, Mikamo?
Nein, sie ist mir ...
... kein einziges Mal erschienen.

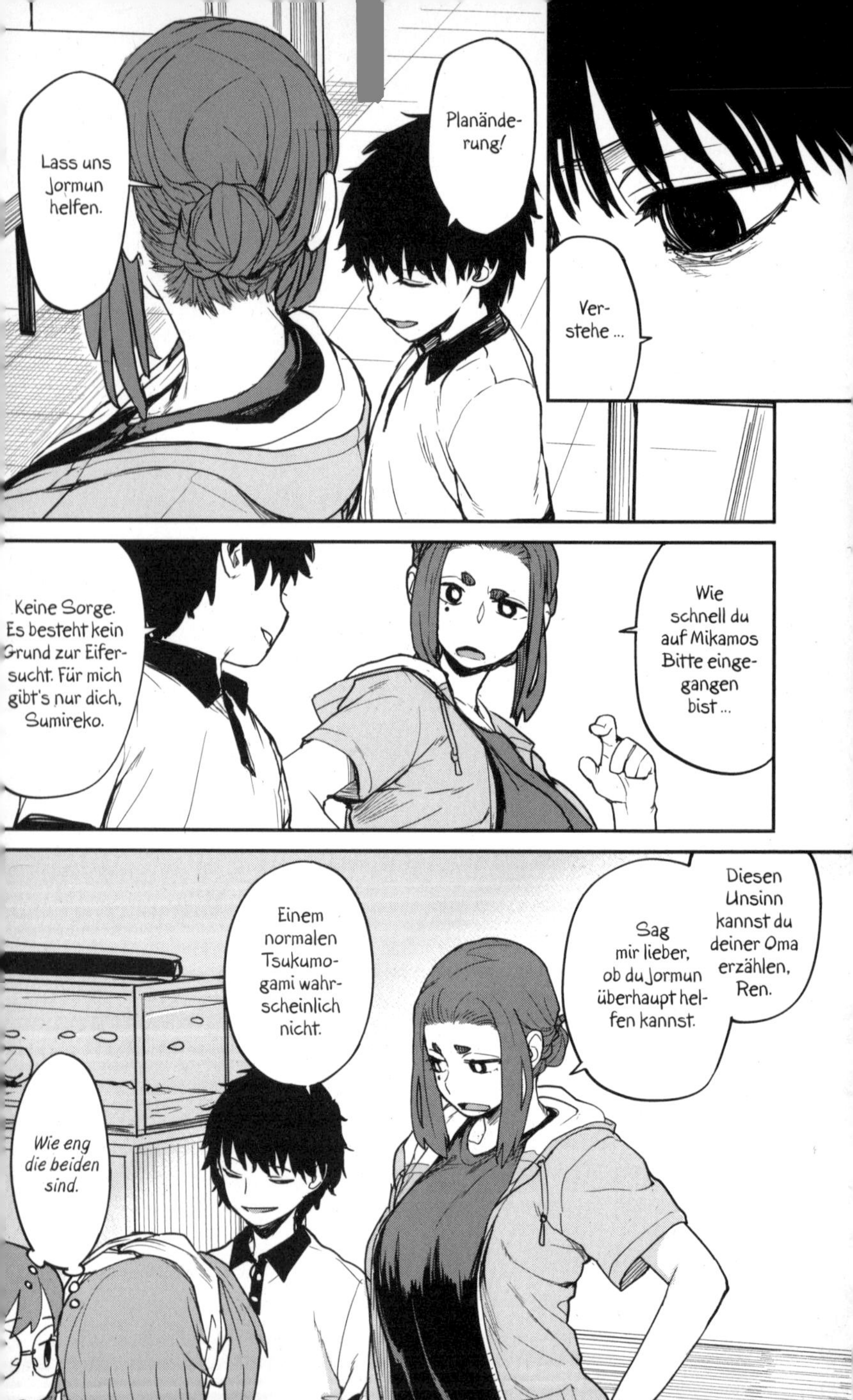
Verstehe ...
Planänderung!
Lass uns Jormun helfen.
Wie schnell du auf Mikamos Bitte eingegangen bist ...
Keine Sorge. Es besteht kein Grund zur Eifersucht. Für mich gibt's nur dich, Sumireko.
Diesen Unsinn kannst du deiner Oma erzählen, Ren.
Sag mir lieber, ob du Jormun überhaupt helfen kannst.
Einem normalen Tsukumogami wahrscheinlich nicht.
Wie eng die beiden sind.

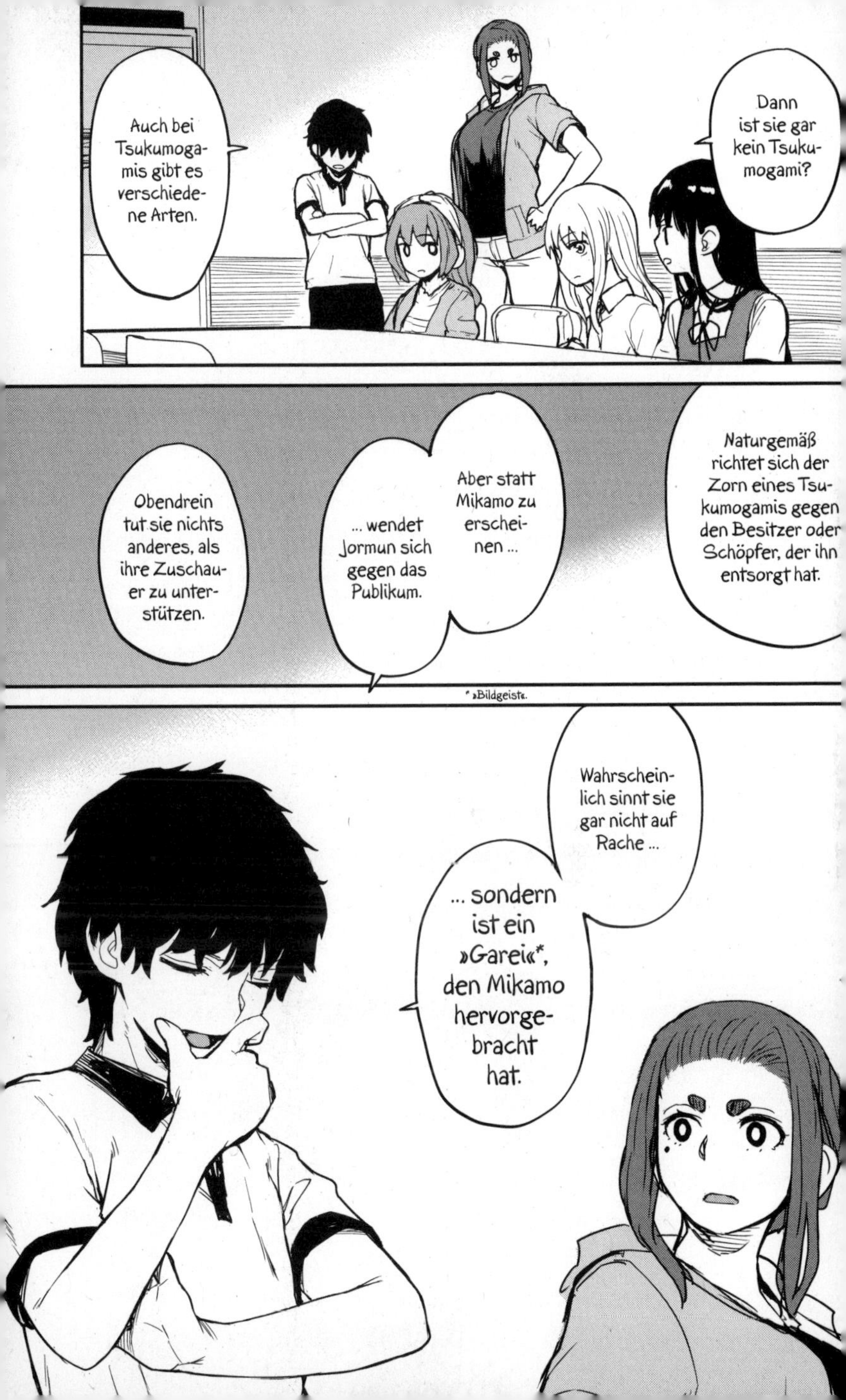

Dann ist sie gar kein Tsukumogami?

Auch bei Tsukumogamis gibt es verschiedene Arten.

Naturgemäß richtet sich der Zorn eines Tsukumogamis gegen den Besitzer oder Schöpfer, der ihn entsorgt hat.

Aber statt Mikamo zu erscheinen ...

... wendet Jormun sich gegen das Publikum.

Obendrein tut sie nichts anderes, als ihre Zuschauer zu unterstützen.

* »Bildgeist«.

Wahrscheinlich sinnt sie gar nicht auf Rache ...

... sondern ist ein »Garei«*, den Mikamo hervorgebracht hat.

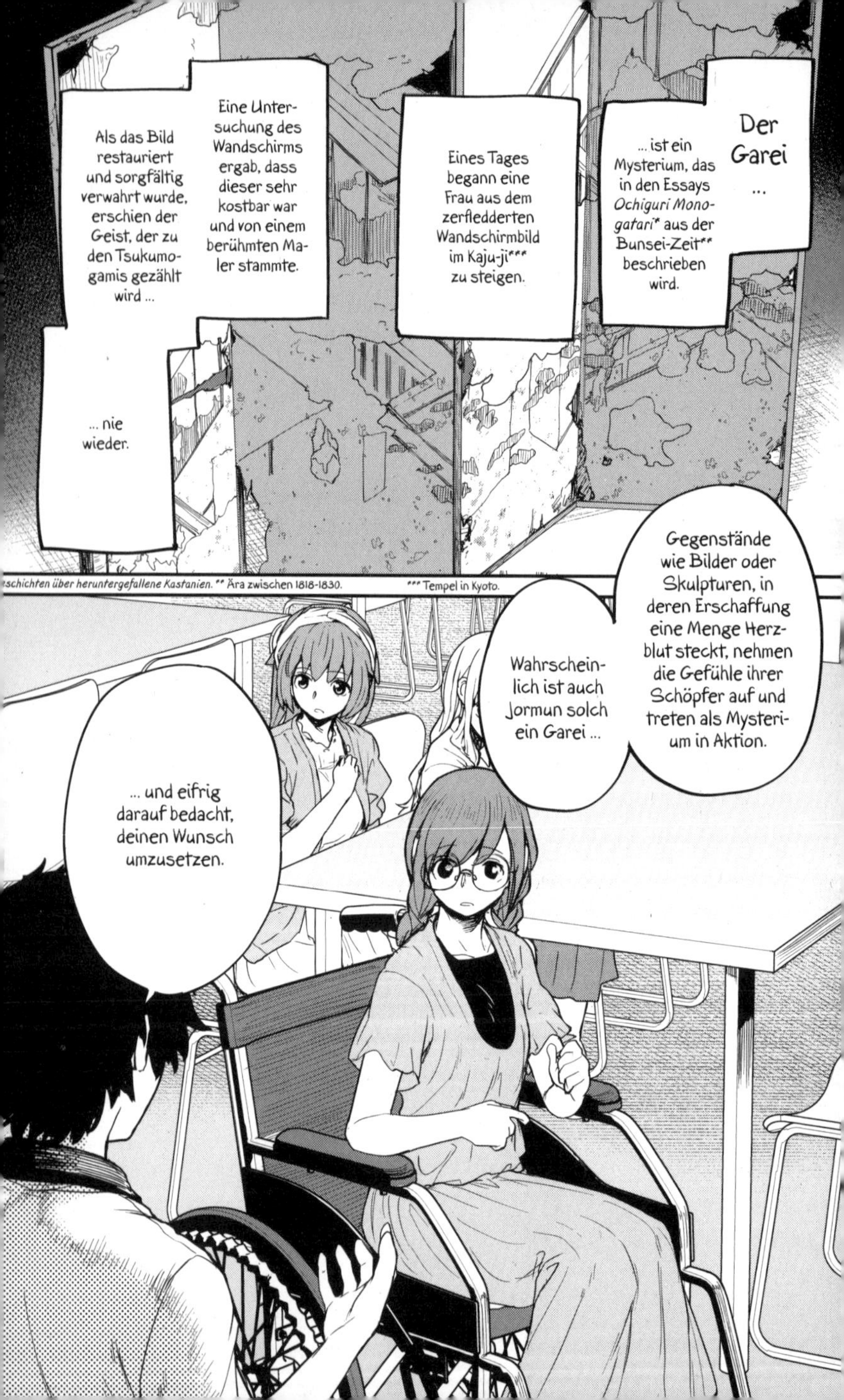

Der Garei …
… ist ein Mysterium, das in den Essays *Ochiguri Monogatari** aus der Bunsei-Zeit** beschrieben wird.
Eines Tages begann eine Frau aus dem zerfledderten Wandschirmbild im Kaju-ji*** zu steigen.
Eine Untersuchung des Wandschirms ergab, dass dieser sehr kostbar war und von einem berühmten Maler stammte.
Als das Bild restauriert und sorgfältig verwahrt wurde, erschien der Geist, der zu den Tsukumogamis gezählt wird …
… nie wieder.
…schichten über heruntergefallene Kastanien. ** Ära zwischen 1818-1830. *** Tempel in Kyoto.
Gegenstände wie Bilder oder Skulpturen, in deren Erschaffung eine Menge Herzblut steckt, nehmen die Gefühle ihrer Schöpfer auf und treten als Mysterium in Aktion.
Wahrscheinlich ist auch Jormun solch ein Garei …
… und eifrig darauf bedacht, deinen Wunsch umzusetzen.

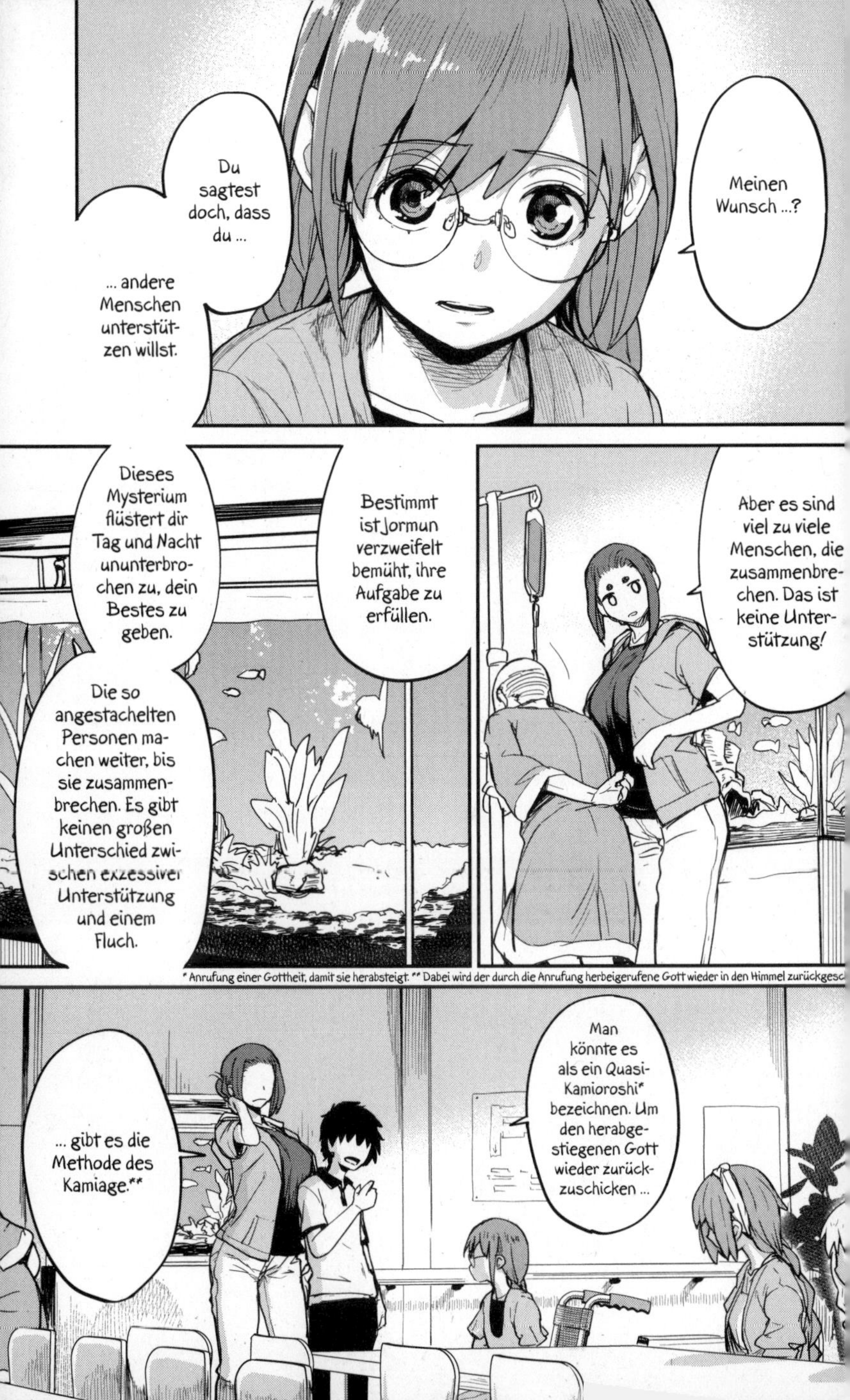

* Anrufung einer Gottheit, damit sie herabsteigt. ** Dabei wird der durch die Anrufung herbeigerufene Gott wieder in den Himmel zurückgesc

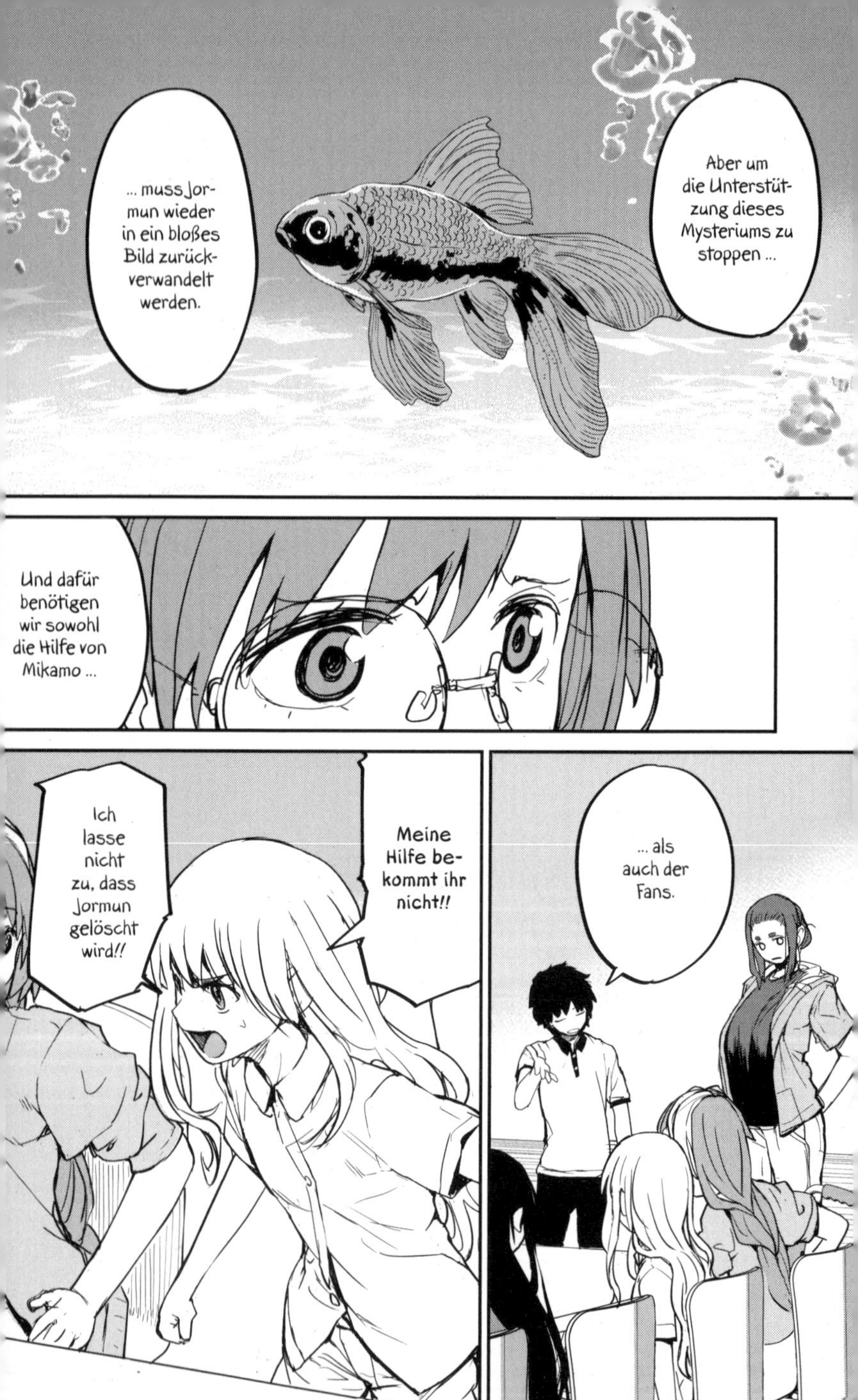
Aber um
die Unterstüt-
zung dieses
Mysteriums zu
stoppen ...
... muss Jor-
mun wieder
in ein bloßes
Bild zurück-
verwandelt
werden.
Und dafür
benötigen
wir sowohl
die Hilfe von
Mikamo ...
... als
auch der
Fans.
Meine
Hilfe be-
kommt ihr
nicht!!
Ich
lasse
nicht
zu, dass
Jormun
gelöscht
wird!!

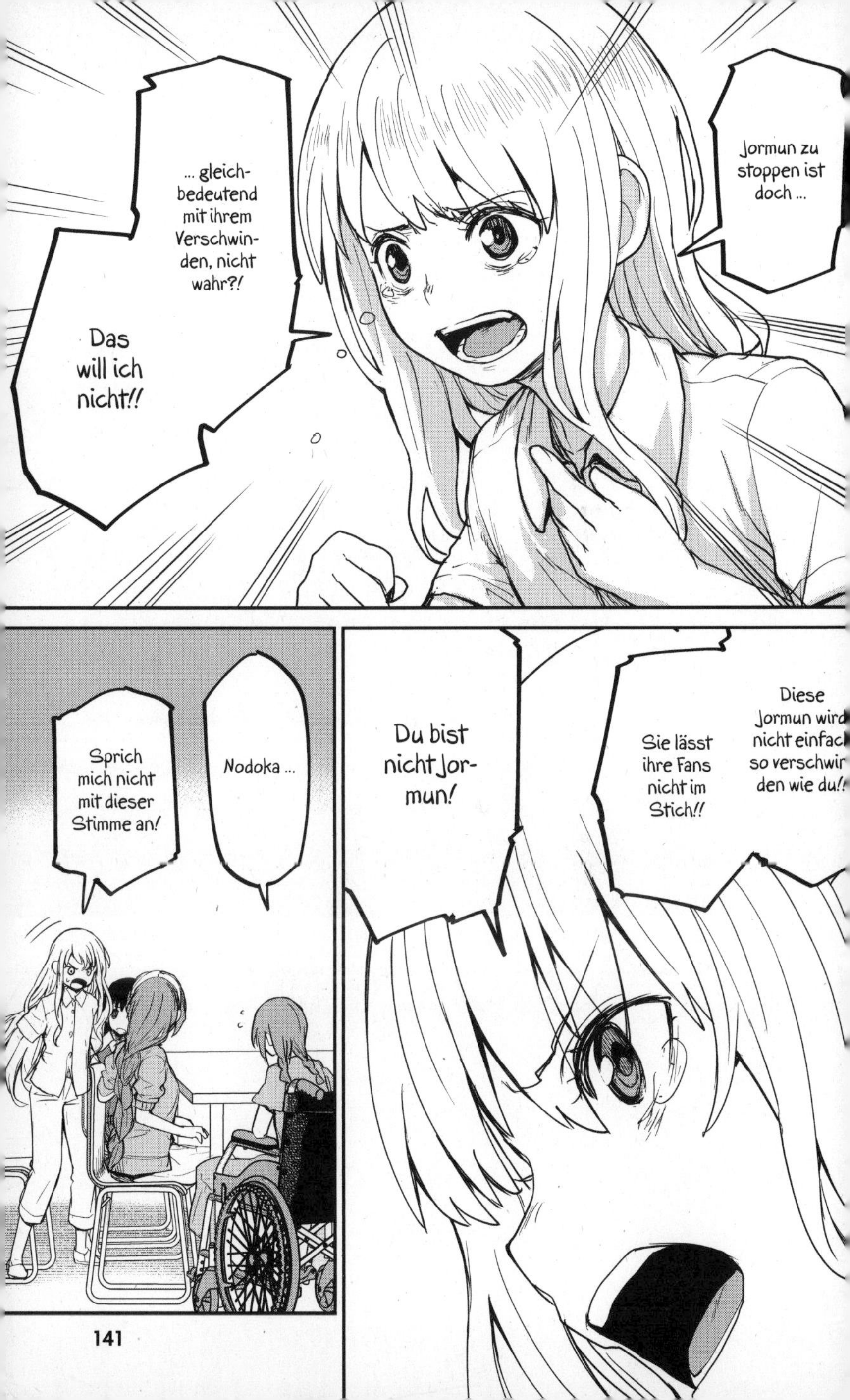
Jormun zu stoppen ist doch ...
... gleich-bedeutend mit ihrem Verschwin-den, nicht wahr?!
Das will ich nicht!!
Diese Jormun wird nicht einfac so verschwir den wie du!!
Sie lässt ihre Fans nicht im Stich!!
Du bist nicht Jor-mun!
Nodoka ...
Sprich mich nicht mit dieser Stimme an!

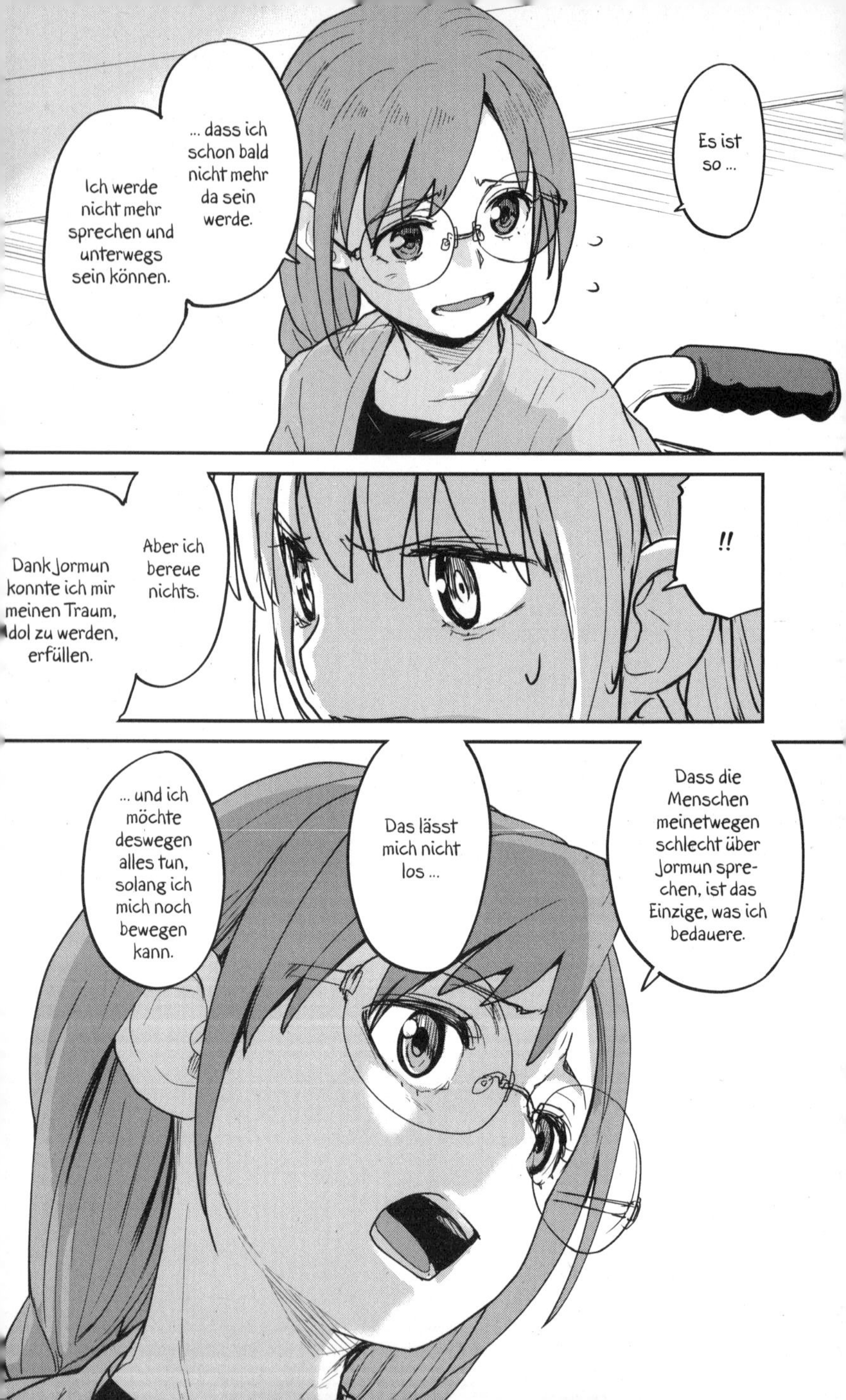
Es ist so ...
... dass ich schon bald nicht mehr da sein werde.
Ich werde nicht mehr sprechen und unterwegs sein können.
!!
Aber ich bereue nichts.
Dank Jormun konnte ich mir meinen Traum, Idol zu werden, erfüllen.
Dass die Menschen meinetwegen schlecht über Jormun sprechen, ist das Einzige, was ich bedauere.
Das lässt mich nicht los ...
... und ich möchte deswegen alles tun, solang ich mich noch bewegen kann.

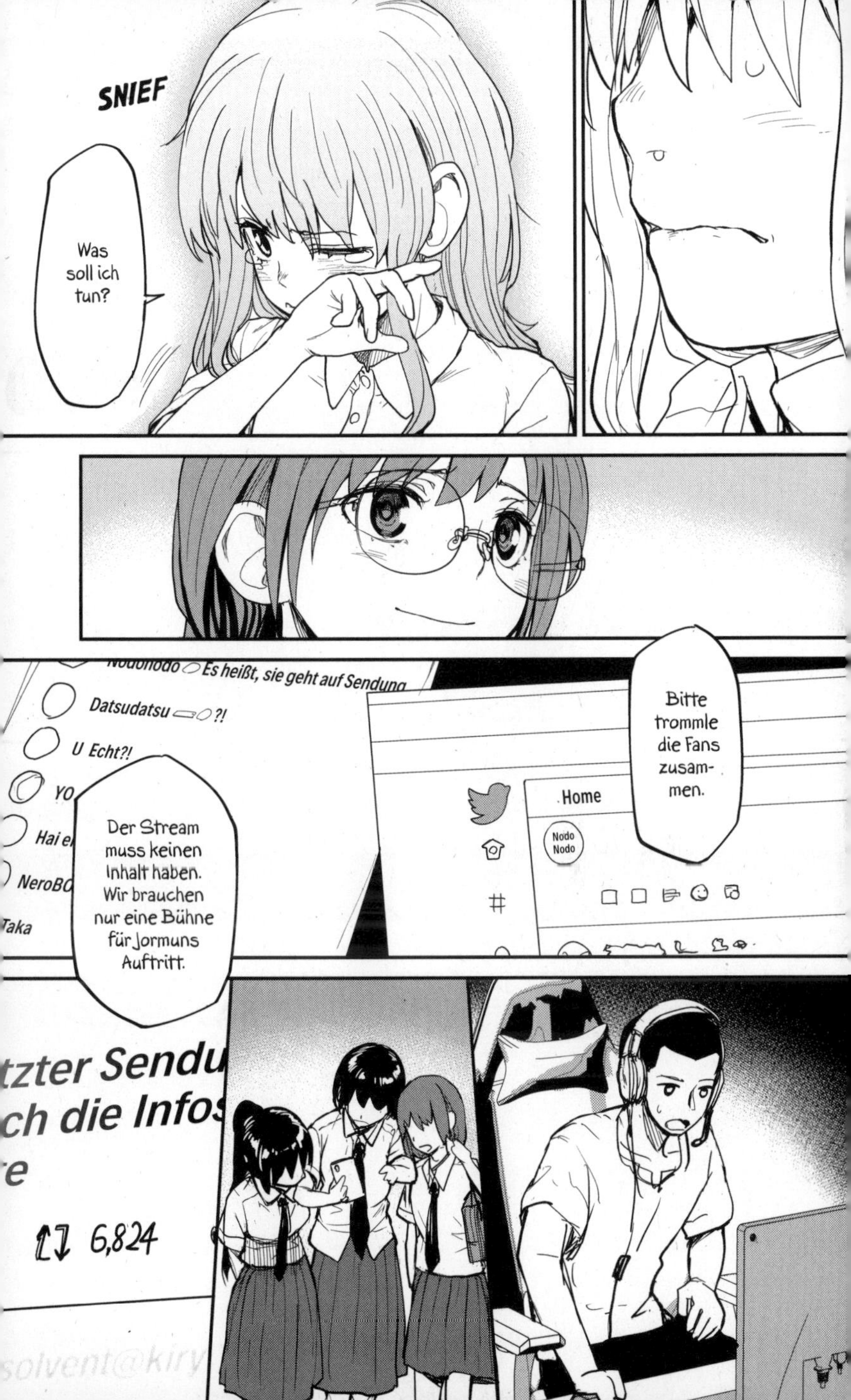
SNIEF
Was soll ich tun?
Bitte trommle die Fans zusammen.
Home
Nodo Nodo
Es heißt, sie geht auf Sendung
Datsudatsu ?!
U Echt?!
Der Stream muss keinen Inhalt haben. Wir brauchen nur eine Bühne für Jormuns Auftritt.
tzter Sendu
ch die Infos
e
6,824
solvent@kiry

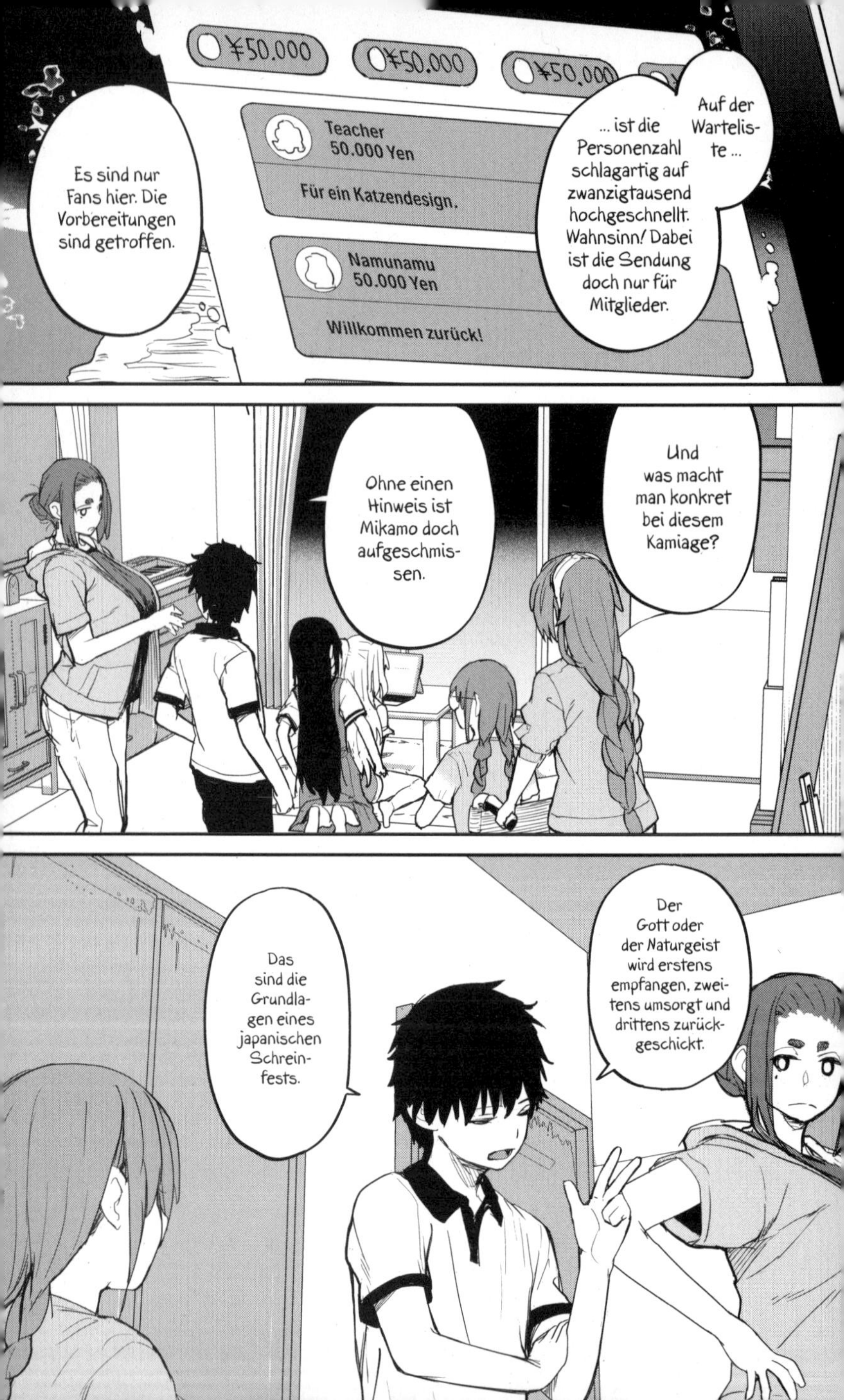
¥50.000
¥50.000
¥50.000
Teacher
50.000 Yen
Für ein Katzendesign.
Namunamu
50.000 Yen
Willkommen zurück!
Auf der Warteliste …
… ist die Personenzahl schlagartig auf zwanzigtausend hochgeschnellt. Wahnsinn! Dabei ist die Sendung doch nur für Mitglieder.
Es sind nur Fans hier. Die Vorbereitungen sind getroffen.
Und was macht man konkret bei diesem Kamiage?
Ohne einen Hinweis ist Mikamo doch aufgeschmissen.
Der Gott oder der Naturgeist wird erstens empfangen, zweitens umsorgt und drittens zurückgeschickt.
Das sind die Grundlagen eines japanischen Schreinfests.

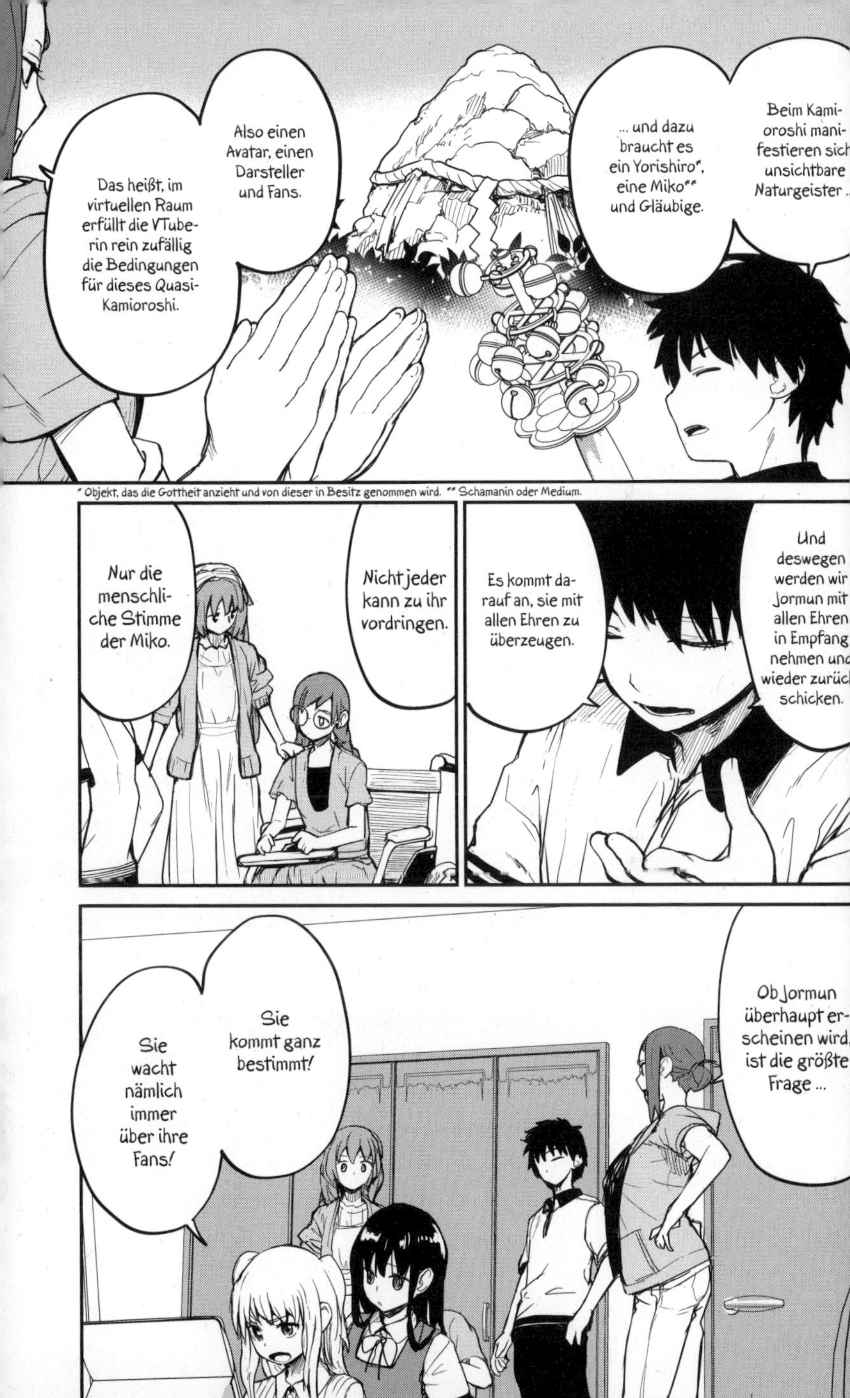

* Objekt, das die Gottheit anzieht und von dieser in Besitz genommen wird. ** Schamanin oder Medium.

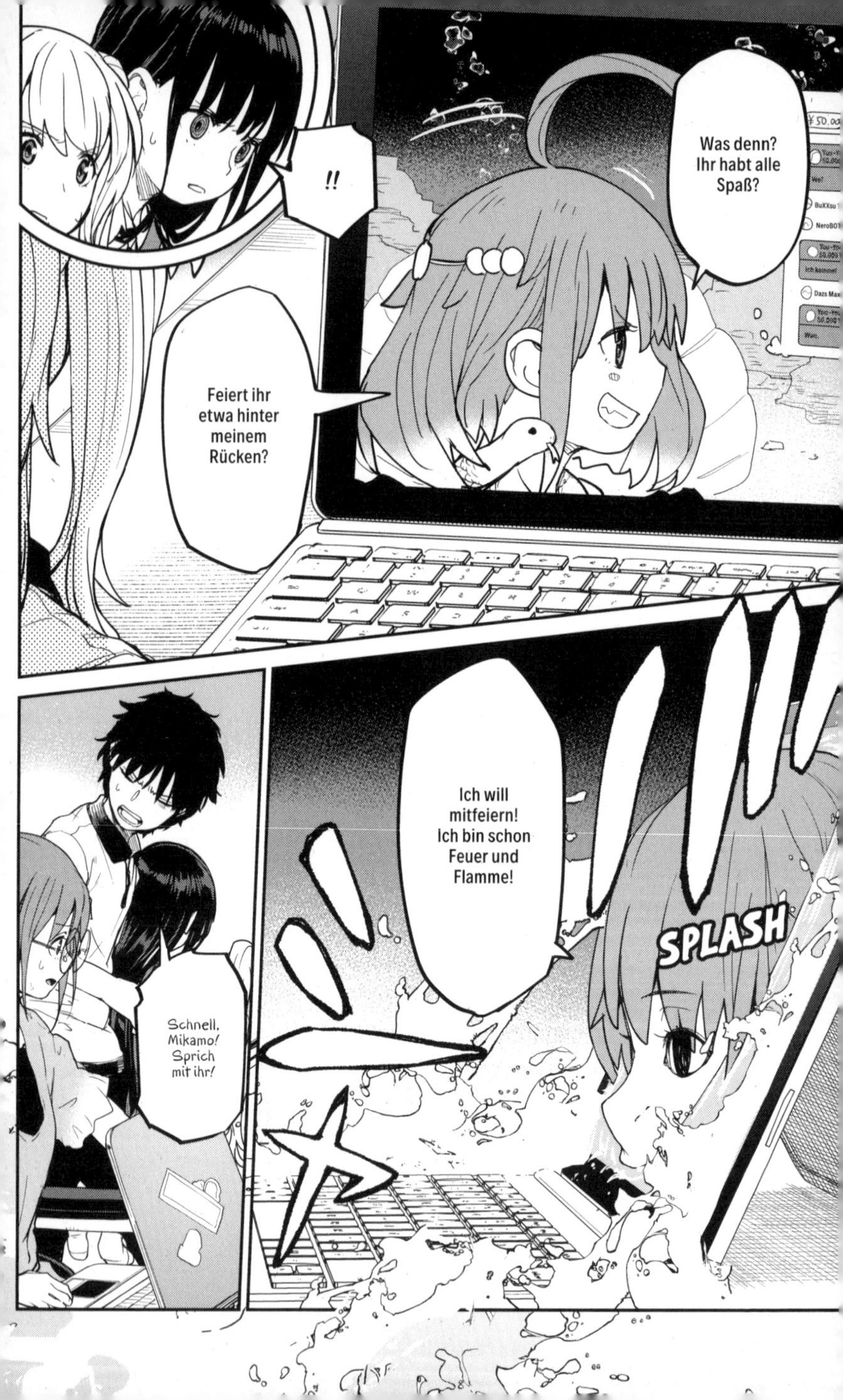
Was denn? Ihr habt alle Spaß?
!!
Feiert ihr etwa hinter meinem Rücken?
Ich will mitfeiern! Ich bin schon Feuer und Flamme!
SPLASH
Schnell, Mikamo! Sprich mit ihr!

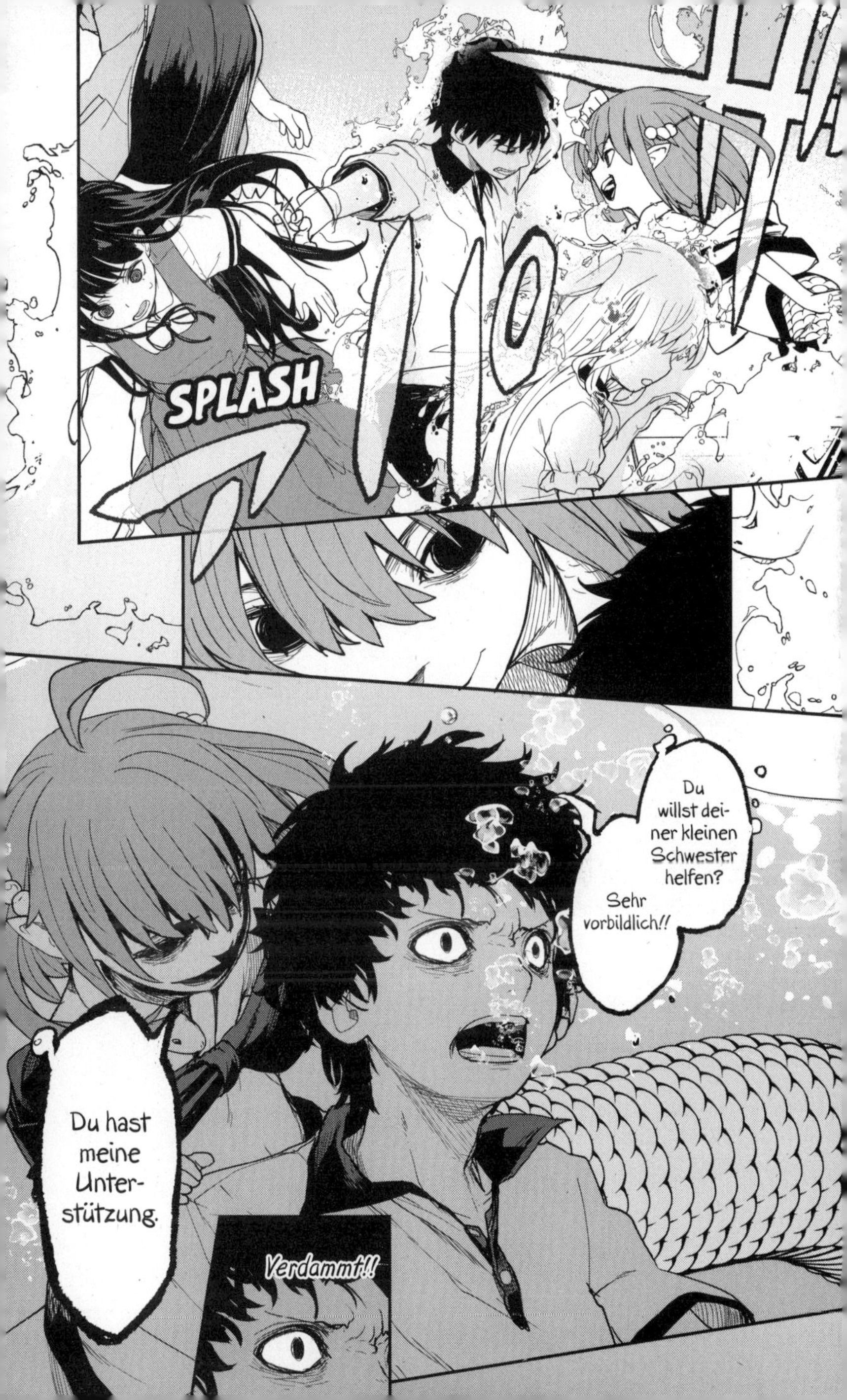
SPLASH
Du willst deiner kleinen Schwester helfen?
Sehr vorbildlich!!
Du hast meine Unterstützung.
Verdammt!!

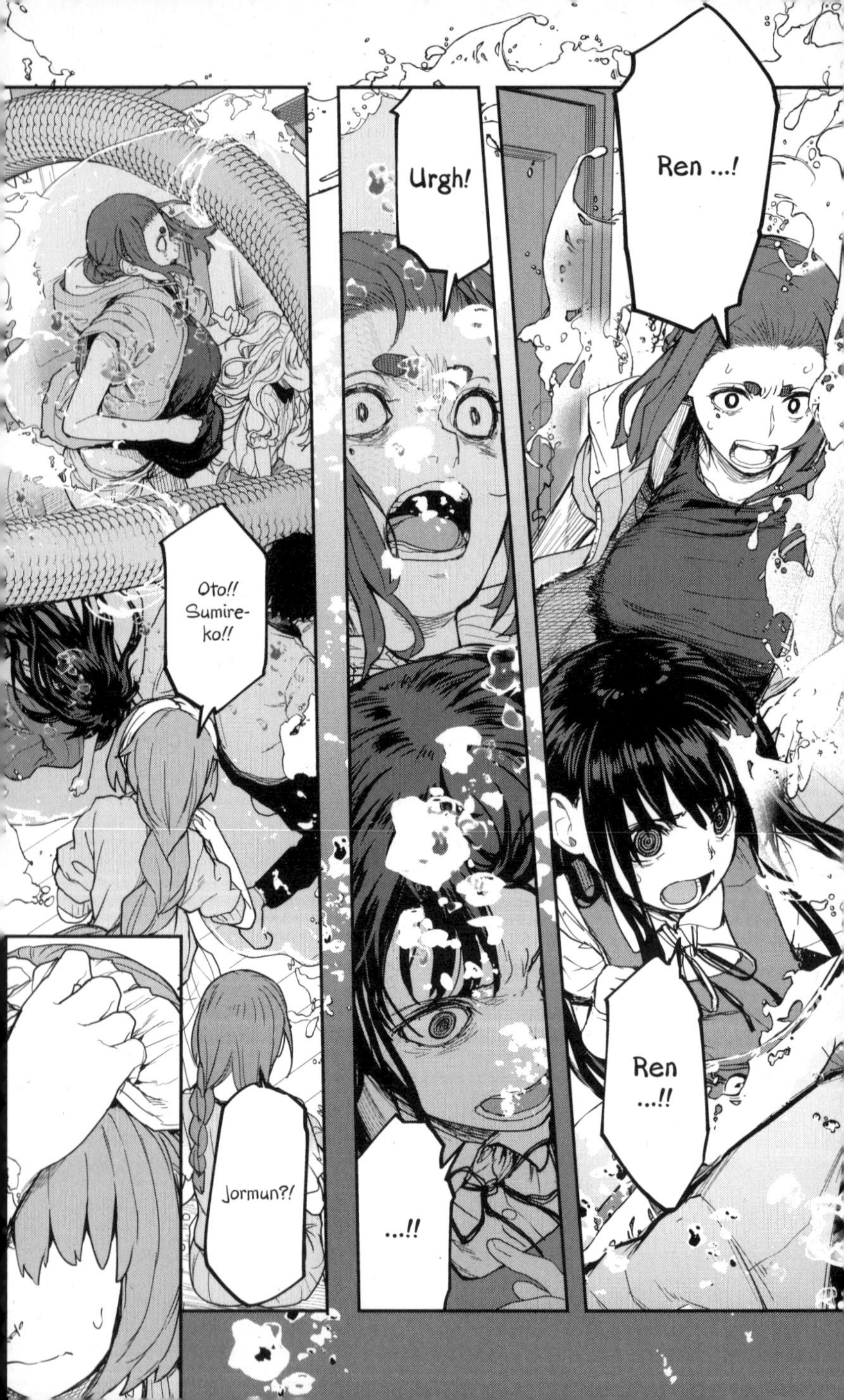

Ren ...!
Ren ...!!
Urgh!
...!!
Oto!! Sumire-ko!!
Jormun?!

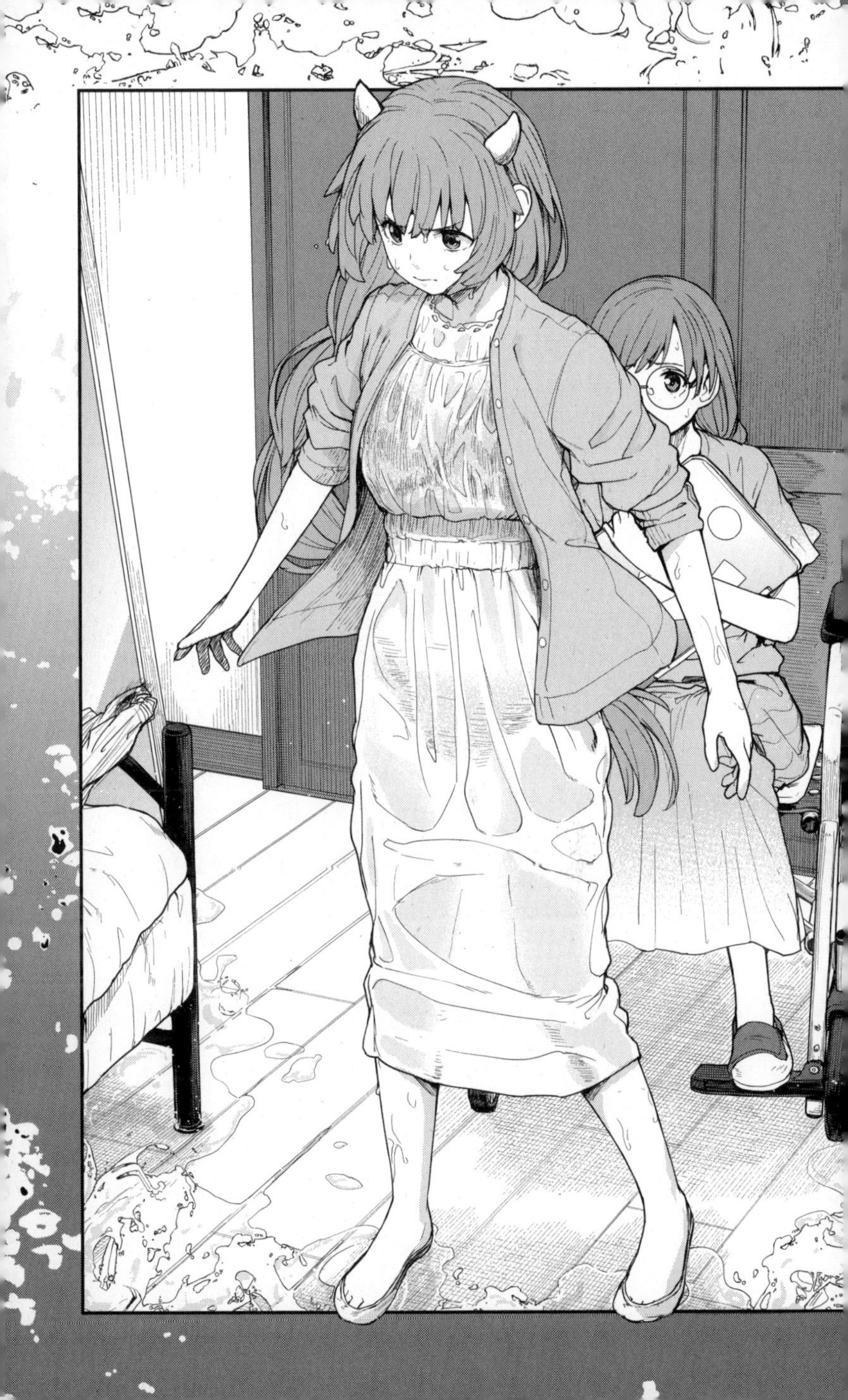

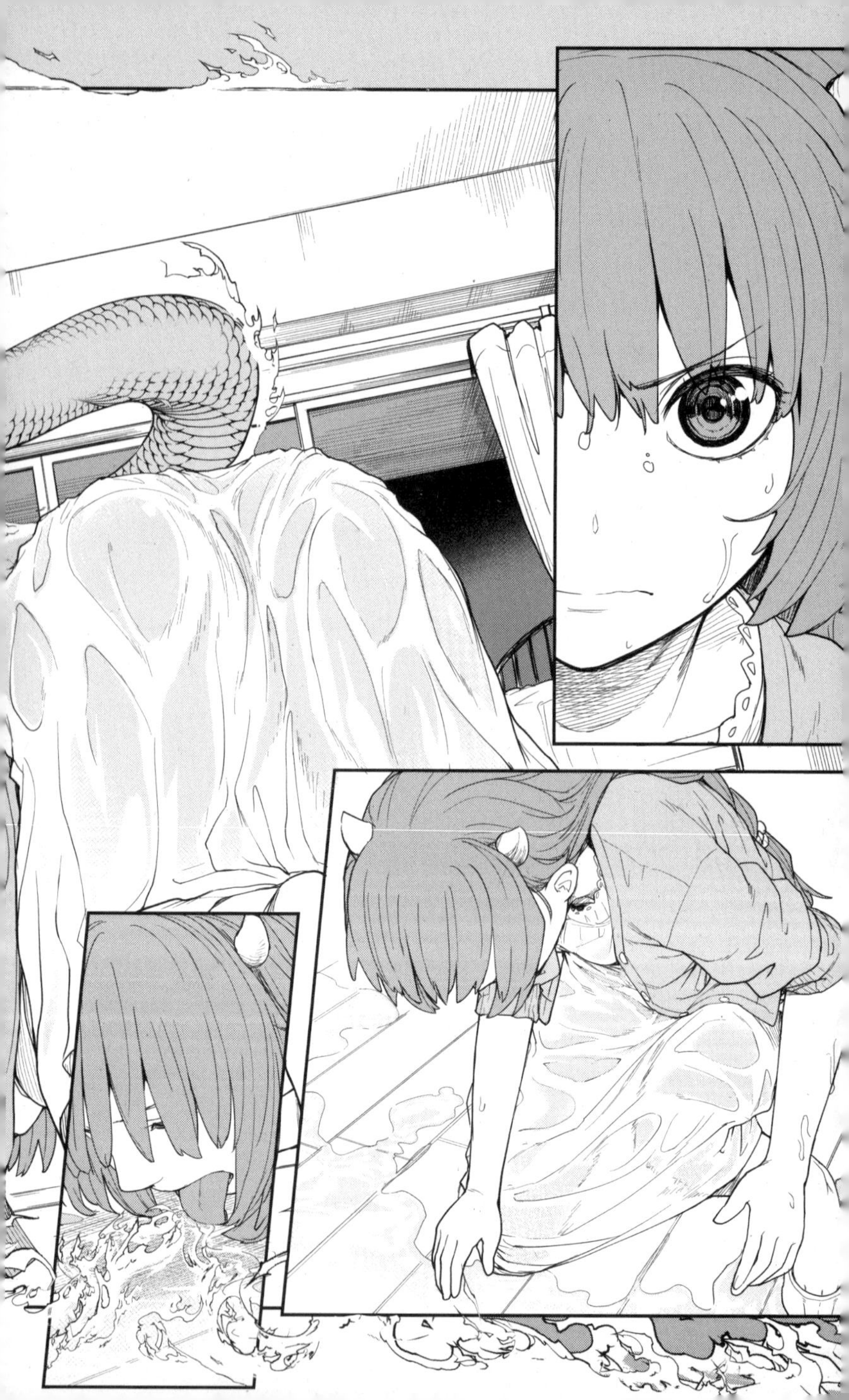

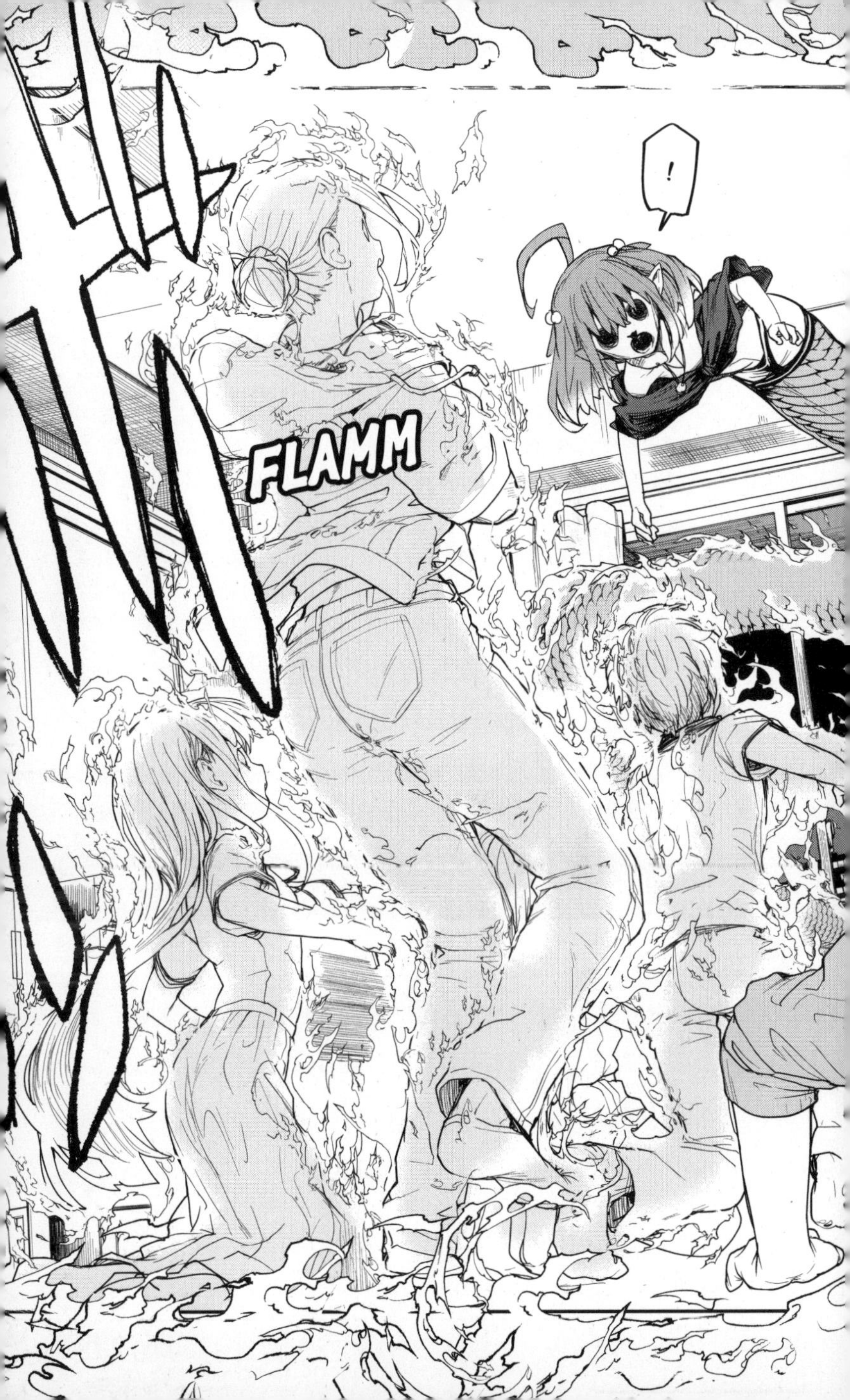
!
FLAMM

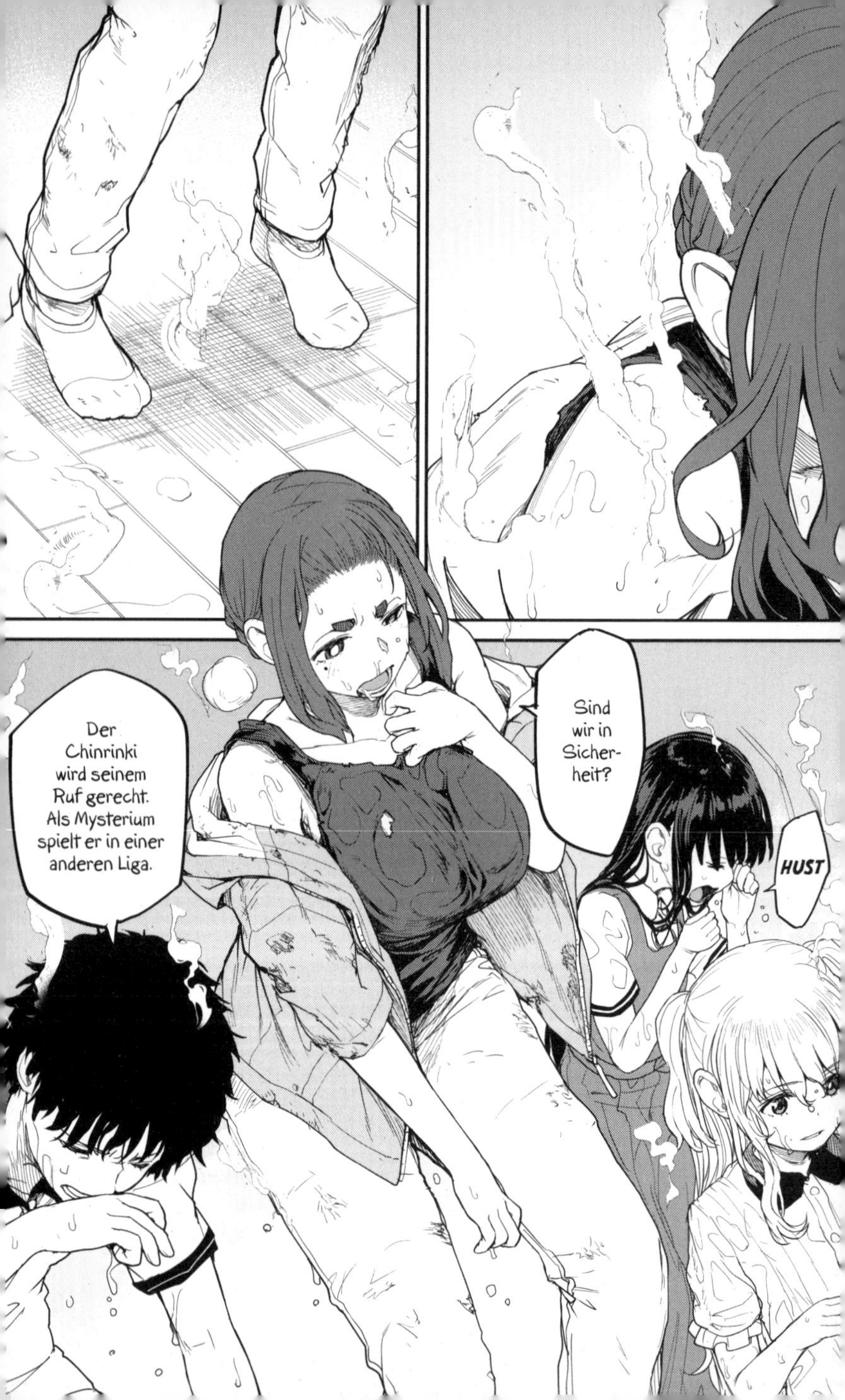
Sind wir in Sicher-heit?
HUST
Der Chinrinki wird seinem Ruf gerecht. Als Mysterium spielt er in einer anderen Liga.

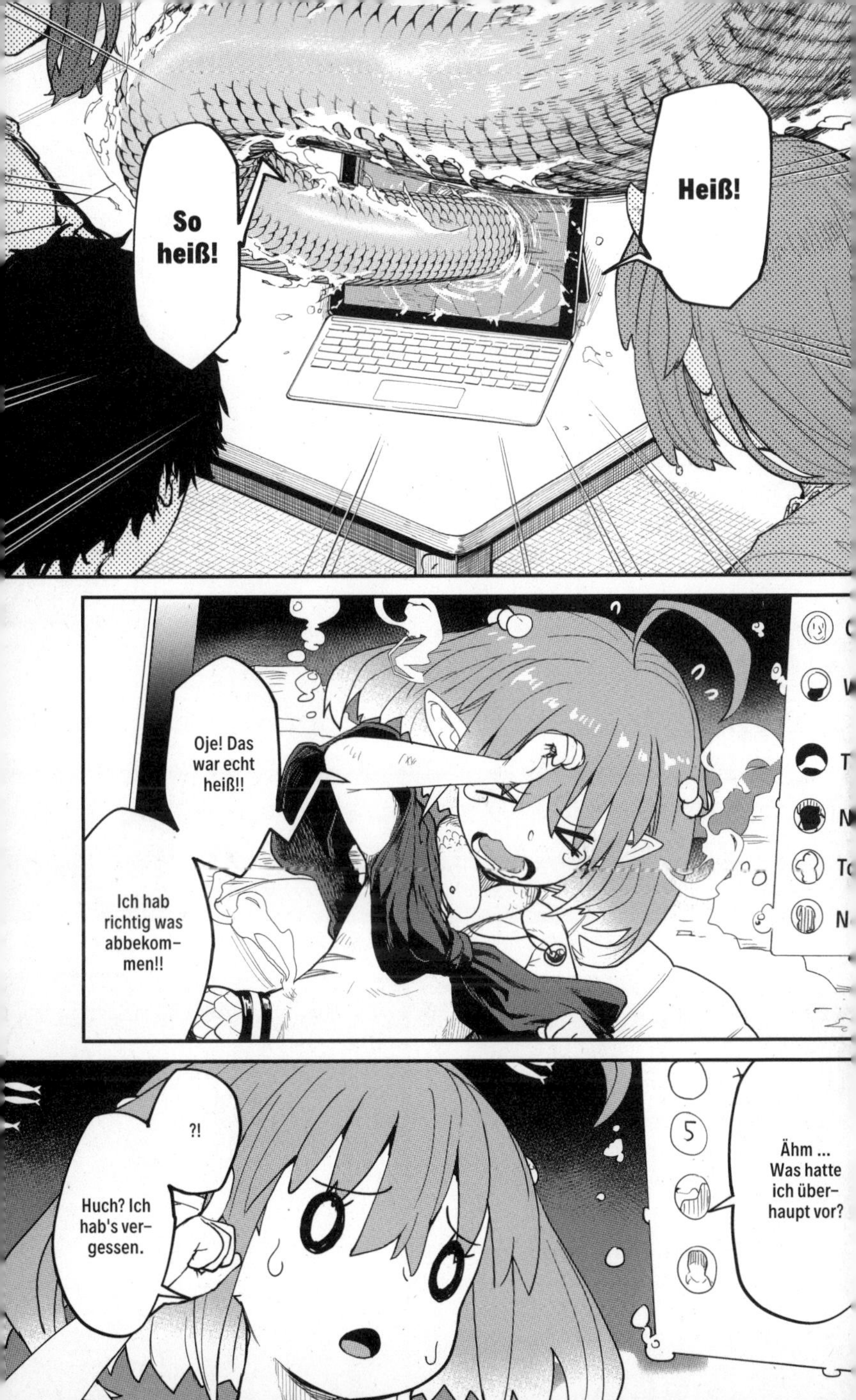
Heiß!
So heiß!
Oje! Das war echt heiß!!
Ich hab richtig was abbekom-men!!
Ähm ... Was hatte ich über-haupt vor?
?!
Huch? Ich hab's ver-gessen.

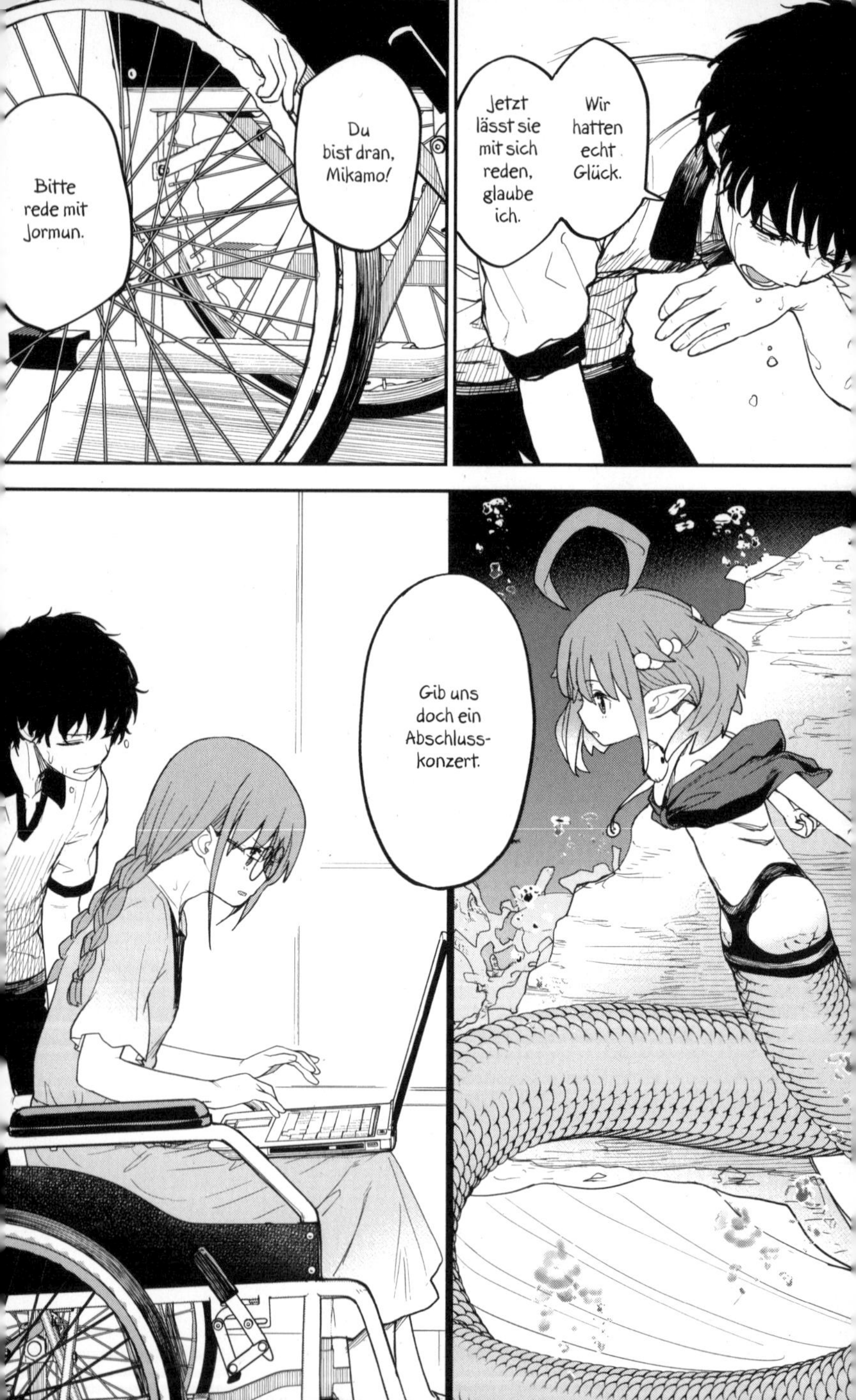
Wir hatten echt Glück.
Jetzt lässt sie mit sich reden, glaube ich.
Du bist dran, Mikamo!
Bitte rede mit Jormun.
Gib uns doch ein Abschluss-konzert.

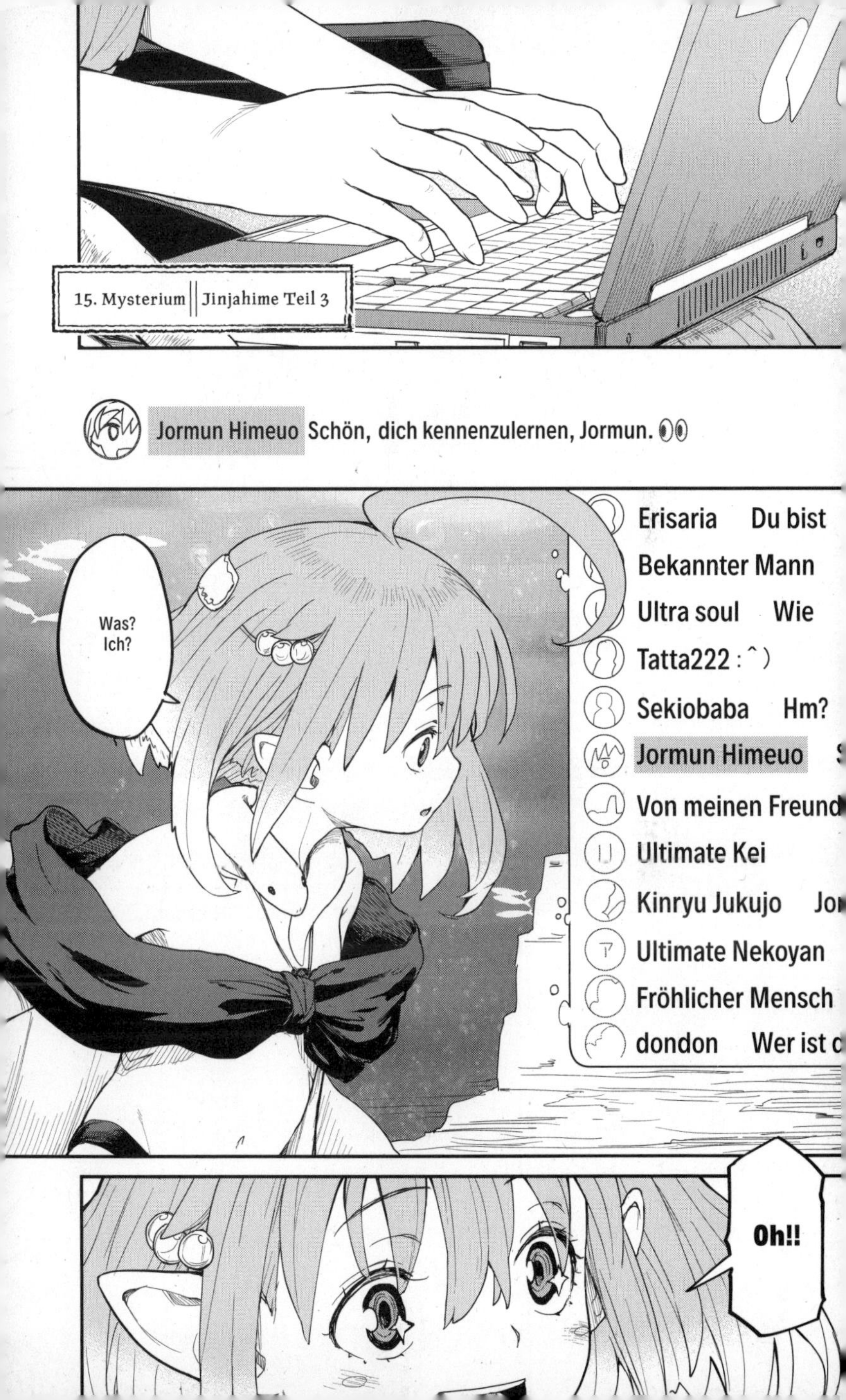

15. Mysterium || Jinjahime Teil 3

Jormun Himeuo Schön, dich kennenzulernen, Jormun.

Erisaria Du bist

Bekannter Mann

Ultra soul Wie

Tatta222 :^)

Sekiobaba Hm?

Jormun Himeuo

Von meinen Freund

Ultimate Kei

Kinryu Jukujo Jo

Ultimate Nekoyan

Fröhlicher Mensch

dondon Wer ist

Was? Ich?

Oh!!

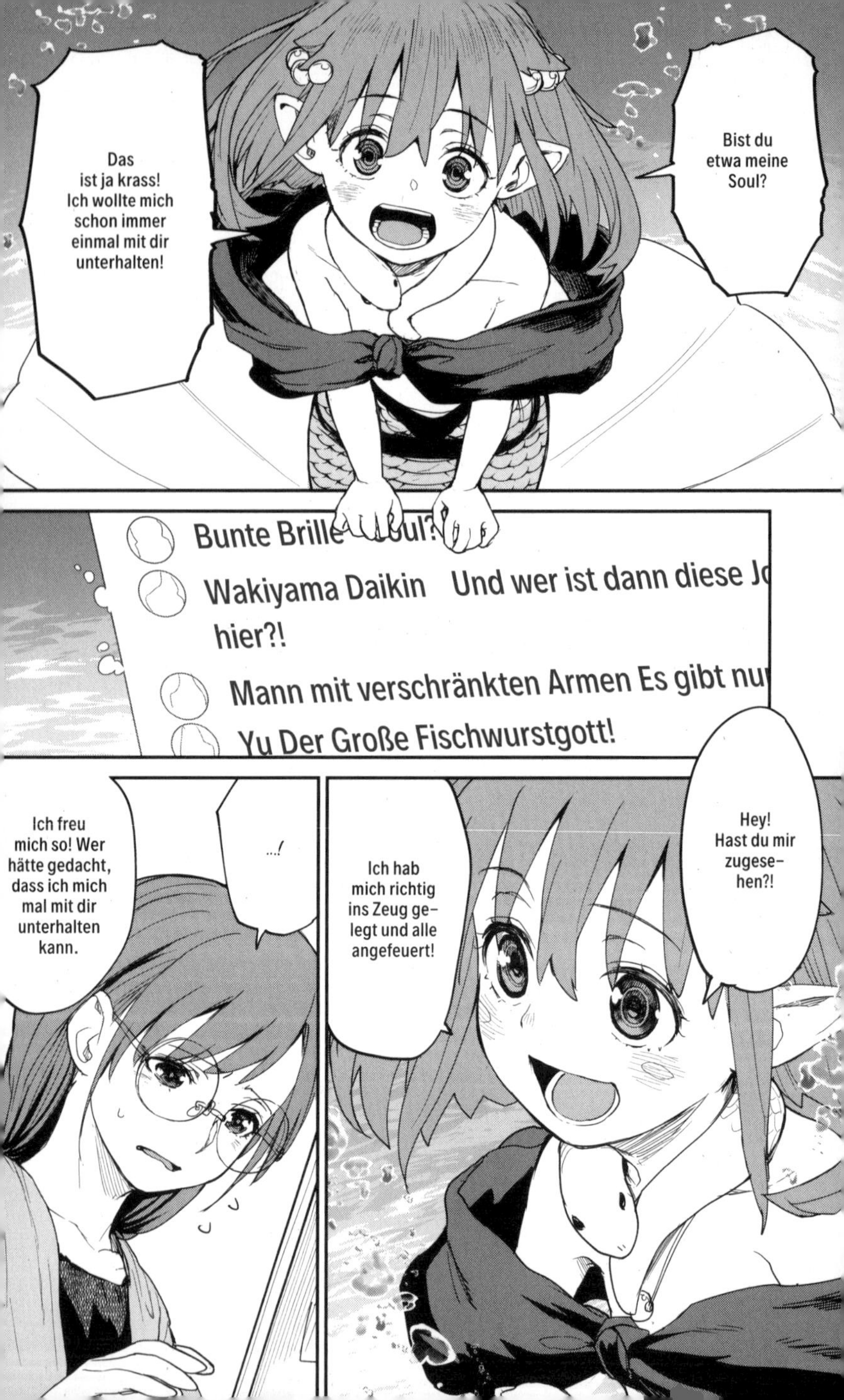
Bist du etwa meine Soul?
Das ist ja krass! Ich wollte mich schon immer einmal mit dir unterhalten!
Bunte Brille Soul?
Wakiyama Daikin Und wer ist dann diese Jo
hier?!
Mann mit verschränkten Armen Es gibt nu
Yu Der Große Fischwurstgott!
Hey! Hast du mir zugese-hen?!
Ich hab mich richtig ins Zeug ge-legt und alle angefeuert!
...!
Ich freu mich so! Wer hätte gedacht, dass ich mich mal mit dir unterhalten kann.

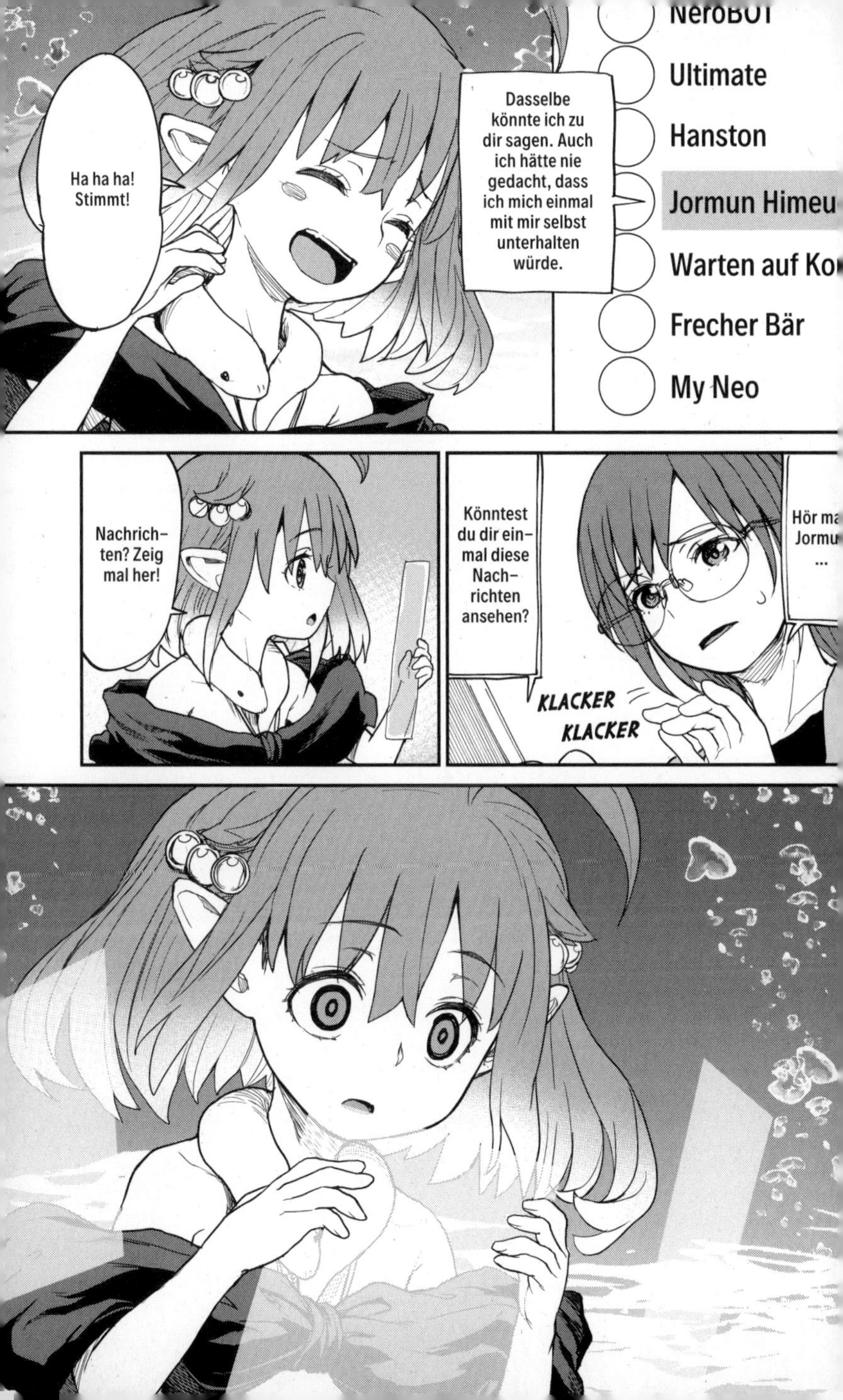
NeroBOT
Ultimate
Hanston
Jormun Himeu
Warten auf Ko
Frecher Bär
My Neo
Dasselbe könnte ich zu dir sagen. Auch ich hätte nie gedacht, dass ich mich einmal mit mir selbst unterhalten würde.
Ha ha ha! Stimmt!
Hör ma Jormu ...
Könntest du dir einmal diese Nachrichten ansehen?
KLACKER KLACKER
Nachrichten? Zeig mal her!

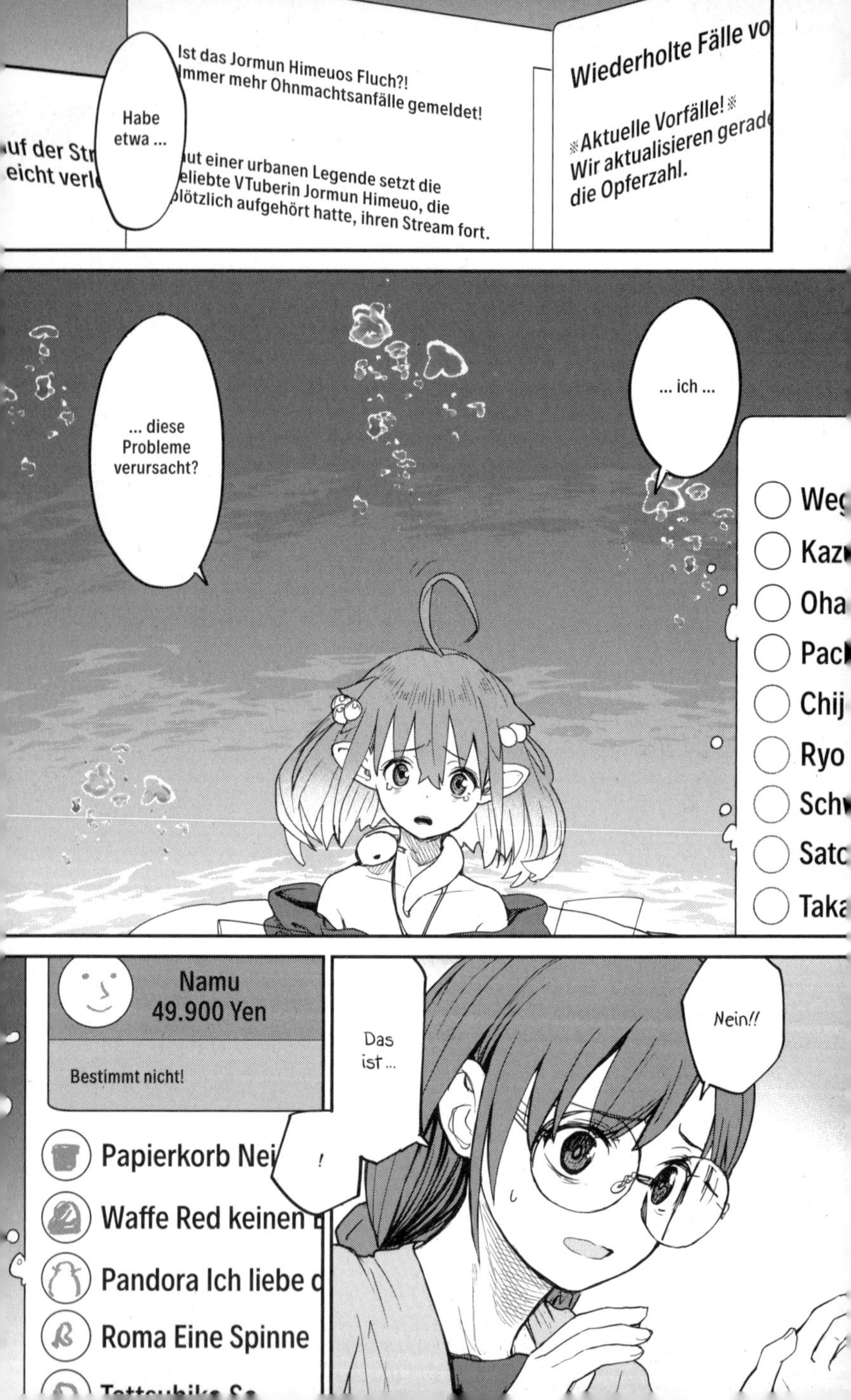
Wiederholte Fälle vo
※Aktuelle Vorfälle!※
Wir aktualisieren gerade
die Opferzahl.
Ist das Jormun Himeuos Fluch?!
Immer mehr Ohnmachtsanfälle gemeldet!
ut einer urbanen Legende setzt die
eliebte VTuberin Jormun Himeuo, die
plötzlich aufgehört hatte, ihren Stream fort.
Habe etwa ...
uf der Str
eicht verle
... ich ...
... diese Probleme verursacht?
Weg
Kaz
Oha
Pac
Chij
Ryo
Sch
Satc
Taka
Nein!!
Das ist ...
!
Namu
49.900 Yen
Bestimmt nicht!
Papierkorb Nei
Waffe Red keinen
Pandora Ich liebe
Roma Eine Spinne

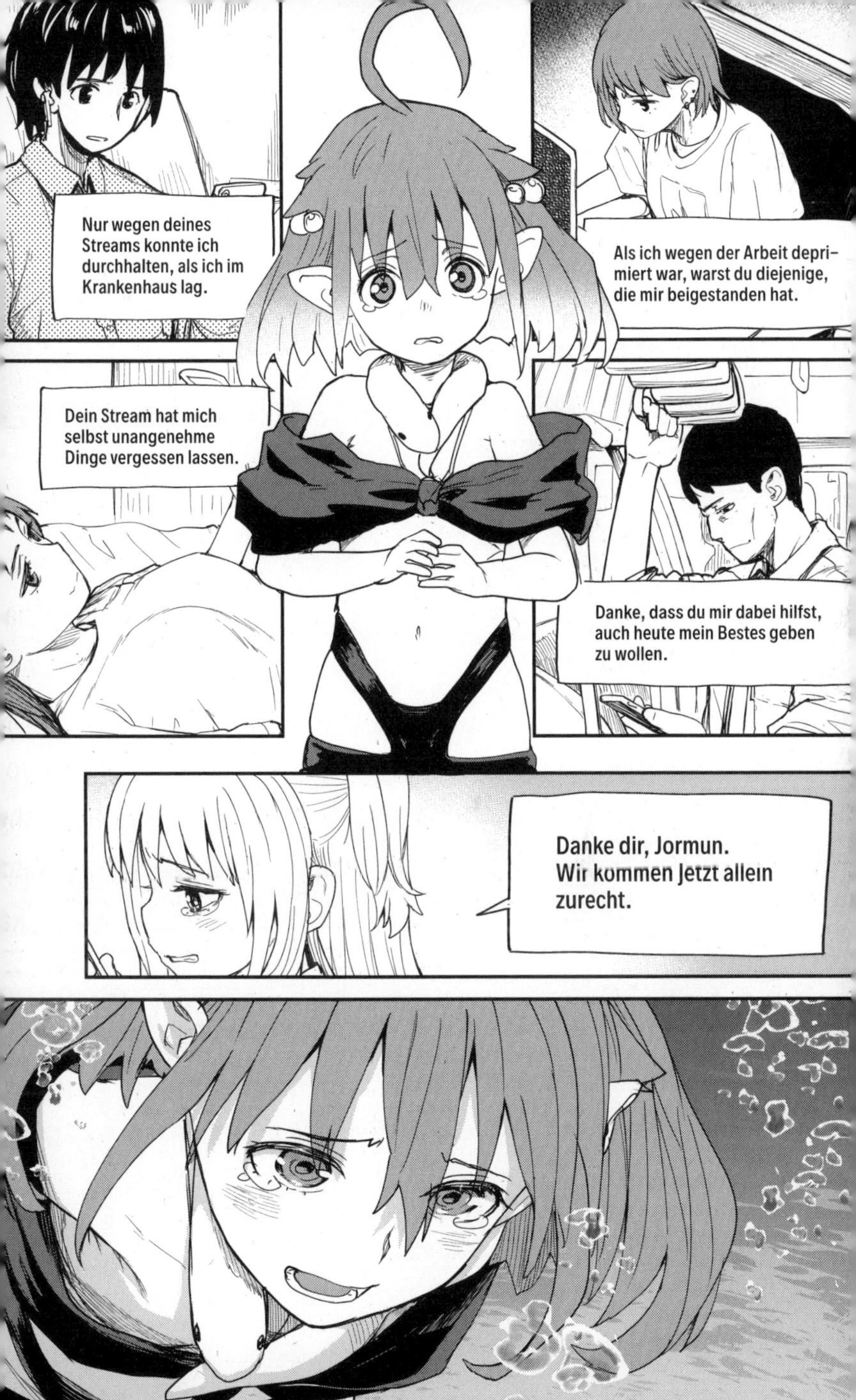
Nur wegen deines Streams konnte ich durchhalten, als ich im Krankenhaus lag.
Als ich wegen der Arbeit deprimiert war, warst du diejenige, die mir beigestanden hat.
Dein Stream hat mich selbst unangenehme Dinge vergessen lassen.
Danke, dass du mir dabei hilfst, auch heute mein Bestes geben zu wollen.
Danke dir, Jormun. Wir kommen jetzt allein zurecht.

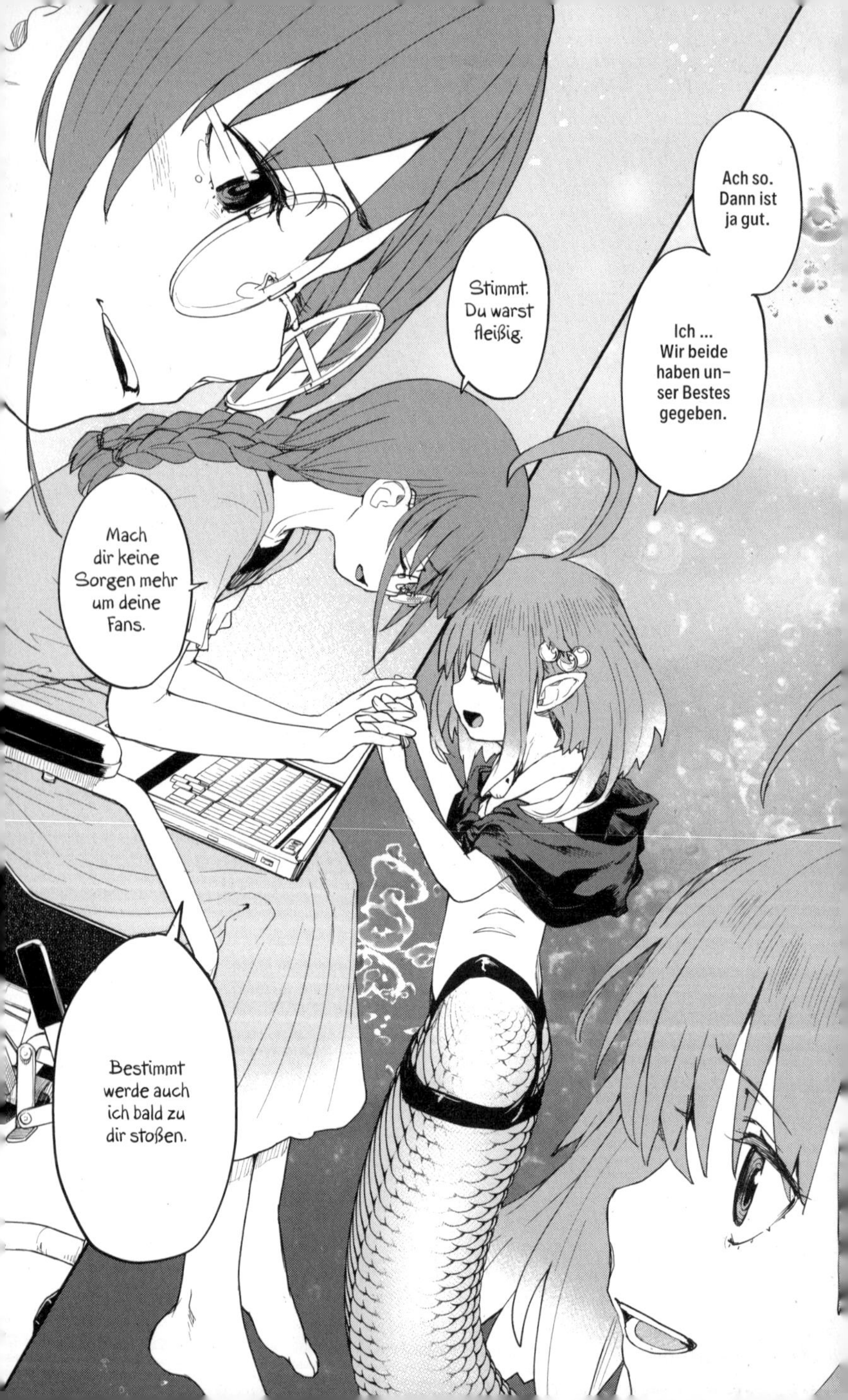
Ach so. Dann ist ja gut.
Ich ... Wir beide haben un-ser Bestes gegeben.
Stimmt. Du warst fleißig.
Mach dir keine Sorgen mehr um deine Fans.
Bestimmt werde auch ich bald zu dir stoßen.

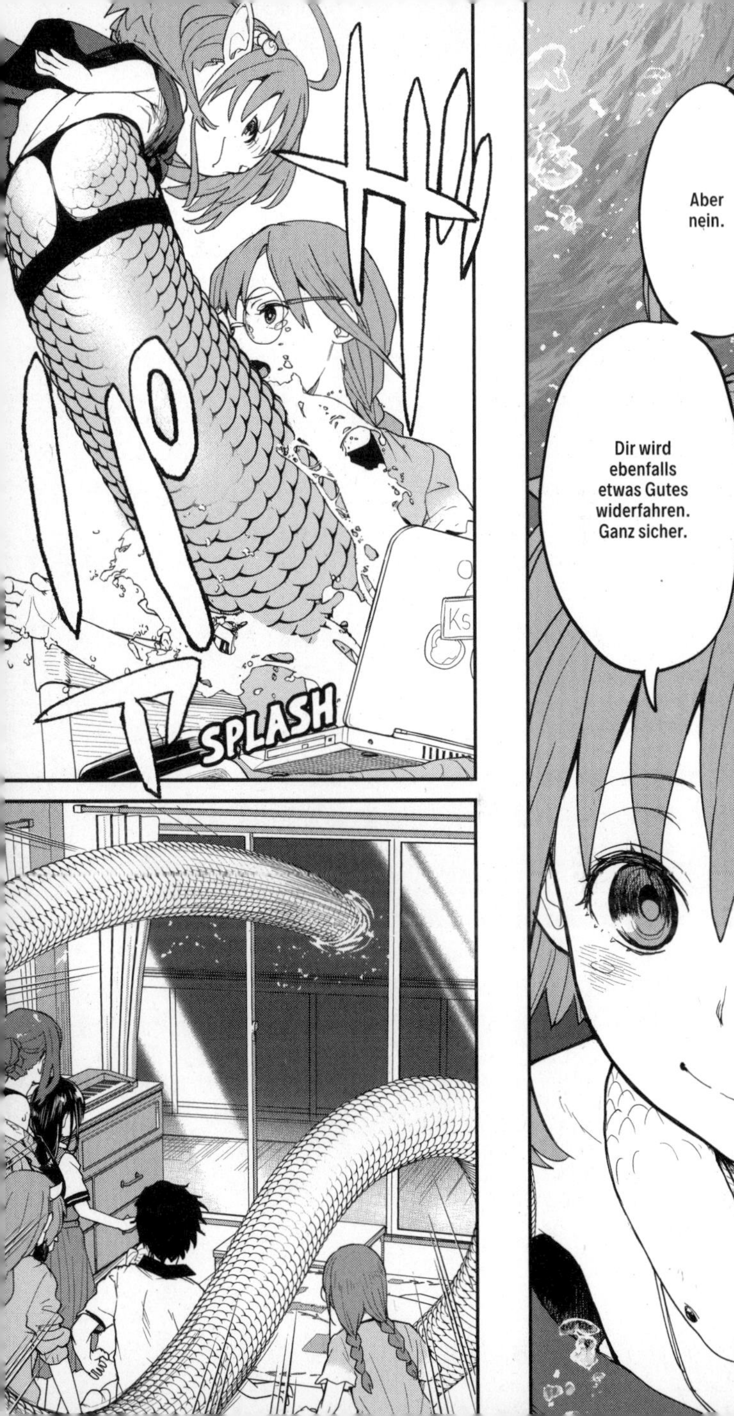
SPLASH
Aber nein.
Dir wird ebenfalls etwas Gutes widerfahren. Ganz sicher.

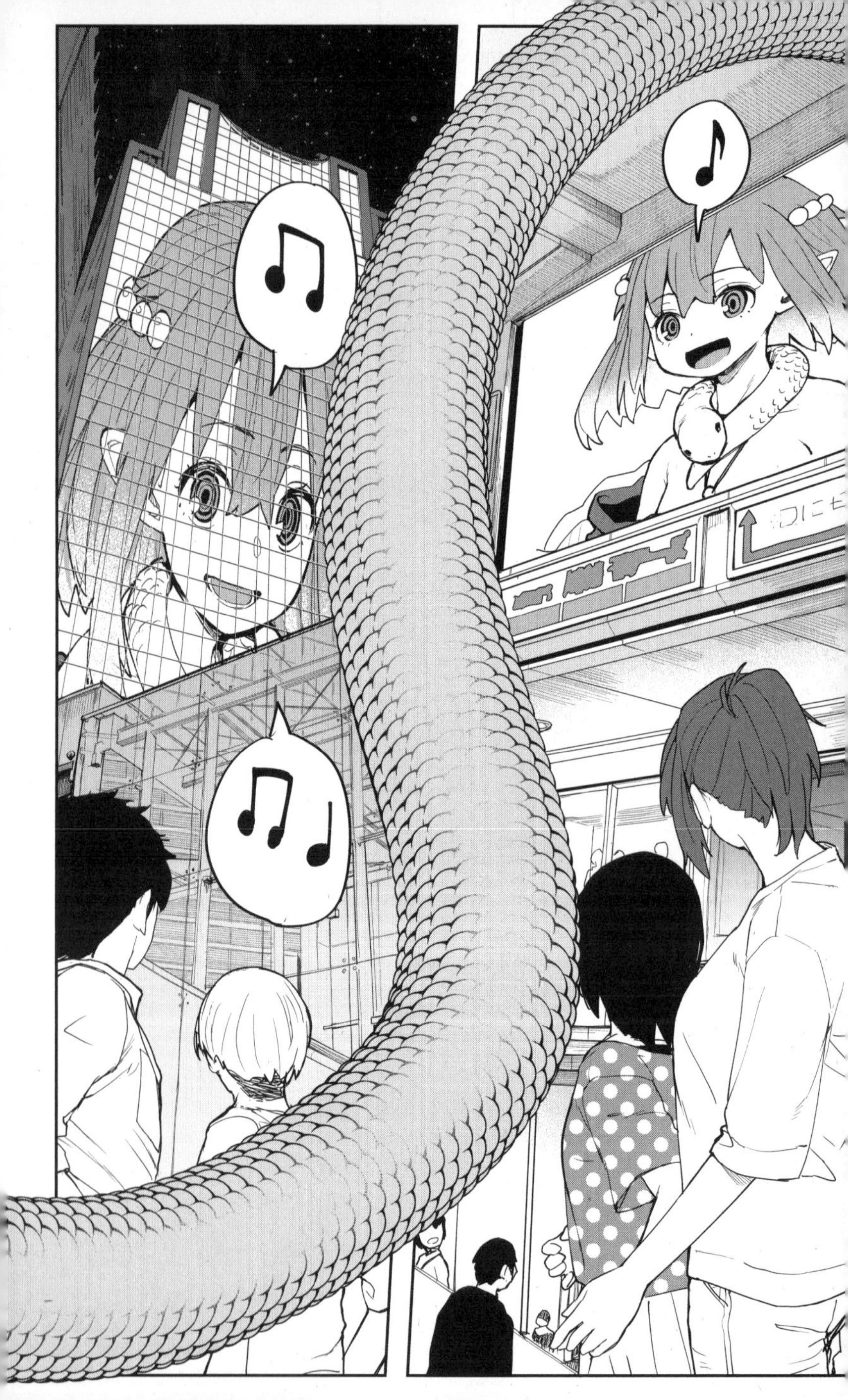

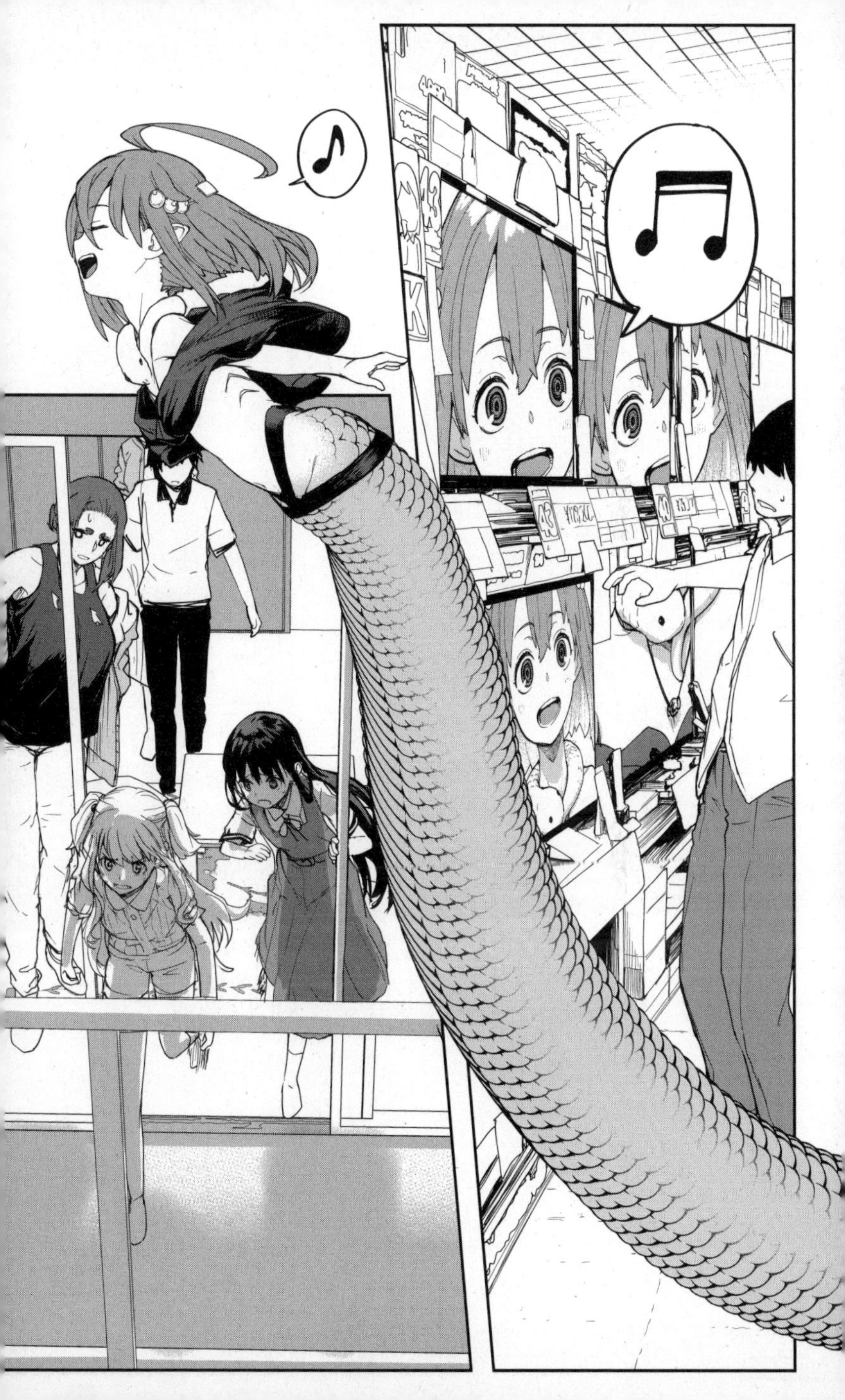

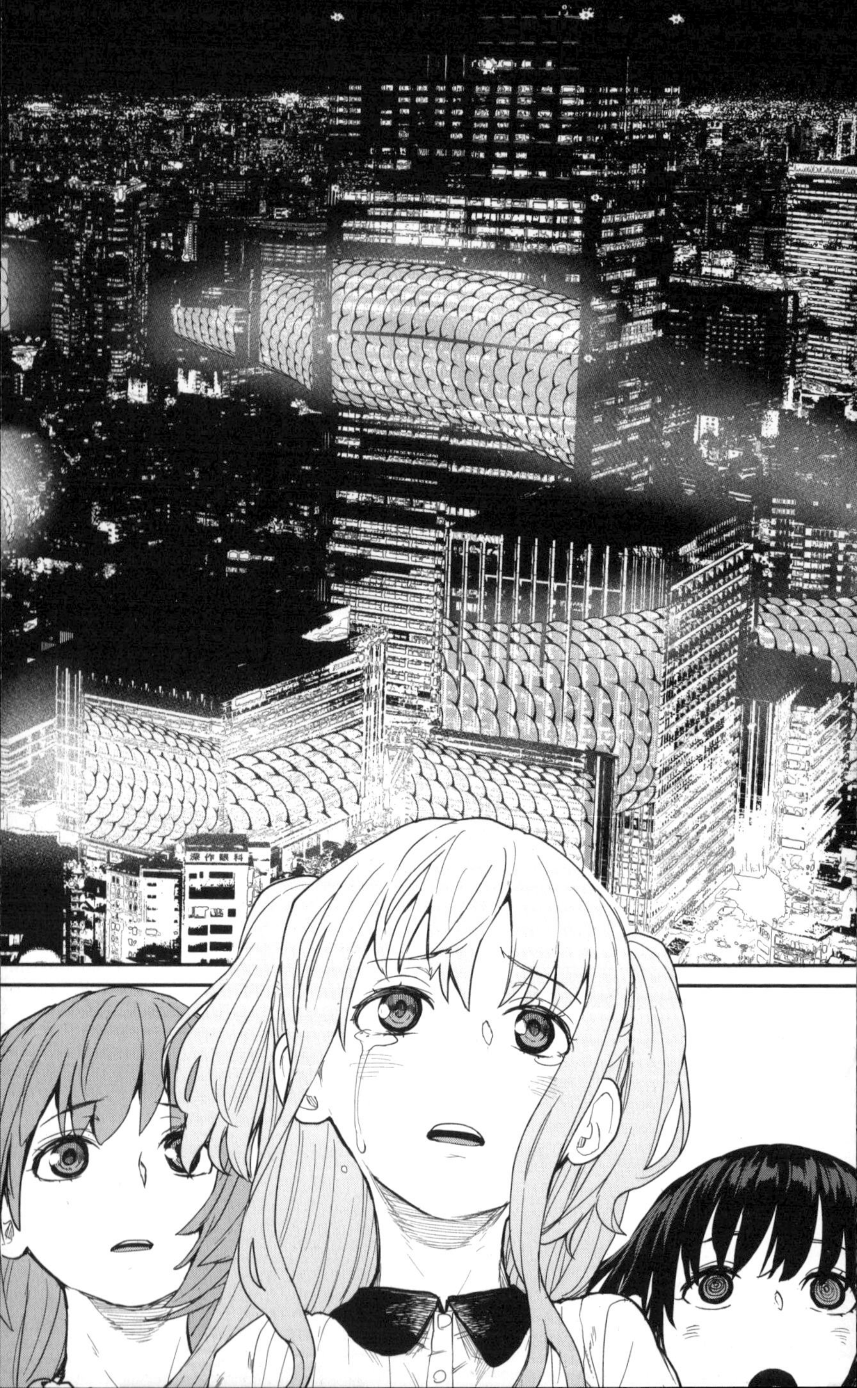
深作眼科

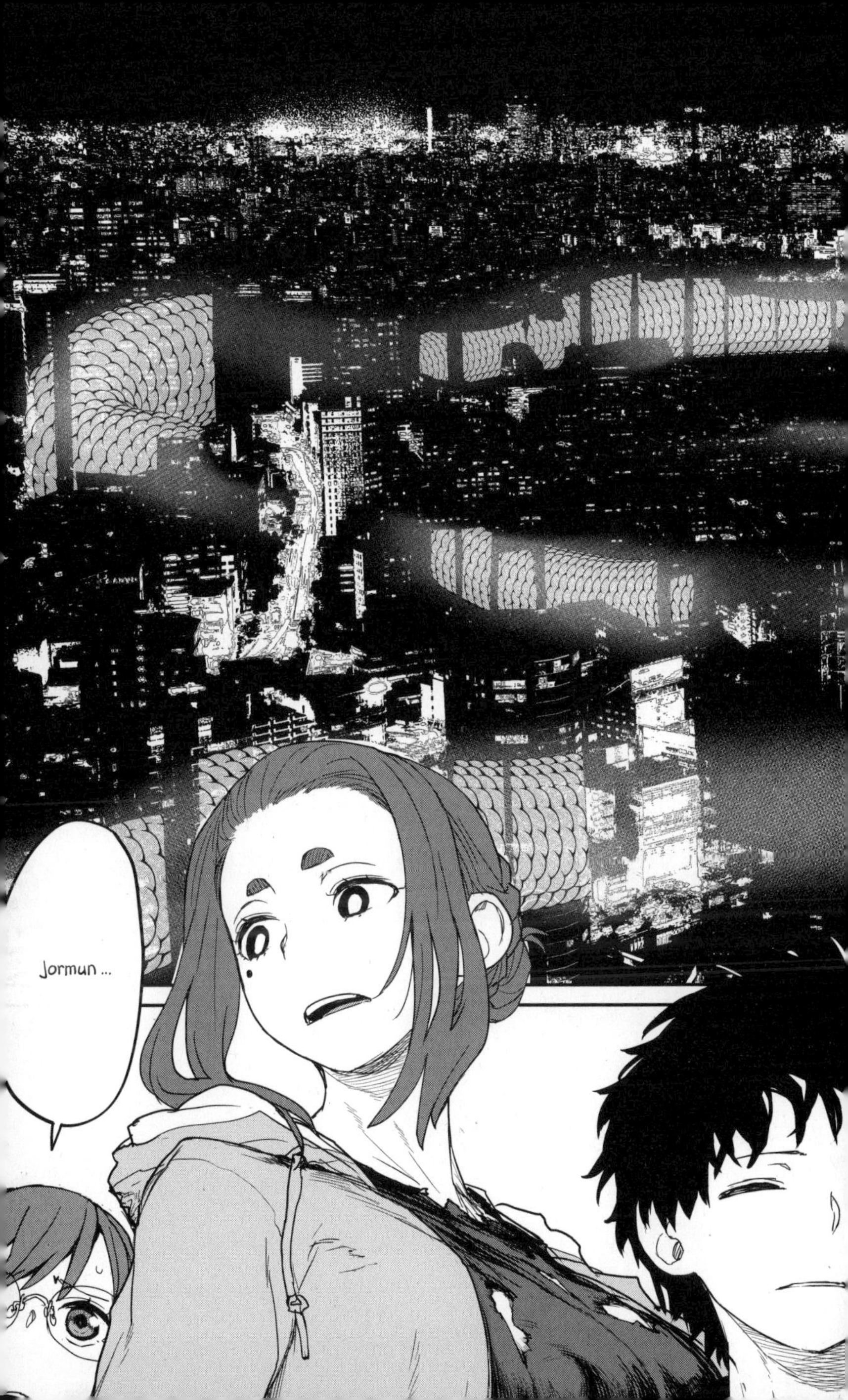
Jormun ...

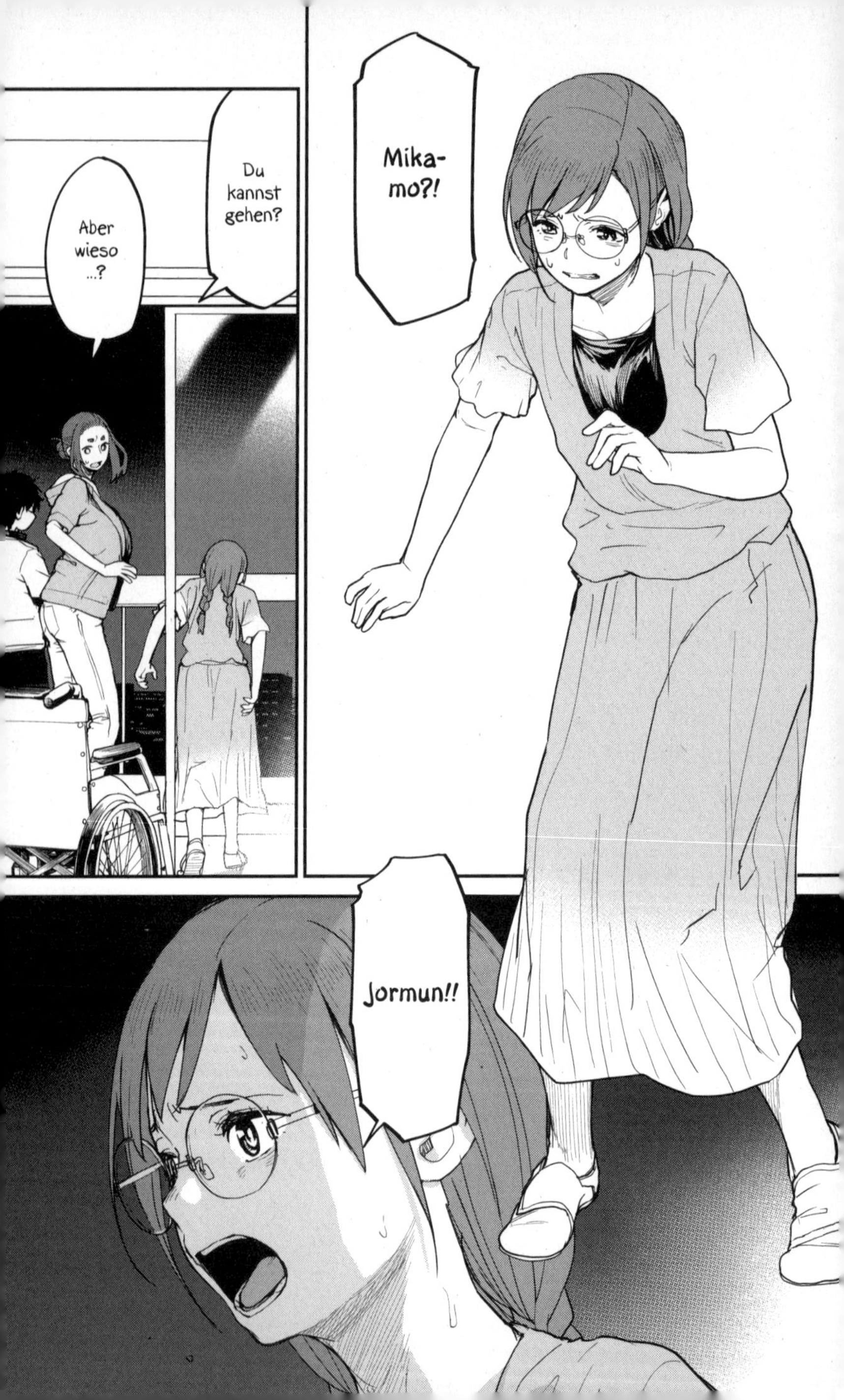
Mika-
mo?!
Du kannst gehen?
Aber wieso ...?
Jormun!!

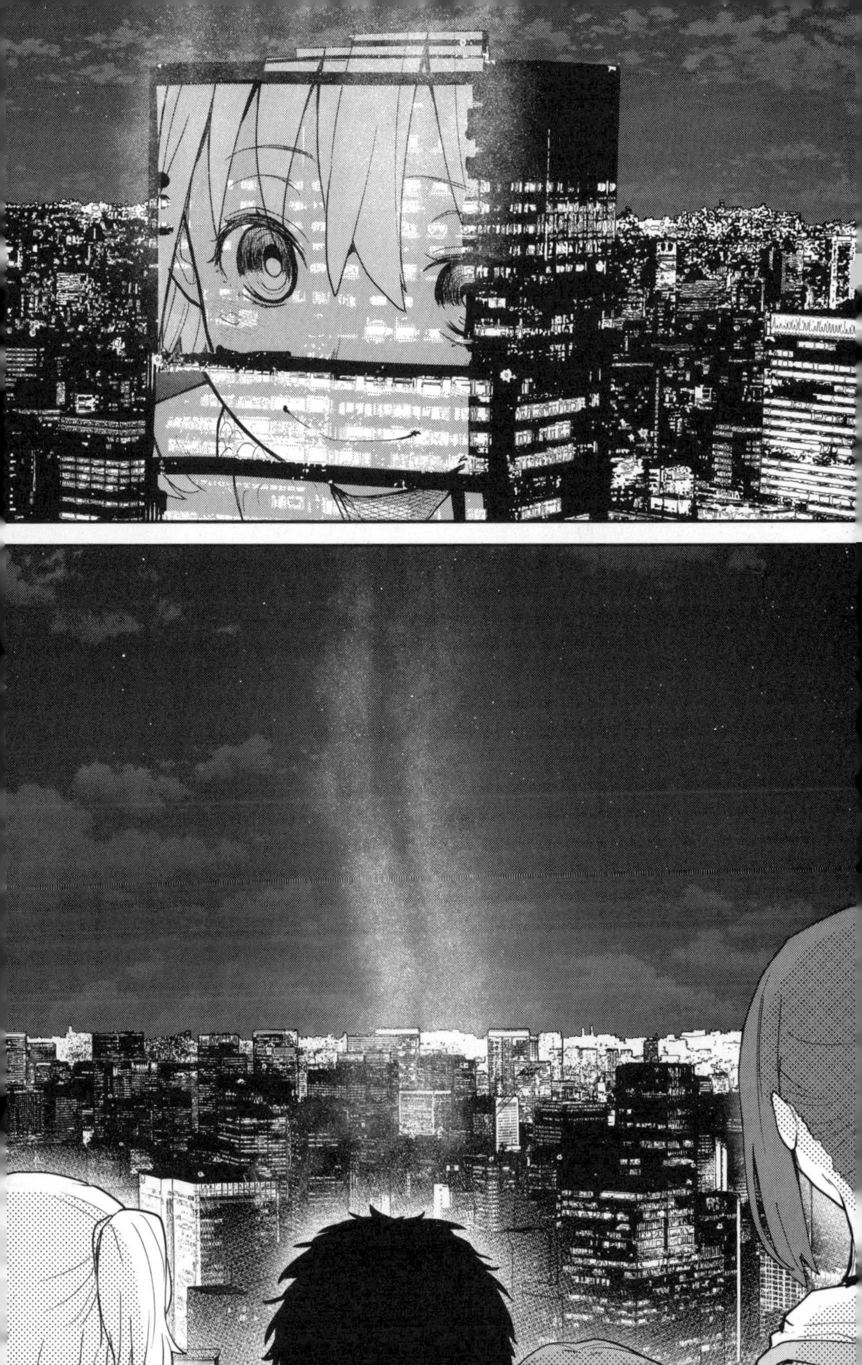

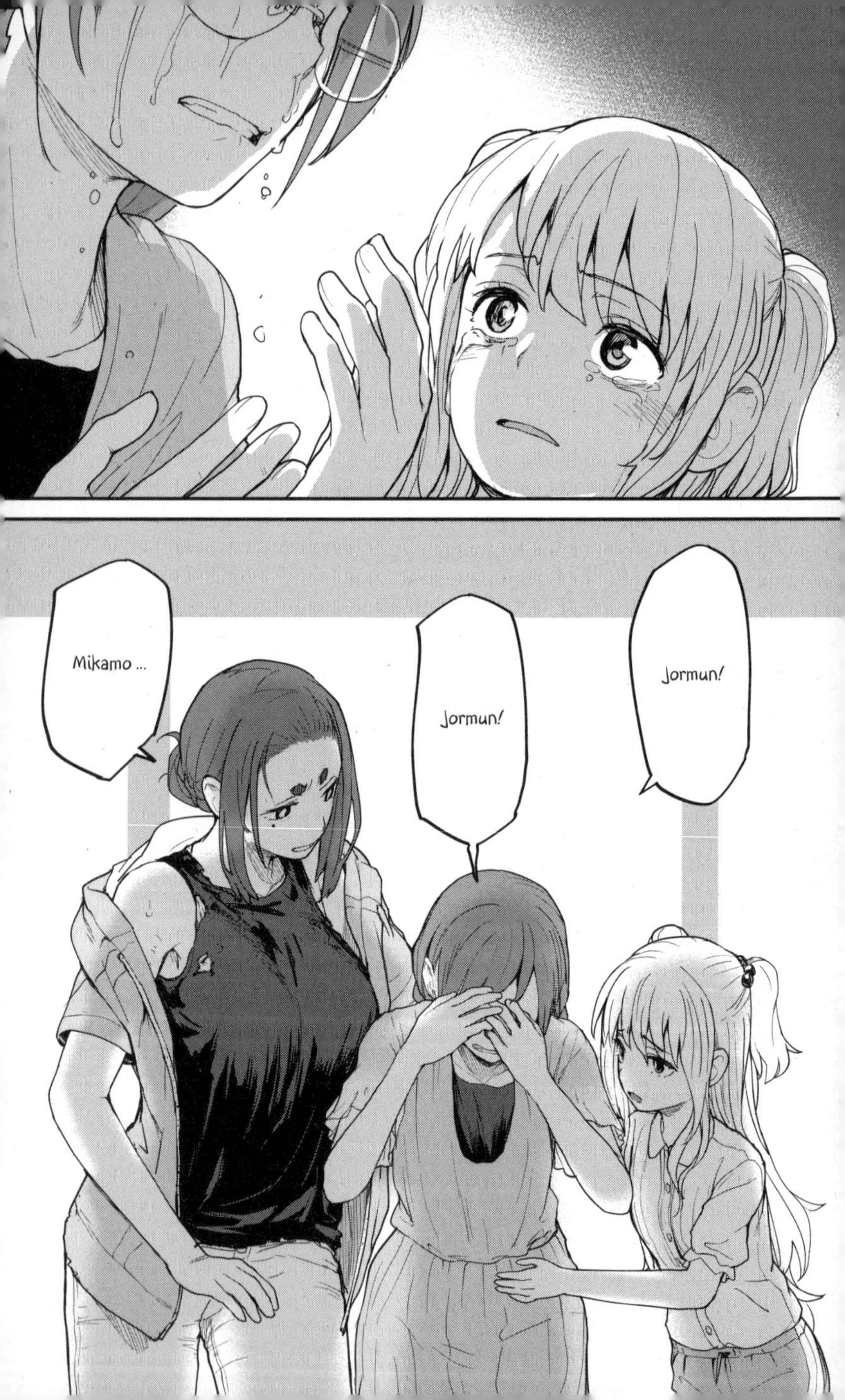

Jormun!

Jormun!

Mikamo ...

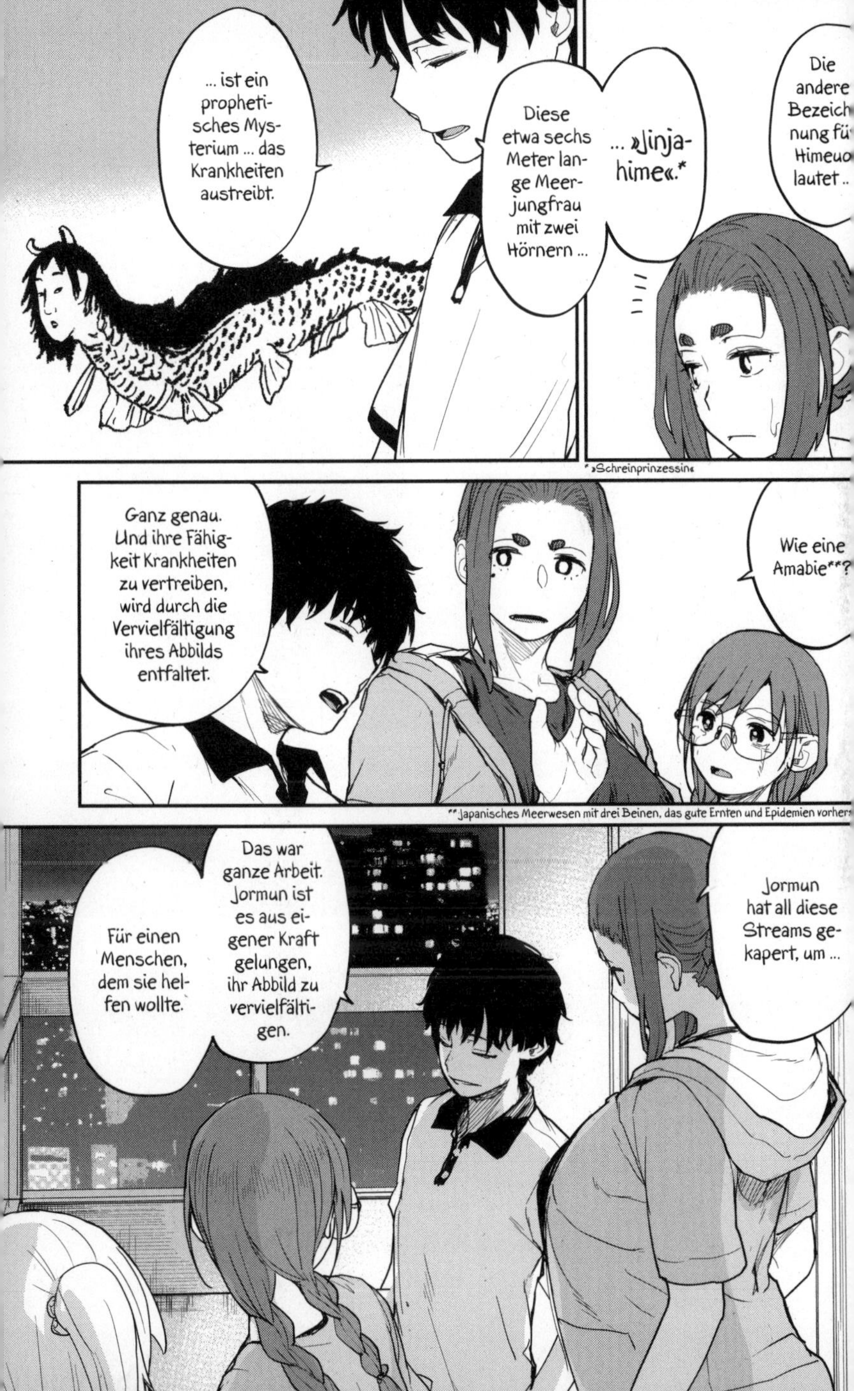
Die andere Bezeich nung fü Himeuo lautet ..
... »Jinja-hime«.*
Diese etwa sechs Meter lange Meerjungfrau mit zwei Hörnern ...
... ist ein prophetisches Mysterium ... das Krankheiten austreibt.
* »Schreinprinzessin«
Wie eine Amabie**?
Ganz genau. Und ihre Fähigkeit Krankheiten zu vertreiben, wird durch die Vervielfältigung ihres Abbilds entfaltet.
** Japanisches Meerwesen mit drei Beinen, das gute Ernten und Epidemien vorhers
Jormun hat all diese Streams gekapert, um ...
Das war ganze Arbeit. Jormun ist es aus eigener Kraft gelungen, ihr Abbild zu vervielfältigen.
Für einen Menschen, dem sie helfen wollte.

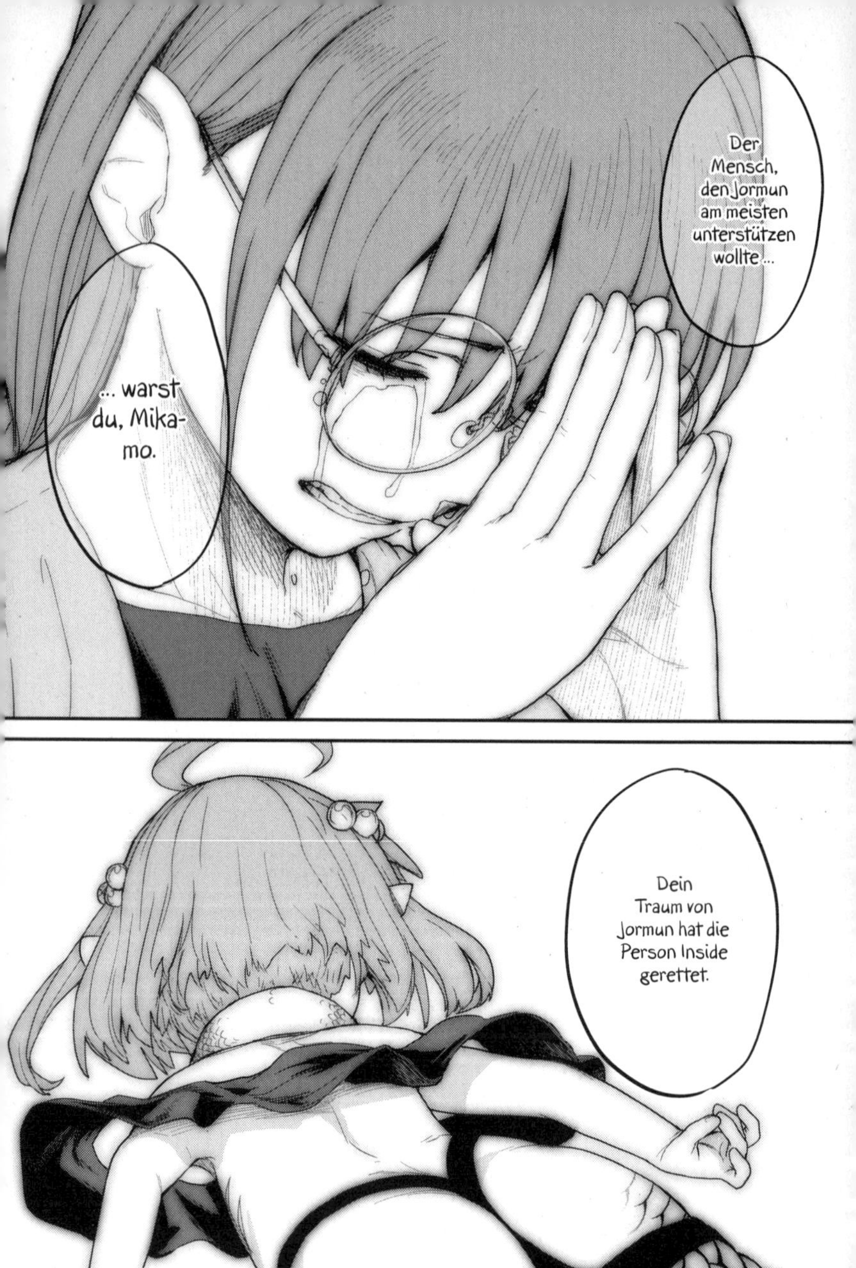
Der Mensch, den Jormun am meisten unterstützen wollte ...
... warst du, Mika-mo.
Dein Traum von Jormun hat die Person Inside gerettet.

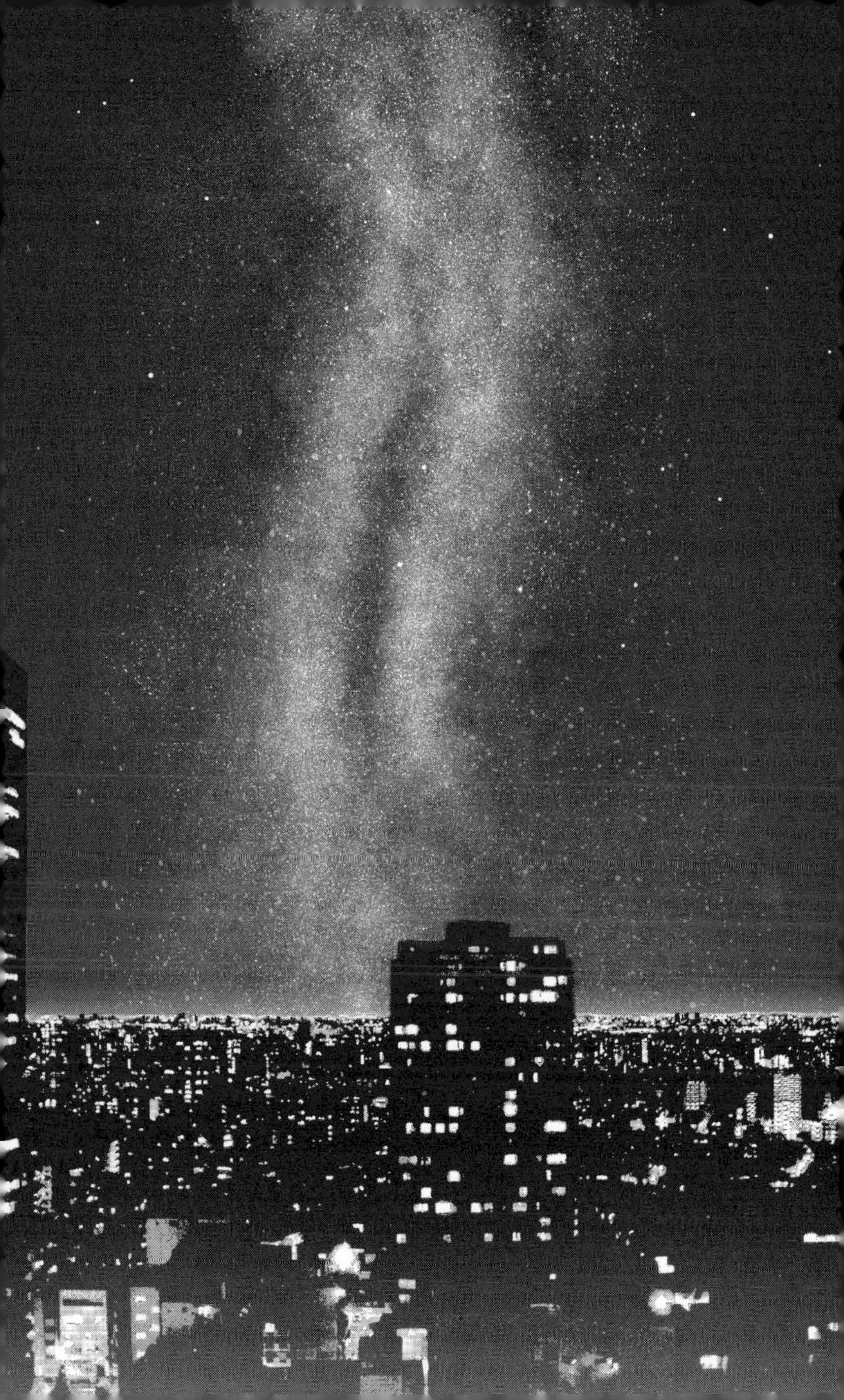

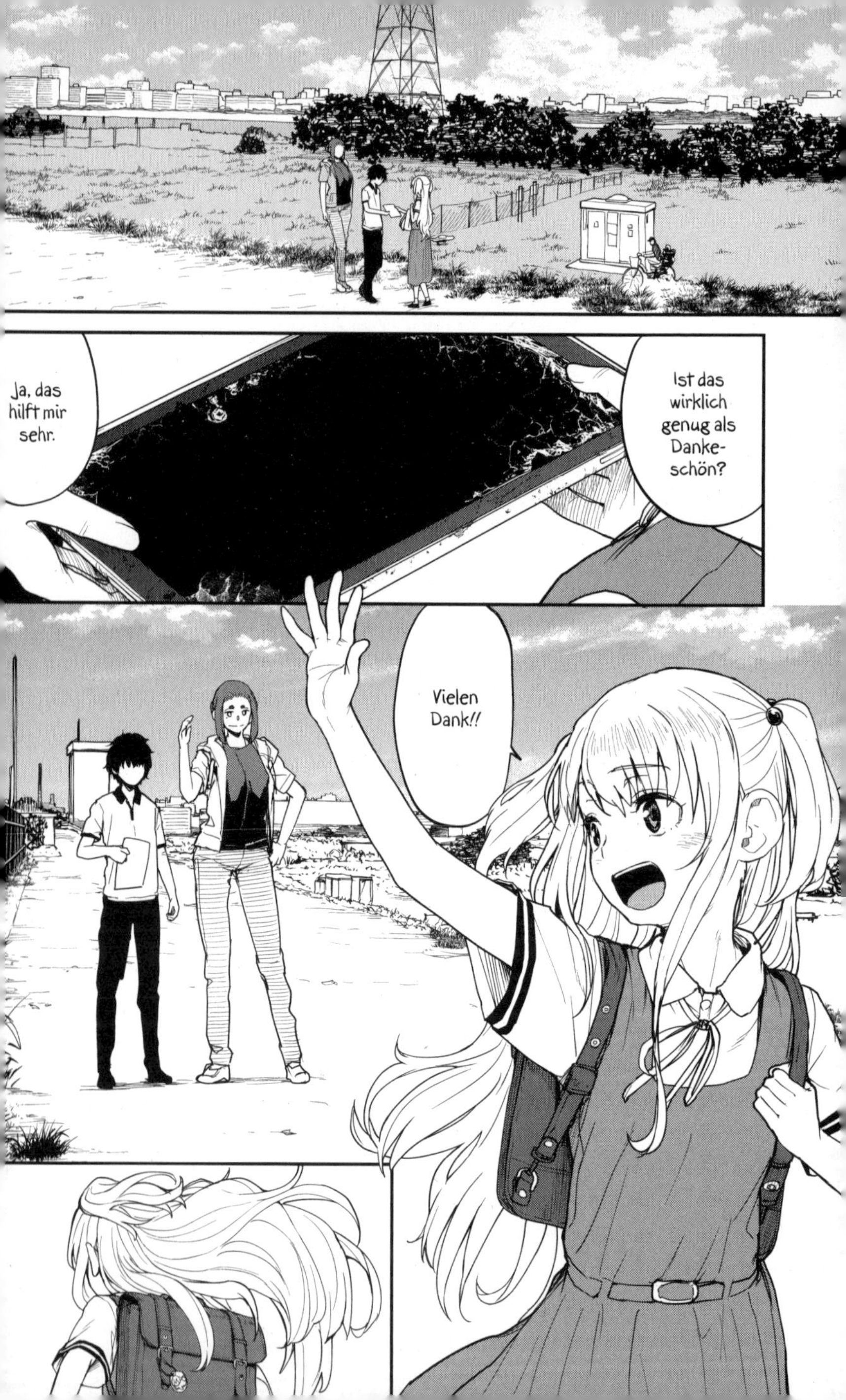
Ist das wirklich genug als Danke-schön?
Ja, das hilft mir sehr.
Vielen Dank!!

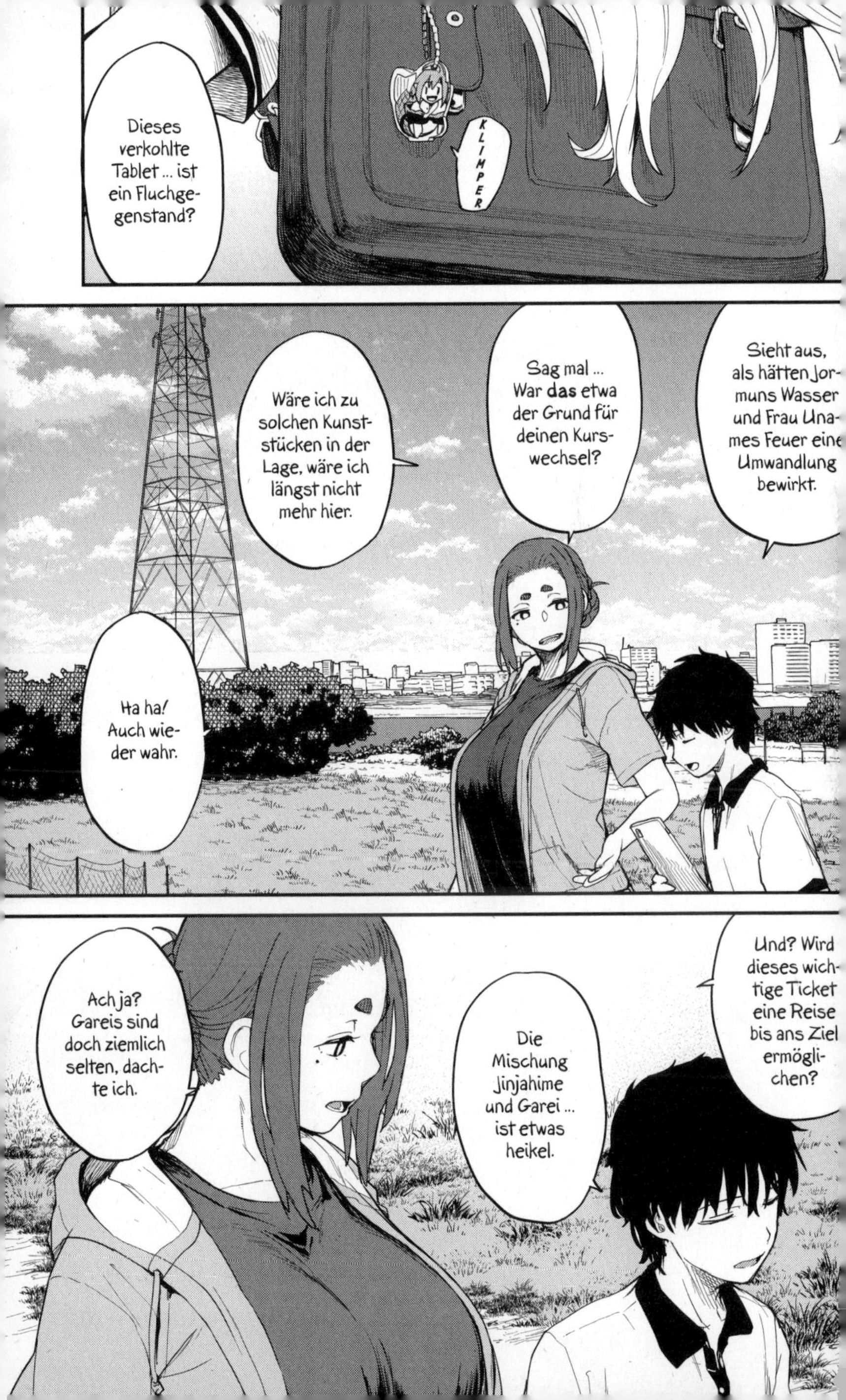

KLIMPER
Dieses verkohlte Tablet ... ist ein Fluchgegenstand?
Sieht aus, als hätten Jormuns Wasser und Frau Unames Feuer eine Umwandlung bewirkt.
Sag mal ... War **das** etwa der Grund für deinen Kurswechsel?
Wäre ich zu solchen Kunststücken in der Lage, wäre ich längst nicht mehr hier.
Ha ha! Auch wieder wahr.
Und? Wird dieses wichtige Ticket eine Reise bis ans Ziel ermöglichen?
Die Mischung Jinjahime und Garei ... ist etwas heikel.
Ach ja? Gareis sind doch ziemlich selten, dachte ich.

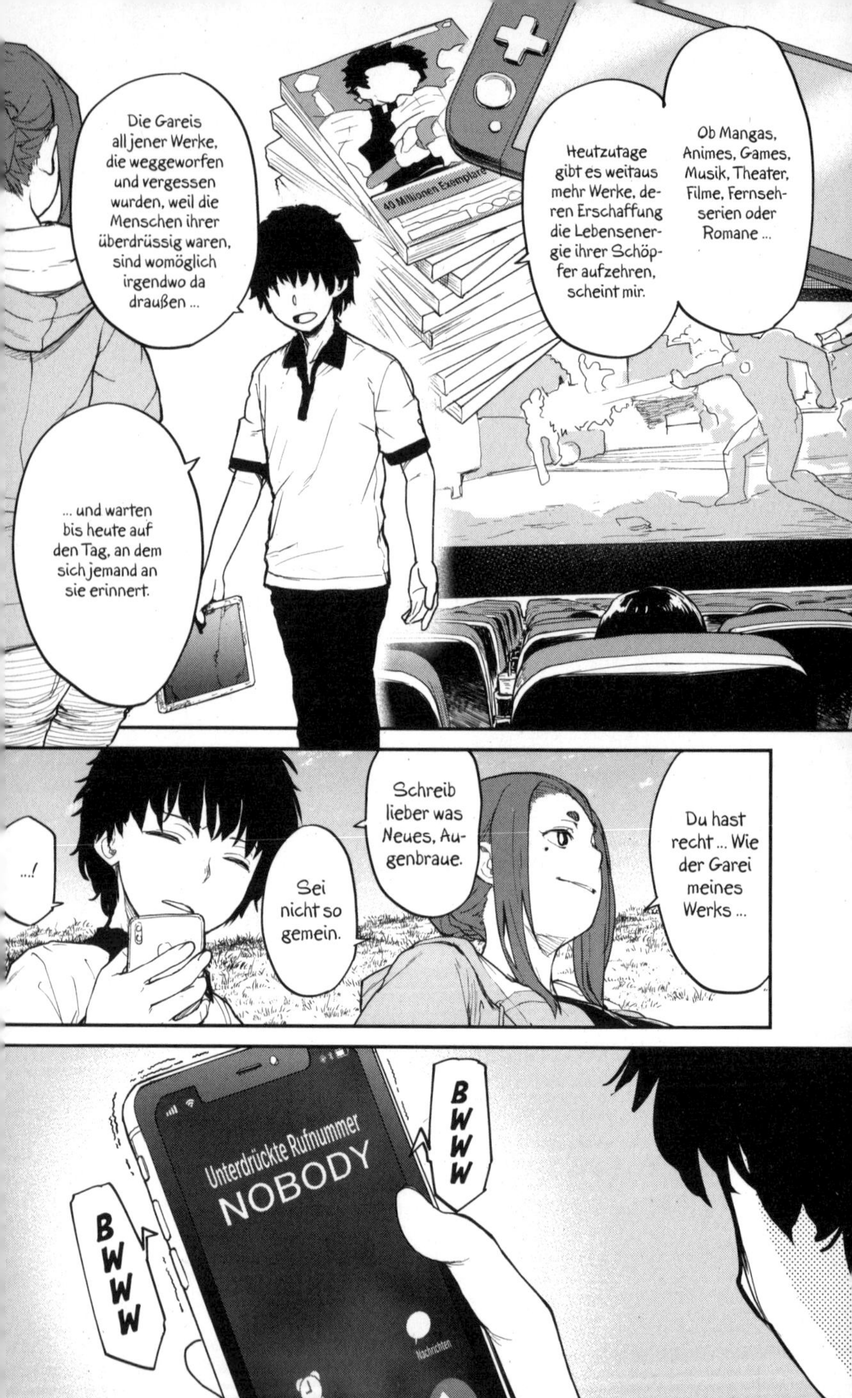

Ob Mangas, Animes, Games, Musik, Theater, Filme, Fernsehserien oder Romane ...
Heutzutage gibt es weitaus mehr Werke, deren Erschaffung die Lebensenergie ihrer Schöpfer aufzehren, scheint mir.
40 Millionen Exemplare
Die Gareis all jener Werke, die weggeworfen und vergessen wurden, weil die Menschen ihrer überdrüssig waren, sind womöglich irgendwo da draußen ...
... und warten bis heute auf den Tag, an dem sich jemand an sie erinnert.
Du hast recht ... Wie der Garei meines Werks ...
Schreib lieber was Neues, Augenbraue.
Sei nicht so gemein.
...!
Unterdrückte Rufnummer
NOBODY
BWWW
BWWW

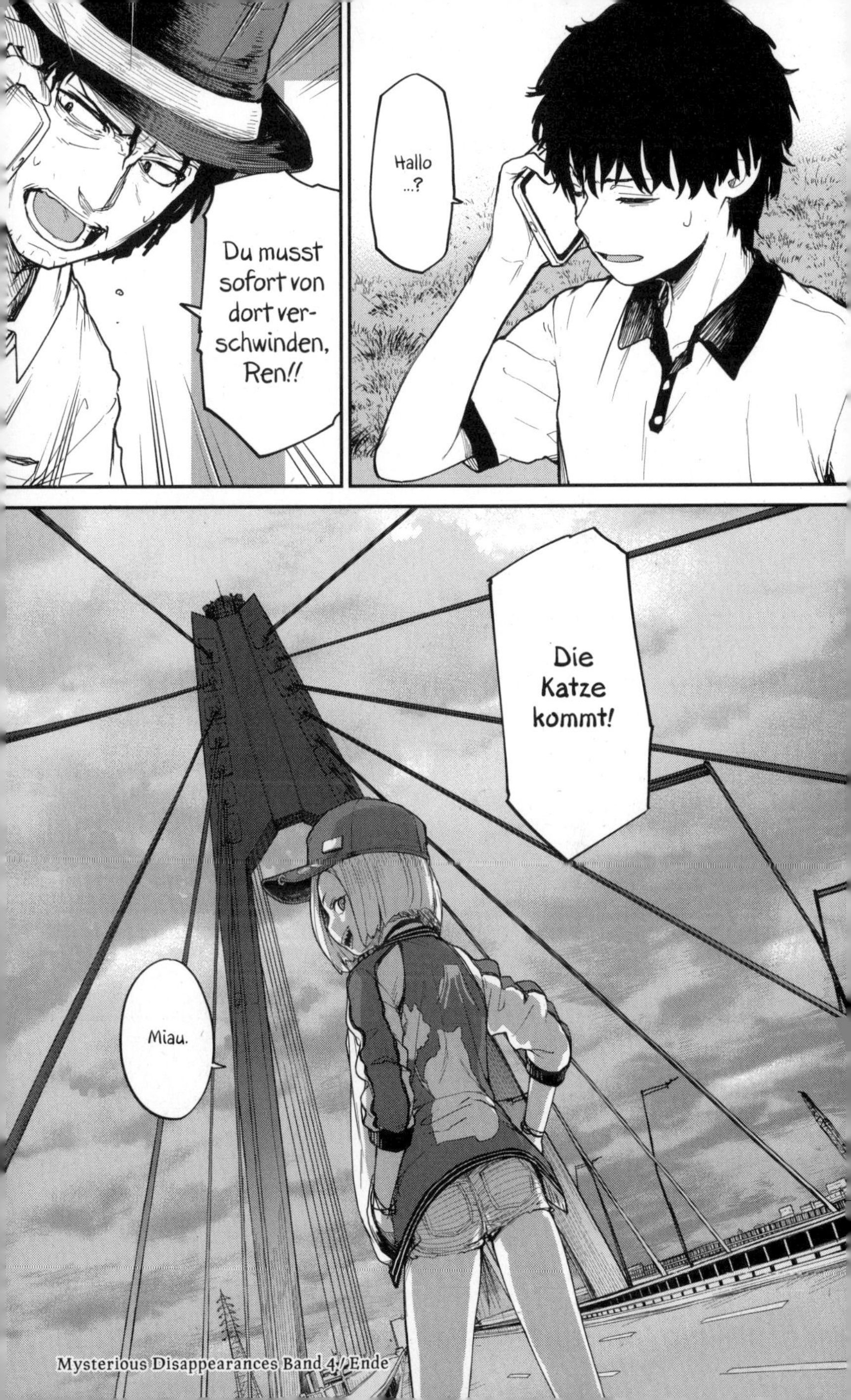

Mysterious Disappearances Band 4 / Ende

Ein Bonustag || am Pool

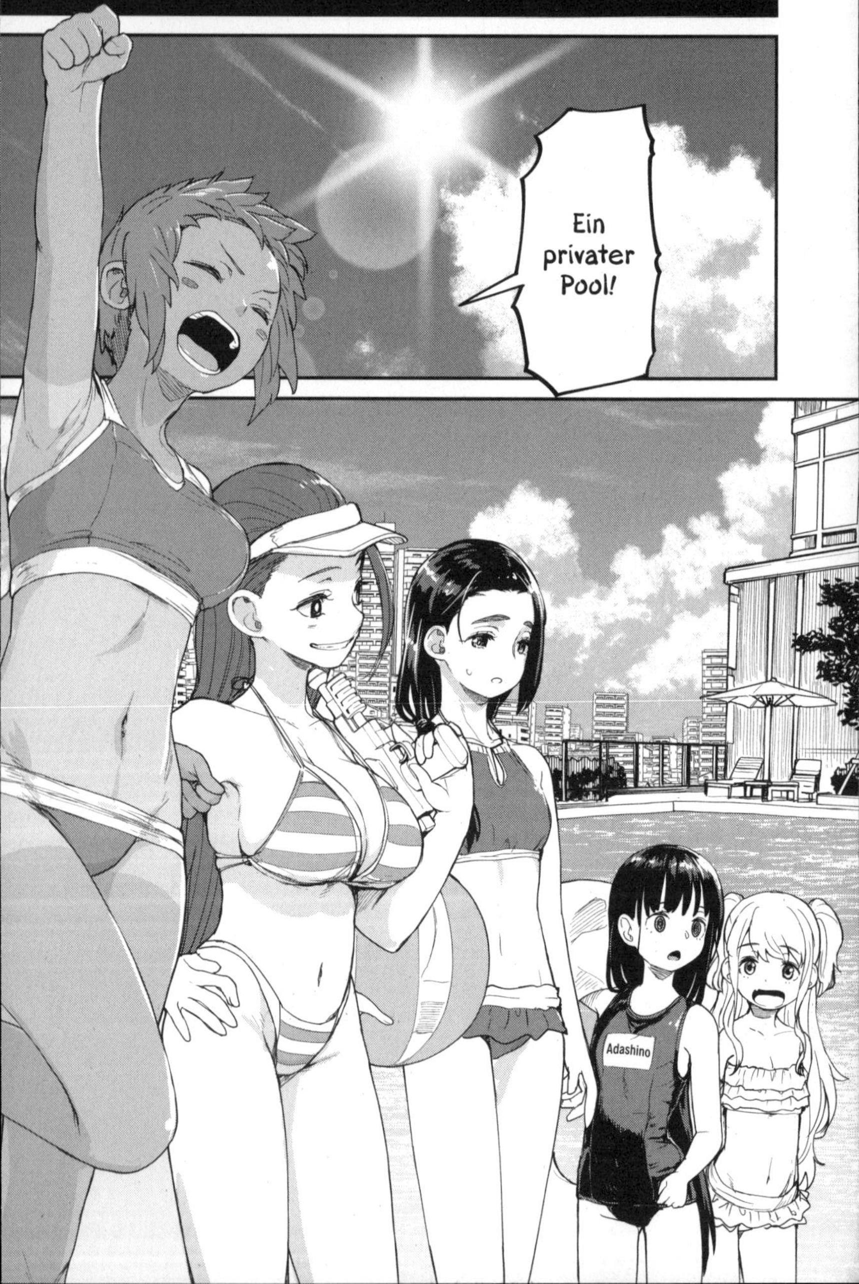

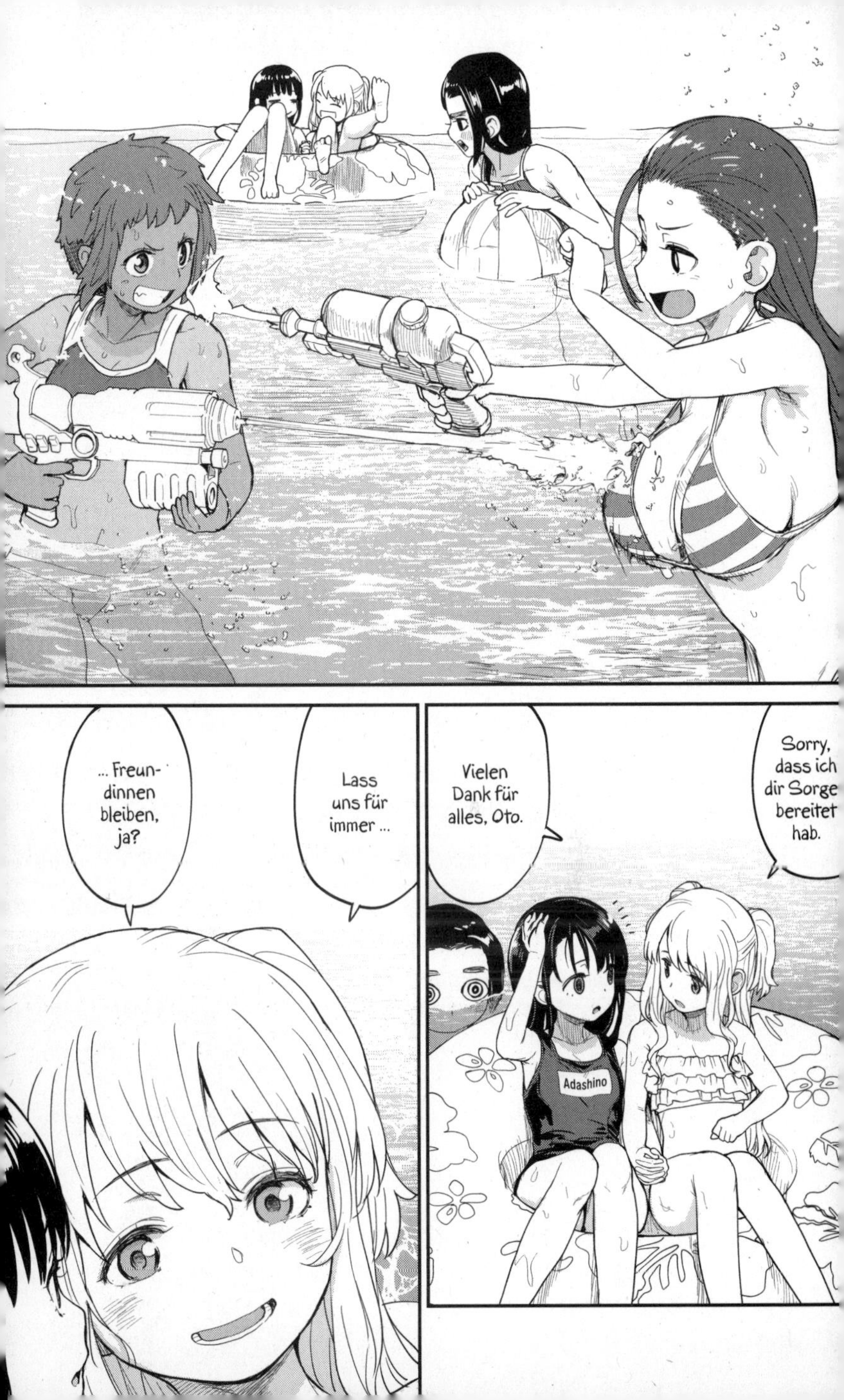

Sorry, dass ich dir Sorge bereitet hab.

Vielen Dank für alles, Oto.

Adashino

Lass uns für immer ...

... Freundinnen bleiben, ja?

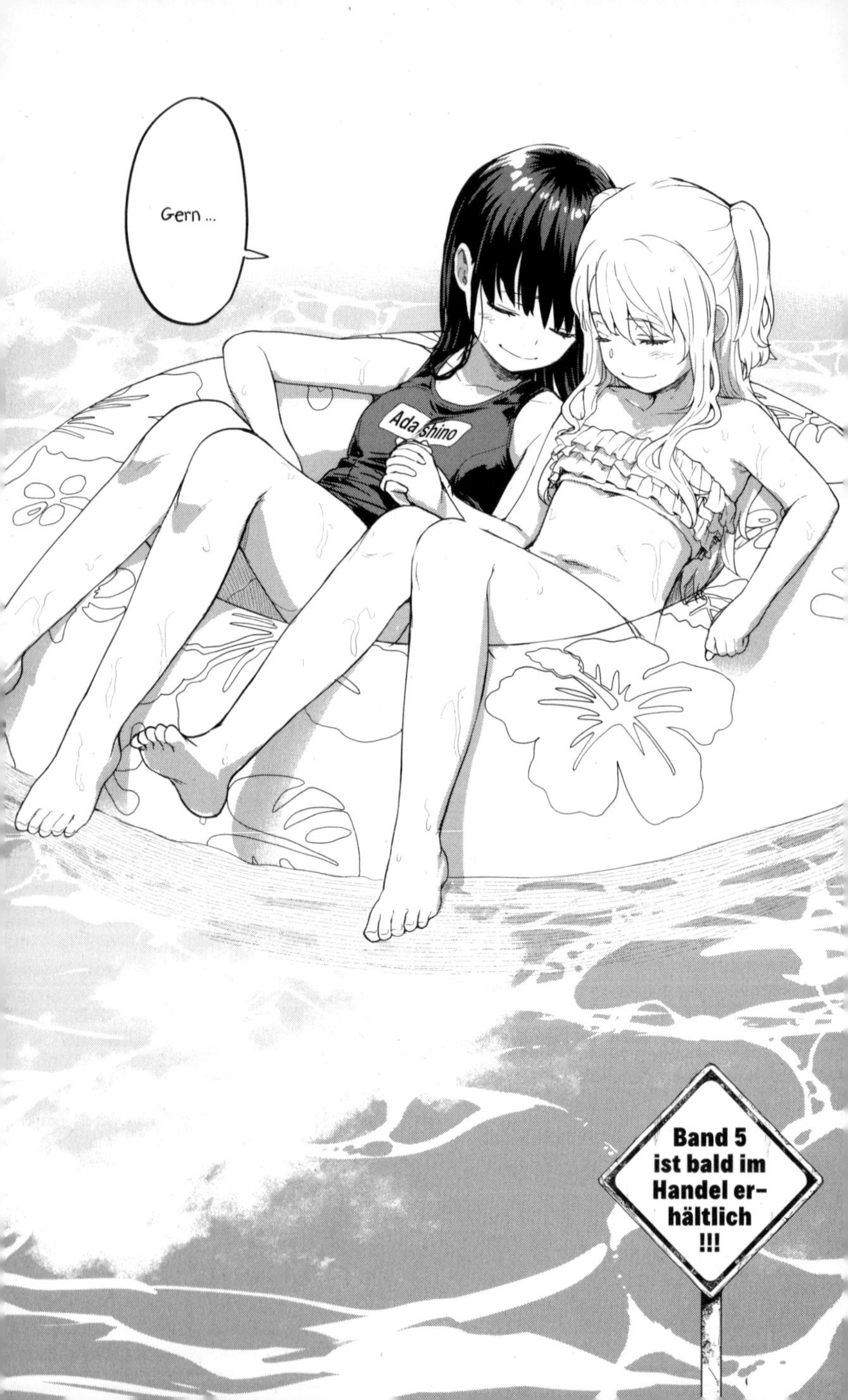
Gern ...
Adashino
Band 5 ist bald im Handel erhältlich !!!

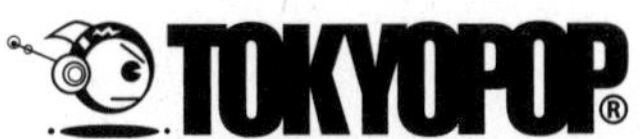

TOKYOPOP GmbH
Hamburg

TOKYOPOP
1. Auflage, 2024
Deutsche Ausgabe/German Edition

Aus dem Japanischen von Sakura Ilgert

KAII TO OTOME TO KAMIKAKUSHI vol. 4
by Nujima

Original Japanese edition published by SHOGAKUKAN.
German translation rights in Germany, Austria, Liechtenstein and German speaking areas in Switzerland, Belgium, Italy and Luxembourg arranged with SHOGAKUKAN through VME PLB SAS.
Original Cover Design: Eri HARAGUCHI (NARTI;S)

Redaktion: Sabine Scholz
Lettering: Vibrant Publishing Studio
Herstellung: Annika Meyer-Wülfing, Nils Bornemann
Druck und buchbinderische Verarbeitung:
CPI–Clausen & Bosse GmbH, Leck.
Printed in Germany

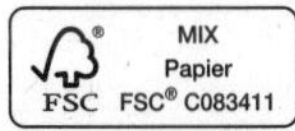

Wir achten auf die Umwelt.
Dieses Produkt besteht aus FSC®-zertifizierten und anderen kontrollierten Materialien.

ISBN 978-3-7593-0190-1

www.tokyopop.de

TOKYOPOP®

読み物 Yomimono

Auch digital erhältlich!

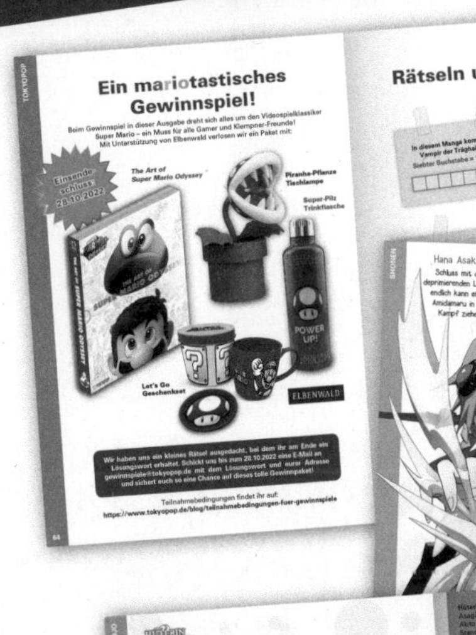

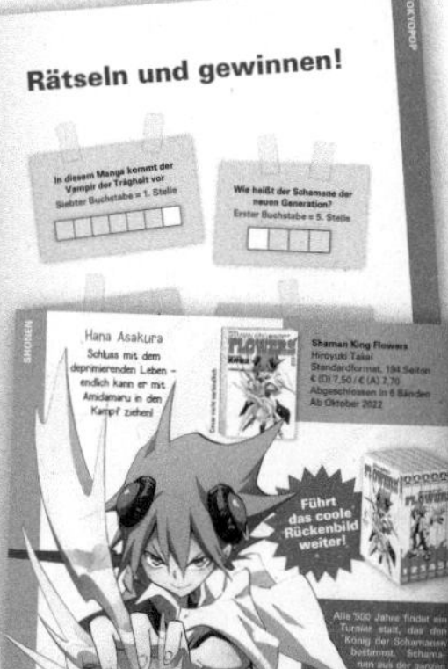

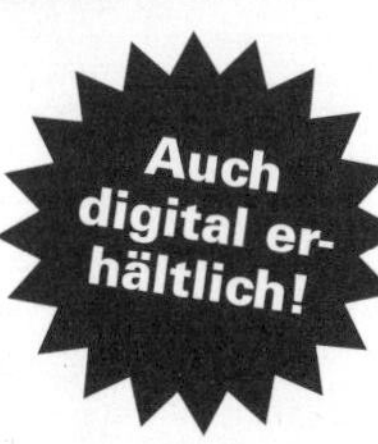

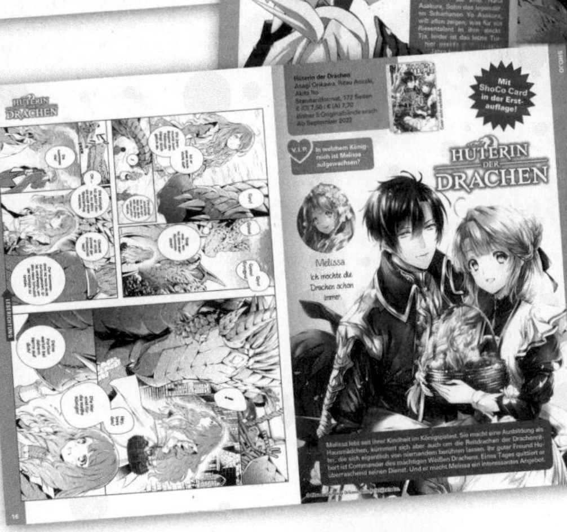

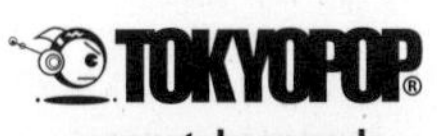

www.tokyopop.de

ANGELS OF DEATH

Kudan Naduka / Makoto Sanada

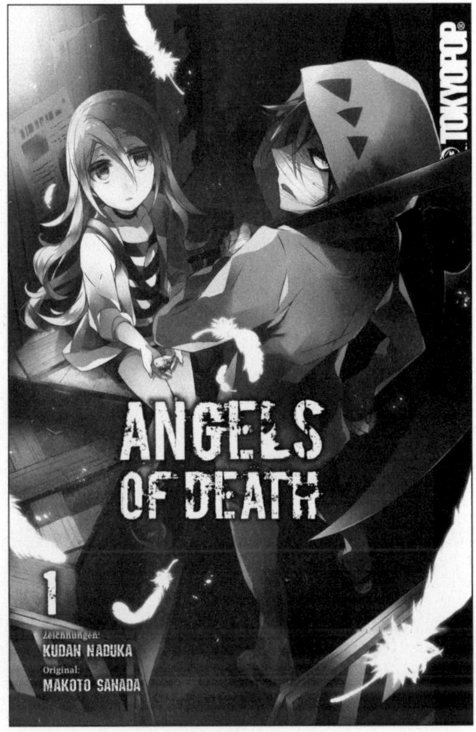

»Kannst du mich töten, bitte?«

Als die 13-jährige Rachel eines Tages ihre Augen öffnet, findet sie sich in einem angsteinflößenden Gebäude wieder, ohne jegliche Erinnerung daran, wer oder wo sie ist. Auf der Suche nach einem Ausgang wandelt sie durch unheimliche Korridore und läuft einem jungen Mann namens Isaac in die Arme – mit Bandagen vermummt und eine riesige Sichel schwingend. Obwohl dieser Rachel am liebsten aufschlitzen würde, lässt er sie leben und schließt sich ihr sogar an. Allerhand obskure Gestalten und knifflige Rätsel hindern das ungleiche Duo daran, einen Weg nach draußen zu finden ...

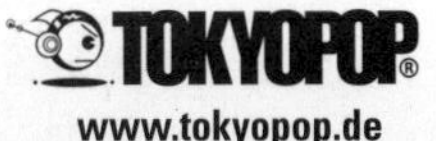

www.tokyopop.de

DOG END

Yurikawa

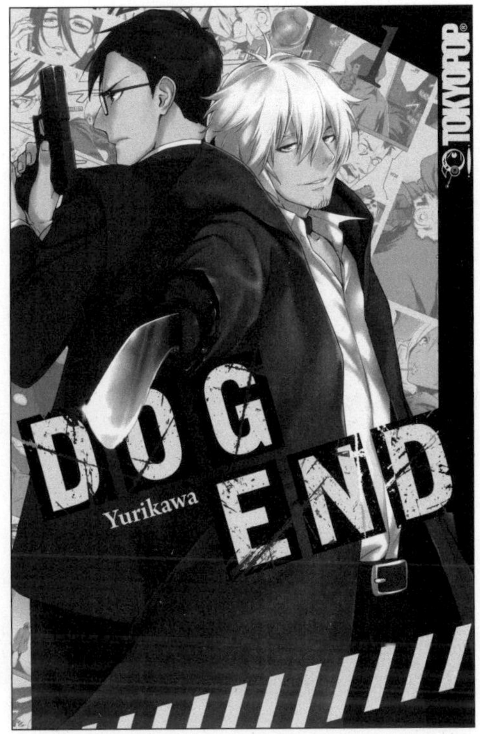

Who let the Dog out?!

Um das Mädchen Mana vor der Mafia zu beschützen, muss der vorbildliche Polizeiinspektor Hatori zu ungewöhnlichen Mitteln greifen: Er verbündet sich mit dem legendären Auftragskiller Wakatsuki, auch bekannt – und vor allem gefürchtet – unter dem Namen »Black Dog«. Da dieser aber genauso verrückt wie unberechenbar ist, gestaltet sich das ganze Unterfangen nicht gerade einfach ...

DESPERATE ZOMBIE

Welzard / Renji Kuriyama

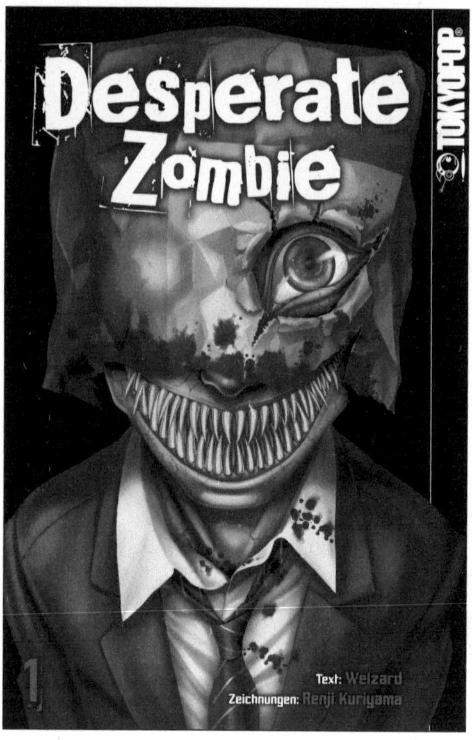

Creepy Classmate

Als Sho eines Abends beobachtet, wie eine dunkle Gestalt eine andere frisst, glaubt er zunächst an einen Albtraum. Das Grauen wird Realität, als am nächsten Tag ein Zettel an der Tafel verkündet, dass sich ein Menschenfresser unter die Schüler gemischt hat. Ein Klassenkamerad nach dem anderen wird Opfer grauenvoller Hinrichtungen. Findet Sho den Täter, bevor dieser ihn findet?

STOPP!

**Dies ist die letzte Seite des Buches!
Du willst dir doch nicht den Spaß verderben
und das Ende zuerst lesen, oder?**

Um die Geschichte unverfälscht und originalgetreu mitverfolgen zu können, musst du es wie die Japaner machen und von rechts nach links lesen. Deshalb schnell das Buch umdrehen und loslegen!

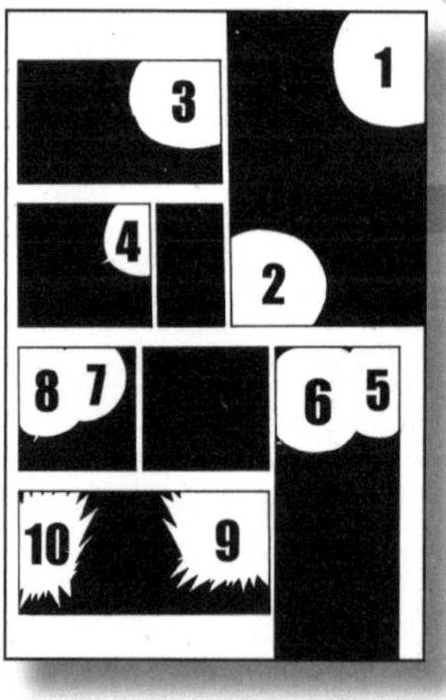

So geht's:

Wenn dies das erste Mal sein sollte, dass du einen Manga in den Händen hältst, kann dir die Grafik helfen, dich zurechtzufinden: Fang einfach oben rechts an zu lesen und arbeite dich nach unten links vor.
Viel Spaß dabei wünscht dir TOKYOPOP®!